人邮电商教育
E-Commerce

新商科跨境电子商务"十三五"系列规划教材

U0733563

跨境
电子商务实操教程

谈璐 刘红 / 主编

CROSS-BORDER
Electronic Commerce

人民邮电出版社
北 京

图书在版编目（ＣＩＰ）数据

跨境电子商务实操教程 / 谈璐，刘红主编. -- 北京：
人民邮电出版社，2018.11（2022.6重印）
新商科跨境电子商务"十三五"系列规划教材
ISBN 978-7-115-49303-3

Ⅰ. ①跨… Ⅱ. ①谈… ②刘… Ⅲ. ①电子商务—高
等学校—教材 Ⅳ. ①F713.36

中国版本图书馆CIP数据核字（2018）第208509号

内 容 提 要

本书基于跨境电子商务对相关人才的基本要求，着眼于培养学生的跨境市场分析能力、平台实操能力及危机处理能力。

本书秉承理论与实践一体化的教学理念编写，共分为 3 篇内容。第 1 篇为跨境电子商务基础知识，包括跨境电子商务的形成与发展、跨境电子商务人才专业素养、跨境电子商务市场及平台分析、跨境电子商务支付与物流。第 2 篇为跨境电子商务平台实操，以最具有代表性的速卖通平台为例，讲解了包括选品与定价、店铺开通、店铺装修、店铺营销、店铺推广、数据分析、客户服务、跨境电子商务移动端等一系列的店铺策划及运营过程的相关知识。第 3 篇为跨境电子商务风险防范与纠纷处理。全书内容翔实、案例丰富，并附有实操习题，可有效引导学生掌握跨境电子商务知识和技能，把握跨境电子商务的发展方向。

本书既可作为高等院校、职业院校电子商务、国际贸易、外语及商务类专业的教学用书，也可作为外贸和跨境电子商务从业人员的参考用书。

◆ 主　　编　谈　璐　刘　红
　　责任编辑　朱海昀
　　责任印制　马振武

◆ 人民邮电出版社出版发行　　北京市丰台区成寿寺路 11 号
　　邮编　100164　　电子邮件　315@ptpress.com.cn
　　网址　http://www.ptpress.com.cn
　　固安县铭成印刷有限公司印刷

◆ 开本：787×1092　1/16
　　印张：12.5　　　　　　　　　2018 年 11 月第 1 版
　　字数：257 千字　　　　　　　2022 年 6 月河北第 5 次印刷

定价：39.80 元

读者服务热线：**(010)81055256**　印装质量热线：**(010)81055316**
反盗版热线：**(010)81055315**
广告经营许可证：京东市监广登字20170147号

当前世界贸易增速趋于收敛，越来越多的商家正努力开拓新型渠道。外贸渠道的持续转型为跨境电子商务的发展提供了增长动力。目前，我国境内各类跨境电子商务平台企业已超过 5 000 家，通过平台开展跨境电子商务的外贸企业逾 20 万家，跨境电子商务占进出口贸易的比例从 2010 年的 6% 上升至 2017 年的 27%，预计到 2020 年占比将达 38%。未来借助政策的推动、科学技术的进步及行业成熟度的提升，跨境电子商务行业在进出口贸易中的比例将越来越大。

跨境电子商务的发展带动了行业对跨境电子商务人才的需求。目前，国内高校跨境电子商务人才培养尚处于起步阶段，电子商务、国际贸易、外语及商务类专业都在尝试开设跨境电子商务课程。在这样的背景下，针对企业培养有实战经验的跨境电子商务人才的需求，选择一本理论与实践相结合、循序渐进的跨境电子商务实操教材就显得至关重要。

本书是基于企业的实际需求和高校跨境电子商务人才培养的现状编写而成的。本书编写成员是全国示范高职院校的专业教师，来自电子商务、国际贸易、英语、日语和韩语 5 个专业，每位教师都有丰富的教学经验及跨境电子商务企业一线工作的经历。

本书共分为 3 篇内容：跨境电子商务基础知识、跨境电子商务平台实操、跨境电子商务风险防范与纠纷处理。本书以培养学生的实际操作能力为核心，同时注重学生综合素质的培养。书中以案例为导入，提出具体教学目标，层层递进，不断深入。理论知识围绕实操需求进行讲解，做到知识够用且能供学生自我完善、自我拓展，使学生能够掌握跨境电子商务策划与运营的基本技能，把握跨境电子商务的发展方向。

本书由南京工业职业技术学院的谈璐、刘红担任主编，参与编写的还有宋小琳、刘艳、钱春燕。具体编写分工如下：第 1 章、第 6 章、第 13 章、第 14 章由南京工业职业技术学院刘红编写，第 2 章由南京工业职业技术学院宋小琳编写，第 3 章、第 4 章第 1 节、第 12 章南京工业职业技术学院刘艳编写，第 4 章第 2 节、第 11 章由南京工业职业技术学院钱春燕编写，第 5 章、第 7 章、第 8 章、第 9 章、第 10 章由谈璐编写，全书由谈璐统稿。

本书在编写过程中得到了南京瑞东汇通网络有限公司代晓明、崔文军的指点和帮助，同时，南京工业职业技术学院商贸学院阮晓文院长、王卫国老师也给予了大力支持，在此一一表示感谢。

　　跨境电子商务的发展非常迅速，平台规则不断更新，本书内容所遵循的规则以截稿时为准。由于编者学识有限，书中难免存在疏漏和不妥，恳请广大读者批评指正。

编者

2018年6月

目录 CONTENTS

第1篇　跨境电子商务基础知识

01　第1章　跨境电子商务的形成与发展 ━━━━━━━━ **2**

1.1　了解跨境电子商务 ┄┄┄┄┄┄┄┄┄┄┄┄ 2

1.2　我国跨境电子商务的发展历程 ┄┄┄┄┄┄┄ 5

1.3　我国跨境电子商务的发展特点及趋势 ┄┄┄┄ 6

1.4　跨境电子商务的相关政策 ┄┄┄┄┄┄┄┄┄ 8

02　第2章　跨境电子商务人才专业素养 ━━━━━━━ **14**

2.1　跨境电子商务从业人员的岗位职责 ┄┄┄┄┄ 14

2.2　跨境电子商务从业人员的职业能力要求 ┄┄┄ 16

03　第3章　跨境电子商务市场及平台分析 ━━━━━━ **18**

3.1　跨境电子商务市场 ┄┄┄┄┄┄┄┄┄┄┄┄ 18

3.2　跨境电子商务平台 ┄┄┄┄┄┄┄┄┄┄┄┄ 23

04　第4章　跨境电子商务支付与物流 ━━━━━━━━ **30**

4.1　跨境电子商务支付 ┄┄┄┄┄┄┄┄┄┄┄┄ 30

4.2　跨境电子商务物流 ┄┄┄┄┄┄┄┄┄┄┄┄ 40

第2篇　跨境电子商务平台实操

05　第5章　选品与定价 ━━━━━━━━━━━━━━━ **57**

5.1　选品 ┄┄┄┄┄┄┄┄┄┄┄┄┄┄┄┄┄┄ 57

5.2　定价 ┄┄┄┄┄┄┄┄┄┄┄┄┄┄┄┄┄┄ 65

06 第6章 店铺开通 ———————————————————— 70

6.1 速卖通入驻要求 ———————————————————— 70
6.2 开通店铺 ———————————————————————— 72

07 第7章 店铺装修 ———————————————————— 77

7.1 视觉美工概述 ———————————————————————— 78
7.2 店铺装修原则 ———————————————————————— 78
7.3 店铺首页设计 ———————————————————————— 84
7.4 店铺详情页设计 ——————————————————————— 90

08 第8章 店铺营销 ———————————————————— 94

8.1 自主营销 ———————————————————————— 94
8.2 平台活动 ———————————————————————— 100
8.3 客户管理与营销 ——————————————————————— 103
8.4 联盟营销 ———————————————————————— 106

09 第9章 店铺推广 ———————————————————— 111

9.1 直通车推广 ———————————————————————— 111
9.2 SEO 推广 ———————————————————————— 120
9.3 SNS 营销推广 ——————————————————————— 124

10 第10章 数据分析 ———————————————————— 129

10.1 数据分析概述 ———————————————————————— 130
10.2 流量分析 ———————————————————————— 131
10.3 商品分析 ———————————————————————— 137

11 第11章 客户服务 ———————————————————— 142

11.1 跨境电子商务沟通的特点 ——————————————————— 143
11.2 速卖通询盘回复技巧 ————————————————————— 147
11.3 境外客户视角的问题及解答 —————————————————— 151
11.4 速卖通信用评价体系 ————————————————————— 153
11.5 卖家服务等级 ———————————————————————— 155

12 第12章 跨境电子商务移动端简介 159

12.1 移动电子商务的崛起 160
12.2 跨境电子商务类 App 161
12.3 移动电子商务营销 166

第3篇 跨境电子商务风险防范与纠纷处理

13 第13章 跨境电子商务的风险及防范 170

13.1 跨境支付风险及防范 171
13.2 跨境物流风险及防范 175
13.3 知识产权风险及防范 179

14 第14章 跨境电子商务纠纷处理 184

14.1 跨境电子商务常见的纠纷类型 185
14.2 跨境电子商务纠纷处理 187

参考文献 191

PART 1

第1篇
跨境电子商务基础知识

本篇主要介绍跨境电子商务入门相关的基础知识，包括跨境电子商务的发展历程、市场、平台、支付与物流以及人才专业素养的知识。

Chapter 1

第1章
跨境电子商务的形成与发展

学习目标

掌握跨境电子商务的概念、特征、主要模式等基本内涵；了解中国跨境电子商务的发展历程以及近几年中华人民共和国海关总署（以下简称海关总署）、国家质量监督检验检疫总局、国家税务总局、中华人民共和国商务部（以下简称商务部）等多部门出台的一系列规范跨境电子商务发展的政策法规。

案例导入

近年来，随着全球经济的不景气，传统外贸产业受到较大的冲击。在此背景下，随着互联网技术和智能物流技术的不断提升，以及跨境电子商务政策性红利的不断释放，众多传统外贸企业意识到了"互联网+外贸"的重要性。未来，跨境电子商务必将成为我国外贸新的增长点。

小王是某职业技术学院的一名应届毕业生，他非常希望能进入一家大型外贸公司从事外贸业务工作。可是参加几次招聘会后，小王很气馁，他发现传统外贸岗位的招聘机会很少，但他发现不少外贸企业招聘跨境电子商务专员，要求应聘人员具备一定的跨境电子商务操作能力和一定的工作经验。小王很苦恼，学校没有开设过相关课程，更没有提供过相关的实践机会。现在，小王非常想了解跨境电子商务的前世今生。

近年来，跨境电子商务作为一种新型的外贸交易方式，发展迅猛，正逐渐成为外贸企业寻求境外商机的新途径。

1.1 了解跨境电子商务

1.1.1 跨境电子商务的概念

跨境电子商务是指分属不同关境的交易主体，通过电子商务平台和电子商务方式达成交易及支付结算，并通过跨境物流送达商品、完成交易的一种国际商业活动。可以简单地理解跨境电子商务就是以电子商务方式进行的进出口贸易。

1.1.2 跨境电子商务的特征

相比较于传统贸易方式，跨境电子商务具有以下新特征。

1. 跨境电子商务的多边化

传统国际贸易主要是两国（或地区）间的双边贸易，即使是多边贸易，也是通过多个双边贸易来实现货物、资金的交换。而跨境电子商务在贸易过程中的信息流、货物流、资金流等已经由双边走向多边，即可以通过某地的电子商务平台，把处于不同关境的生产企业、支付结算企业及物流配送企业等联系起来，实现不同关境间的直接贸易。

2. 跨境电子商务的小批量

小批量是指单笔订单的成交货物数量少，甚至是单件。从跨境电子商务的业务模式来看，跨境电子商务可以是企业对企业、企业对消费者、消费者对消费者的交易，而传统的国际贸易主要是企业与企业间的交易。与传统的国际贸易相比，跨境电子商务交易的次数和频率显然要高出许多，成交的商品呈现出类目多、更新速度快、批量小的特点。

3. 跨境电子商务的高效率

传统国际贸易是指某一国（或地区）进出口商通过另一国（或地区）进出口商，然后由流通企业，把商品层层分销出去，最后到达消费者手中。这其中所涉及的环节多，商品流通的时间长。而跨境电子商务是通过某地的电子商务平台，实现企业和消费者之间的直接交易，交易的信息可实现瞬间传递，增加了贸易的透明度，减少了信息不对称可能产生的贸易风险，从而使进出口交易环节减少、时间缩短、成本降低、效率提高。

4. 跨境电子商务的数字化

在互联网时代，人们购买数字化产品（如电子书、软件、影视作品等）的品类和数量快速增长，通过跨境电子商务进行交易的趋势日趋明显，而传统的国际贸易监管模式主要适用于货物及服务贸易，很难适用于新型的跨境电子商务交易。此外，在贸易环节中，电子化合同、证单的普及，无纸化通关模式的推进，使得国际贸易呈现出数字化特点。

1.1.3 跨境电子商务的主要模式

我国跨境电子商务按照交易模式划分，可分为企业对企业（Business-to-Business，B2B）、企业对消费者（Business-to-Consumer，B2C）和消费者对消费者（Consumer-to-Consumer，C2C）模式；按照商品进出口方向划分，可分为出口跨境电子商务和进口跨境电子商务；按照平台服务类型划分，可分为信息服务平台和在线交易平台；按照平台运营方式划分，可分为自营平台和第三方开放平台。下面分别介绍。

1. 按照交易模式划分

（1）B2B

B2B 是指分属不同关境的企业与企业之间通过互联网，进行数据信息的交换、传递，开展交易活动，并通过跨境物流配送商品，最终完成交易的商业模式。目前，我国跨境电子商务交易中，B2B 交易额占总成交额的 80%以上。主要的代表企业有阿里巴巴国际站、中国制造网、环球资源网等。

（2）B2C

B2C 通常是指分属不同关境的企业直接面向消费者销售产品和服务的商业零售模式。B2C 跨境电子商务企业所面对的最终客户为个人消费者，以零售为主，物流模式主要是物流小包，目前大多数商品未纳入海关登记和纳税范围。代表企业有速卖通、亚马逊、兰亭集势等。

（3）C2C

C2C 通常指的是分属不同关境的消费者个人间的在线销售产品和服务。C2C 作为初期的电子商务模式，本意是个人卖家通过第三方电子商务平台发布所要出售的产品和服务信息，个人买家最终通过电子商务平台与卖家达成交易，在线完成支付，并通过跨境物流送达商品，完成交易过程。但是现在 C2C 模式下的卖家基本都不是个人消费者，而是由专业卖家在出售商品，也就意味着真正 C2C 模式下的交易越来越少。

2. 按照商品进出口方向划分

按照商品进出口方向划分，跨境电子商务可分为出口跨境电子商务和进口跨境电子商务。进口跨境电子商务的传统模式是海淘。海淘就是通过互联网搜索境外商品信息，通过电子订购单发出购物请求，由境外购物网站把商品通过转运或直邮寄回境内的购物方式。

此外，主要的进口跨境电子商务模式还有"直购进口""保税进口"模式。"直购进口"指消费者通过亚马逊、eBay、速卖通等电子商务平台网购后，商品通过邮政通道或国际商业快递从境外运输入境，并以个人物品方式向海关申报，缴纳关税，然后再邮寄到消费者手中。"保税进口"则是指境外企业已经把商品以整批货物形式进口清关，存放于境内的保税区，境内的消费者通过电子商务平台下单后，商品以个人物品方式向海关申报，直接从境内保税区快递到消费者手中。

出口跨境电子商务是指通过跨境电子商务进行产品信息的发布，达成出口交易，进行支付结算，并通过跨境物流送达商品，最终完成交易。

3. 按照平台服务类型划分

按照平台服务类型划分，跨境电子商务可以分为信息服务平台和在线交易平台。信息服务平台主要是为境内外会员商户提供网络营销平台，传递供应商或采购商等商家的商品或服务信息，促成双方达成交易。主要代表企业有阿里巴巴国际站、中国制造网、环球资源网等。

在线交易平台不仅为企业提供产品或服务信息,还可以通过平台在线完成搜索、咨询、下单、支付、物流和评价等全过程,已经成为当前跨境电子商务的主流模式。

4. 按照平台运营方式划分

自营平台是通过搭建在线平台,整合供应商资源,通过较低的进价采购商品,然后以较高价格出售商品。此模式下,卖家以商品差价作为盈利模式。主要代表企业有兰亭集势、米兰网、大龙网等。

第三方开放平台通过搭建在线商城,整合物流、支付、运营等服务资源,吸引商家进驻,为交易双方提供跨境电子商务交易服务。此模式主要以收取卖家佣金及增值服务佣金为主要盈利模式。主要代表企业有速卖通、敦煌网、亚马逊、阿里巴巴国际站等。

1.2　我国跨境电子商务的发展历程

跨境电子商务的发展,从时间阶段来看,可以分为跨境电子商务 1.0 阶段(1999—2003 年)、跨境电子商务 2.0 阶段（2004—2012 年）和跨境电子商务 3.0 阶段（2013 年至今）。

1.2.1　跨境电子商务 1.0 阶段（1999—2003 年）

1999 年,马云创立了阿里巴巴,开创了中国跨境电子商务的 1.0 阶段。这一阶段的主要商业模式是网上展示、线下交易的外贸信息服务模式,主要停留在为企业提供信息服务阶段,还不存在网上交易。

2000 年前后,电子商务进入了快速发展阶段,越来越多的中小外贸企业意识到互联网的优势和利益。那时网络黄页不仅能帮助企业建立网站和实现上网功能,还有网络营销和业务推广功能,大大地降低了中小外贸企业的运营成本,很快成为广大中小外贸企业优先选择,网络黄页网站快速地发展起来。

这一阶段以阿里巴巴国际站平台和环球资源网等平台为典型代表企业。阿里巴巴成立初期,主要以网络信息服务为主,线下交易为辅,是当时中国最大的外贸信息黄页平台之一。环球资源网于 1971 年成立,前身为亚洲资源（Asian Source）,是亚洲较早的贸易市场资讯提供者。此外,还有中国制造网、全球市场、慧聪网等大量以供需信息交易为主的跨境电子商务平台。

在跨境电子商务 1.0 阶段,这些电子商务平台的出现把中国外贸企业通过互联网推向了全世界的买家,但是无法完成在线交易,对于外贸电子商务产业链的整合仅限于信息流整合环节。

1.2.2　跨境电子商务 2.0 阶段（2004—2012 年）

2004 年敦煌网的成立标志着跨境电子商务 2.0 阶段的到来。这一阶段,跨境电子商务平台通过网络来服务全球采购商和中国供应商，整合了信息流、资金流和物流的一站式服务，将线下交易、支付、物流等环节实现电子化，逐步实现在线交易。相比较第一阶段，跨境电子商务 2.0 阶段更能体现电子商务的本质，借助跨境电子商务平台，通过整合服务、资源，有效打通上下游供应链，主要包括 B2B 和 B2C 两种平台模式。

在跨境电子商务 2.0 阶段，外贸企业做跨境电子商务的主要途径有两种：一是通过跨境电子商务平台模式，在第三方平台上，如亚马逊、eBay、速卖通及敦煌网等平台上建立网店；二是独立电子商务模式，通过搭建自有的网站平台，成为独立电子商务，如兰亭集势、大龙网等。

在跨境电子商务 2.0 阶段，第三方平台实现了营收的多元化，盈利模式已转向交易佣金、互联网金融和网络配套服务等方面，通过平台上营销推广、支付服务、物流服务等获得增值收益。

1.2.3　跨境电子商务 3.0 阶段（2013 年至今）

2013 年被称为跨境电子商务的转折年，跨境电子商务全产业链都出现了商业模式的变化。跨境电子商务的转型，标志着跨境电子商务 3.0 阶段的到来。

近年来，跨境电子商务进入整合、转型期，跨境电子商务的发展逐渐呈现出许多新的特点，如参与主体的多样化、全产业链、品牌化。

1. 参与主体多样化

在 2013 年之前，跨境电子商务的主要参与者是一些小微企业、网商、个体工商户或者"草根"创业者。2013 年之后，越来越多的大中型企业、工厂和传统的外贸商也开始批量进入。

2. 全产业链

为了贸易便利化，除了产品，仓储、通关、税收和在线支付等全产业链问题，国家还推出了一体化通关和单一窗口政策，为跨境电子商务企业及服务企业不断整合多方资源提供一体化服务，促使跨境电子商务向规模化、集约化、全产业链化的优质纵深化方向发展。

3. 品牌化

早期的跨境电子商务主要以小微企业为主，他们销售物美价廉的产品，没有太多的品牌意识。近年来，随着大量的大中型企业、品牌商、贸易商的加入，越来越多的企业开始从简单的加工级贸易，逐步向品牌化、规模化的运营之路转型。

1.3　我国跨境电子商务的发展特点及趋势

1.3.1　跨境电子商务的发展特点

近几年，我国跨境电子商务交易规模持续扩大，在我国进出口贸易中所占比重持续提高。目前，我国跨境电子商务行业的发展主要呈现出以下几方面特点。

1. 跨境电子商务规模快速扩大，增长速度减缓

中国电子商务研究中心的《2017年最新跨境电子商务数据报告》显示，2014年，我国跨境电子商务整体交易额为3.9万亿元，增长速度为34.5%；2015年的交易额为5.1万亿元，增长速度为30.8%；2016年的交易额为6.3万亿元，增长速度为23.5%；2017年的交易额为7.5万亿元，增长速度为19%。

以上数据显示，我国跨境电子商务的整体交易额持续快速扩大，增长速度有所回落，增长的态势向健康、有序的方向发展。

2. 从进出口结构来看，出口占比优势明显

目前，从我国跨境电子商务的进出口结构看，出口占据绝对比重，进口增长迅速。中国电子商务研究中心的《2017年（上）中国电子商务市场数据监测报告》显示，2017年上半年，中国跨境电子商务中的跨境出口占比81.5%，跨境进口占比18.5%。由此可见，我国跨境电子商务出口比重明显高于进口比重。但是，随着行业开放程度和消费者对跨境电子商务购物方式接受程度的提高，进口部分占比持续提升。

3. 从交易模式来看，B2B仍占据主导地位，B2C快速发展

从交易模式来看，B2B仍旧是跨境电子商务的主导，占比高于80%。今后，随着跨境贸易主体越来越多样化，产品的种类更个性化，跨境交易订单趋向于碎片化和小额化。未来，B2C交易占比有望继续提升。然而，以阿里巴巴国际站和环球资源为代表的跨境B2B单笔交易量大且订单比较稳定。因此，未来一段时间，B2B仍然是中国企业开拓境外市场的最重要模式。

4. 跨境电子商务平台竞争激烈，移动端交易将引领未来潮流

目前，我国主要跨境电子商务进口平台包括网易考拉、天猫国际、唯品国际、京东全球购和聚美极速免税店。国际B2C跨境电子商务出口平台主要包括亚马逊、阿里巴巴速卖通、Wish、eBay和敦煌网等。随着互联网技术的不断推进，便捷的移动端应用越来越成为诸多买家的购物方式。当前，移动端交易在境内已经占据了约一半的在线购物交易量，未来境外的移动端营销必将成为跨境电子商务的一个主战场。

此外，我国跨境电子商务从出口国家和地区来看，美国和欧盟国家是我国跨境电子商务出口的主要目标国家，占比明显高于其他国家，其次是东盟以及日本等国家和地区；就产品种类来看，主要集中在以手机及其附件为主的3C电子产品和服饰、母婴等二十几个产品种类。

1.3.2　跨境电子商务的未来发展趋势

跨境电子商务的发展方向必然是朝着降低交易成本、全球贸易便利化，有利于提升居民福祉，有利于营造良好的营商环境，促进经济长期健康发展的方向前进。

1. 跨境电子商务占进出口贸易额的比重将不断增加

跨境电子商务的增长速度远远高于传统外贸，业务规模已相当可观。目前，境内各类跨境电子商务平台企业已超过 5 000 家，通过平台开展跨境电子商务的外贸企业逾 20 万家，跨境电子商务占进出口贸易的比例从 2010 年的 6%上升至 2016 年的 28%，预计到 2020 年占比将达 38%。未来借助政策的推动、科学技术的进步以及行业成熟程度的提升，跨境电子商务行业在进出口贸易中的比例越来越重，整个行业仍处于快速增长阶段，未来将占据更加重要的地位。

2. 海外仓储高速发展，保税模式潜力巨大

当前，我国跨境物流体系不完善，配送周期过长，部分地区难以追踪物流，经常出现包裹破损甚至丢失的问题，物流发展滞后的问题亟待解决。海外建仓是突破跨境物流瓶颈的重要方式，有利于以大宗运输替代零散小包的运输，降低物流成本，缩短配送时间，实现供应链效率的提升和本地化。

此外，保税模式通过采用海运等物流方式集中进口，把货物提前进口到保税区，境内消费者通过网络下单后，商家直接从保税区发货，能有效解决当前跨境电子商务普遍采用的国际直邮方式的慢、小、退换货难等问题，也能有效降低物流成本。目前来看，保税模式是最适合跨境电子商务发展的集货模式，也是境内电子商务平台选用的主要模式。

3. 跨境电子商务行业趋于规范化、透明化

自 2013 年起，中华人民共和国国务院（以下简称国务院）、海关总署、国家质量监督检验检疫总局和国家税务总局等相关机构先后出台一系列规范跨境电子商务行业发展的政策文件。尽管跨境电子商务行业目前仍缺乏一个完整的法律法规体系，不同试点城市执行的标准也不同，未来政策变动的可能性也比较大，但是目的都在于促进行业发展，未来规范化的政策及管理模式不可避免。

1.4 跨境电子商务的相关政策

2013 年，我国首先确立上海、杭州、宁波、郑州、重庆为第一批跨境电子商务进口试点城市。随后，广州、深圳、福州、平潭、天津加入，全国跨境电子商务保税进口试点城市扩容至 10 个。2015 年 3 月，设立中国（杭州）跨境电子商务综合试验区。2016年，国务院印发《关于同意在天津等 12 个城市设立跨境电子商务综合试验区的批复》，在天津、上海、重庆、合肥、郑州、广州、成都、大连、宁波、青岛、深圳、苏州这 12 个城市新设一批跨境电子商务综合试验区。至此，我国跨境电子商务的试点由点到面，发展迅速。

由于跨境电子商务在交易方式、货物运输、支付结算等方面与传统贸易方式差异较大，现行管理体制、政策、法规及现有环境条件已无法满足其发展要求，而跨境电子商务承载着我国外贸转型升级的使命。因此，近年来得到国家的大力推动。我国对跨境电子商务出台的相关政策大致可以分为政策萌芽期、政策发展期和政策爆发期等 3 个阶段，从最初规范行业发展到支持引导，再到实施层面推进。2013 年被业界称为跨境电子商务元年，因为自 2013 年起，国务院就先后出台了一系列支持和推动跨境电子商务发展的政策，有力地促进了我国跨境电子商务的蓬勃发展。

1.《关于促进进出口稳增长、调结构的若干意见》（2013.7）

国务院办公厅在 2013 年 7 月的《关于促进进出口稳增长、调结构的若干意见》中指出，要"完善多种贸易方式。积极研究以跨境电子商务方式出口货物（B2C、B2B 等方式）所遇到的海关监管、退税、检验、外汇收支、统计等问题，完善相关政策，抓紧在有条件的地方先行试点，推动跨境电子商务的发展。推进市场采购贸易发展，在总结义乌试点经验的基础上，适时扩大试点范围。研究完善边贸发展政策，扩大边境贸易。"

2.《关于实施支持跨境电子商务零售出口有关政策的意见》（2013.8）

2013 年 8 月，国务院办公厅转发商务部等部门关于实施支持跨境电子商务零售出口有关政策意见的通知中提到 7 点支持政策。

（1）确定电子商务出口经营主体（以下简称经营主体）

经营主体分为三类：一是自建跨境电子商务销售平台的电子商务出口企业，二是利用第三方跨境电子商务平台开展电子商务出口的企业，三是为电子商务出口企业提供交易服务的跨境电子商务第三方平台。经营主体要按照现行规定办理注册、备案登记手续。在政策未实施地区注册的电子商务企业可在政策实施地区被确认为经营主体。

（2）建立电子商务出口新型海关监管模式并进行专项统计

海关对经营主体的出口商品进行集中监管，并采取清单核放、汇总申报的方式办理通关手续，降低报关费用。经营主体可在网上提交相关电子文件，并在货物实际出境后，按照外汇和税务部门要求，向海关申请签发报关单证明联。将电子商务出口纳入海关统计。

（3）建立电子商务出口检验监管模式

对电子商务出口企业及其产品进行检验检疫备案或准入管理，利用第三方检验鉴定机构进行产品质量安全的合格评定。实行全申报制度，以检疫监管为主，一般工业制成品不再实行法检。实施集中申报、集中办理相关检验检疫手续的便利措施。

（4）支持电子商务出口企业正常收结汇

允许经营主体申请设立外汇账户，凭海关报关信息办理货物出口收结汇业务。加强对银行和经营主体通过跨境电子商务收结汇的监管。

（5）鼓励银行机构和支付机构为跨境电子商务提供支付服务

支付机构办理电子商务外汇资金或人民币资金跨境支付业务，应分别向国家外汇管理局和中国人民银行申请并按照支付机构有关管理政策执行。完善跨境电子支付、清算、结算服务体系，切实加强对银行机构和支付机构跨境支付业务的监管力度。

（6）实施适应电子商务出口的税收政策

对符合条件的电子商务出口货物实行增值税和消费税免税或退税政策，具体办法由中华人民共和国财政部（以下简称财政部）和国家税务总局等有关部门另行制订。

（7）建立电子商务出口信用体系

严肃查处商业欺诈，打击侵犯知识产权和销售假冒伪劣产品等行为，不断完善电子商务出口信用体系建设。

3.《关于支持外贸稳定增长的若干意见》（2014.5）

在 2014 年 5 月国务院办公厅发布的《关于支持外贸稳定增长的若干意见》中提到，要"创新和完善多种贸易平台。加快国际展会、电子商务、内外贸结合商品市场等贸易平台建设。扩大'市场采购'方式试点范围。出台跨境电子商务贸易便利化措施。鼓励企业在海外设立批发展示中心、商品市场、专卖店、'海外仓'等各类国际营销网络。"

4.《关于加强进口的若干意见》（2014.11）

在 2014 年 11 月国务院办公厅发布的《关于加强进口的若干意见》中提到，要"大力发展进口促进平台。加大对国家进口贸易促进创新示范区的政策支持，支持大宗商品交易平台建设，完善进口贸易平台。抓紧总结试点经验，按照公平竞争原则，加快出台支持跨境电子商务发展的指导意见。充分发挥海关特殊监管区域和监管场所的作用，扩大相关商品进口。组织和支持举办进口展览会、洽谈会。发挥进口促进电子信息平台作用，交流市场信息，加强进口政策宣传。"

5.《关于改进口岸工作支持外贸发展的若干意见》（2015.4）

在 2015 年 4 月国务院办公厅发布的《关于改进口岸工作支持外贸发展的若干意见》中提到，要"支持新型贸易业态和平台发展。支持跨境电子商务综合试验区建设，建立和完善跨境电子商务通关管理系统和质量安全监管系统，为大众创业、万众创新提供更为宽松、便捷的发展环境，取得经验后，逐步扩大综合试点范围。加快出台促进跨境电子商务健康快速发展的指导意见，支持企业运用跨境电子商务开拓国际市场，按照公平竞争原则开展并扩大跨境电子商务进口业务。进一步完善相关政策，创新监管方式，扩大市场采购贸易试点范围，推动外贸综合服务企业加快发展，支持扩大外贸出口。"

6.《关于加快培育外贸竞争新优势的若干意见》（2015.5）

2015 年 5 月，国务院在《关于加快培育外贸竞争新优势的若干意见》中指出，要"加快培育新型贸易方式。大力推动跨境电子商务发展，积极开展跨境电子商务综合改革试点工作，抓紧研究制订促进跨境电子商务发展的指导意见。培育一批跨境电子商务平台和企业，大力支持企业运用跨境电子商务开拓国际市场。鼓励跨境电子商务企业通过规范的'海外仓'等模式，融入境外零售体系。促进市场采购贸易发展，培育若干个内外贸结合商品市场，推进在内外贸结合商品市场实行市场采购贸易，扩大商品出口。培育一批外贸综合服务企业，加强其通关、物流、退税、金融、保险等综合服务能力。"

7.《关于大力发展电子商务加快培育经济新动力的意见》（2015.5）

2015 年 5 月，国务院在《关于大力发展电子商务加快培育经济新动力的意见》中提到，要"提升跨境电子商务通关效率。积极推进跨境电子商务通关、检验检疫、结汇、缴进口税等关键环节'单一窗口'综合服务体系建设，简化与完善跨境电子商务货物返修与退运通关流程，提高通关效率。探索建立跨境电子商务货物负面清单、风险监测制度，完善跨境电子商务货物通关与检验检疫监管模式，建立跨境电子商务及相关物流企业诚信分类管理制度，防止疫病疫情传入、外来有害生物入侵和物种资源流失。大力支持中国（杭州）跨境电子商务综合试验区先行先试，尽快形成可复制、可推广的经验，加快在全国范围推广。"

8.《关于促进跨境电子商务健康快速发展的指导意见》（2015.6）

2015 年 6 月，国务院办公厅印发《关于促进跨境电子商务健康快速发展的指导意见》，提出了 5 个方面的支持措施。一是优化海关监管措施，进一步完善跨境电子商务进出口货物、物品管理模式，优化跨境电子商务海关进出口通关作业流程。二是完善检验检疫监管政策措施，对跨境电子商务进出口商品实施集中申报、查验和放行，对跨境电子商务经营主体及商品实施备案管理制度。三是明确规范进出口税收政策，继续落实现行跨境电子商务零售出口税收政策，按照有利于拉动国内消费、公平竞争、促进发展和加强进口税收管理的原则，制订跨境电子商务零售进口税收政策。四是完善电子商务支付结算管理，稳妥推进支付机构跨境外汇支付业务试点，鼓励境内银行、支付机构依法合规开展跨境电子支付业务。五是提供财政金融支持，对跨境电子商务企业走出去重点项目给予必要资金支持，为跨境电子商务提供适合的信用保险服务。向跨境电子商务外贸综合服务企业提供有效的融资、保险支持。

9.《关于跨境电子商务零售进口税收政策的通知》（2016.3）

2016 年 3 月 24 日，财政部会同海关总署、国家税务总局发布我国跨境电子商务零售进口税收新政策，规定自 2016 年 4 月 8 日起，跨境电子商务零售进口商品将不再按邮递物品征收行邮税，而是按货物征收关税和进口环节增值税、消费税，以推动跨境电子商务的健康发展。

以上 3 个部门明确，跨境电子商务零售进口商品的单次交易限值为人民币 2 000 元，个人年度交易限值为人民币 20 000 元。在限值以内进口的跨境电子商务零售进口商品，关税税率暂设为 0%；进口环节增值税、消费税取消免征税额，暂按法定应纳税额的 70%征收；超过单次限值、累加后超过个人年度限值的单次交易，以及完税价格超过 2 000元限值的单个不可分割商品，均按照一般贸易方式全额征税。

国务院关税税则委员会同时调整行邮税政策，将原有的 4 档税率 10%、20%、30%、50%整合为 15%、30%和 60%的 3 档税率，其中，15%税率对应最惠国税率为零的商品；60%税率对应征收消费税的高档消费品；其他商品执行 30%税率。

新税收政策下，购买跨境电子商务零售进口商品的个人将作为纳税义务人，实际交易价格（包括货物零售价格、运费和保险费）作为完税价格，电子商务企业、电子商务交易平台或物流企业为代收代缴义务人。

2016年5月，财政部发布消息，明确海关总署、国家质量监督检验检疫总局已通知实施，对跨境电子商务新政中规定的有关监管要求给予一年的过渡期。2016年11月，过渡期进一步延长至2017年年底。

10.《关于促进外贸回稳向好的若干意见》（2016.8）

在2016年8月国务院办公厅印发的《关于促进外贸回稳向好的若干意见》中提到，要"加大对外贸新业态的支持力度。开展并扩大跨境电子商务、市场采购贸易方式和外贸综合服务企业试点。支持企业建设一批出口产品'海外仓'和海外运营中心。总结中国（杭州）跨境电子商务综合试验区和市场采购贸易方式的经验，扩大试点范围，对试点地区符合监管条件的出口企业，如不能提供进项税发票，按规定实行增值税免征不退政策，并在发展中逐步规范和完善。加快建立与外贸综合服务企业发展相适应的管理模式，抓紧完善外贸综合服务企业退（免）税分类管理办法。"

自2013年以来，国务院在各类文件中，先后密集出台了一系列扶持政策，以促进我国跨境电子商务快速稳步发展，归纳起来，主要提到了以下几方面措施。

① 完善跨境电子商务进出口的税收、外汇、支付、通关、检疫等相关政策，积极倡导"单一窗口"综合服务体系建设。例如，2015年6月《关于促进跨境电子商务健康快速发展的指导意见》中，就分别围绕跨境电子商务的海关监管、检验检疫、出口税收、支付结算和财政金融等5个方面提出了相关支持政策。

② 大力扶持和完善外贸平台和外贸综合服务企业的建设。在《关于实施支持跨境电子商务零售出口有关政策的意见》《关于支持外贸稳定增长的若干意见》《关于改进口岸工作支持外贸发展的若干意见》《关于促进外贸回稳向好的若干意见》等多个文件中都提到加快国际展会、电子商务、内外贸结合商品市场等贸易平台建设和外贸综合服务企业试点。

③ 创新出口商品鉴定模式，完善市场采购试点工作。在《关于促进进出口稳增长、调结构的若干意见》《关于支持外贸稳定增长的若干意见》《关于加快培育外贸竞争新优势的若干意见》等多个文件中，提到总结义乌试点经验，推进市场采购贸易方式的发展。

④ 支持海外仓建设。《关于支持外贸稳定增长的若干意见》《关于加快培育外贸竞争新优势的若干意见》《关于促进外贸回稳向好的若干意见》等多个文件中提到要鼓励跨境电子商务企业通过规范的"海外仓"等模式，融入境外零售体系。

11. 国务院常务会议：扩容跨境电子商务综试区，监管过渡期再延一年（2017.9）

2017年9月20日的国务院常务会议决定，将跨境电子商务零售进口监管过渡期政策再延长一年至2018年年底，并加快完善相关制度。当天会议还决定，要在全国复制推广跨境电子商务线上综合服务和线下产业园区"两平台"及信息共享、金融服务、智能物流、风险防控等监管和服务"六体系"等成熟做法，积极探索新经验，在制定跨境电子商务国际标准中发挥更大作用。同时要再选择一批基础条件好、发展潜力大的城市建设新的综合试验区，推动跨境电子商务在更大范围发展。

12. 商务部：跨境电子商务综试区再增加 5 城（2017.12）

2017 年 9 月，国务院常务会议研究决定，继续对天津、上海、杭州、宁波、郑州、广州、深圳、重庆、福州、平潭 10 个试点城市（地区）跨境电子商务零售进口商品暂按照个人物品监管。在 2017 年 12 月 7 日的中华人民共和国商务部（以下简称商务部）例行新闻发布会上，商务部发言人表示，自 2018 年 1 月 1 日起，将跨境电子商务零售进口监管过渡期政策使用的范围扩大至合肥、成都、大连、青岛、苏州 5 个城市。

【思考与练习】

1. 请简述我国跨境电子商务交易模式的类型。
2. 请简述我国跨境电子商务发展的 3 个阶段。

Chapter 2

第2章
跨境电子商务人才专业素养

学习目标

了解跨境电子商务人才专业素养的素质要求、知识要求及能力要求。

案例导入

　　小王是一名即将毕业的大学生，一天他在招聘网站上发现一个跨境电子商务网络推广的岗位招聘信息。小王觉得这个岗位和自己的专业比较对口，于是他信心满满地接受了对方的面试。结果有点出乎小王的意料，虽然小王的专业能力很强，但是对于这个新兴的跨境行业了解不深，加上他性格较为内向，大学里几乎不参加任何学生活动，致使此次面试失败。这次面试的失败让小王疑惑：难道只懂贸易知识就无法胜任这个职位吗？跨境电子商务到底需要怎样的人才？

2.1 跨境电子商务从业人员的岗位职责

　　目前众多跨境电子商务企业多处于初创阶段，客服人员、视觉设计人员、网络推广等是最迫切需要的初级人才。随着企业向纵深发展，竞争不断加剧，负责跨境业务运营的商务型中级人才需求也会越来越迫切。

2.1.1 初级岗位

　　初级岗位的特点是掌握跨境电子商务技能，懂得"如何做"跨境电子商务。目前，此类岗位的主要职责如下。

1. 客户服务

　　从业人员能采取邮件、电话等沟通渠道，熟练运用英语及法语、德语等小语种和客户进行交流，售后客服还需了解不同国家或地区的相关政策规定，能够处理知识产权纠纷。

2. 视觉设计

从业人员既精通设计美学，又精通视觉营销，能拍出合适的产品图片，设计出美观的页面。

3. 网络推广

从业人员熟练运用信息技术编辑、上传、发布产品，利用搜索引擎优化、社区营销、数据分析方法进行产品推广。

2.1.2 中级岗位

中级岗位要求从业人员熟悉现代商务活动，掌握跨境电子商务运营和管理知识，懂得跨境电子商务"能做什么"。目前，此类岗位的主要职责如下。

1. 市场运营管理

从业人员既精通互联网，又精通营销推广，了解当地消费者的思维方式和生活方式，能够运用网络营销手段进行产品推广，包括活动策划、商品编辑、商业大数据分析、用户体验分析等。

2. 供应链管理

所有电子商务平台的成功都是供应链管理的成功。跨境电子商务从产品方案制订、采购、生产、运输、库存、出口、物流配送等一系列环节都需要专业的供应链管理人才。

3. 国际结算管理

从业人员应灵活掌握和应用国际结算中的各项规则，有效控制企业的国际清算风险，切实提升贸易、出口、商品及金融等领域的综合管理能力和应用法律法规水准。

2.1.3 高级岗位

高级岗位要求从业人员熟悉跨境电子商务前沿理论，能够从战略上洞察和把握跨境电子商务的特点和发展规律，具有前瞻性思维，能够引领跨境电子商务产业发展，懂得"为什么要做跨境电子商务"。熟悉跨境电子商务业务的高级职业经理人及促进跨境电子商务产业发展的领军人物等都符合高级岗位要求。

2.1.4 跨境电子商务企业人员情况

1. 人才需求强烈

根据资料显示，84%的跨境电子商务企业仍然存在人才缺口，企业人才管理能力需要有质的提升。人员不稳定的企业比例仍然居高不下，基础岗位员工属于流失率最大的群体，其中，运营、技术、推广、销售、综合型高级管理成为企业最迫切需要的人才。

2. 从业者专业知识匮乏

高校电子商务专业理论更新速度慢，跟不上电子商务的快速发展。同时与企业的需求对接又比较少，无法给予学生有效的指导和帮助，导致从事跨境电子商务业务的毕业生缺乏职业素养与技能的实操经验。

2.2 跨境电子商务从业人员的职业能力要求

2.2.1 素质要求

① 严格遵守国家信息和互联网的相关法律法规，具有较高的网络文化素养和网络行为文明素质，具备跨境电子商务领域相关的诚信与信用素养、信息安全与保密素养。

② 跨境电子商务的全球性特征表明了服务对象不再局限于本国（或地区），而是面向全球的客户，由于他们有着不同的语言模式、思维方式及文化习惯，需要具备良好的人文素养和职业素养，以及足智多谋、灵活多变的网络沟通素养。

③ 具备良好的沟通能力，注意客户的满意度、认真负责的工作态度和团队合作的意识。

④ 跨境电子商务从业人员应该具备良好的心理素质，要善于和客户沟通，处理各种纠纷，更要时刻保持高涨的工作热忱和激情，做事持之以恒，不因一时的失败而气馁。

2.2.2 知识要求

1. 国际贸易基本知识

国际贸易知识包括熟知外贸业务流程，正确处理境外订单；了解国际物流、保险、结算、报关等规章制度；了解国际商务法律法规，对跨境业务纠纷按条例妥善处理；掌握进出境国际物流途径，以便货物顺利送达等。

2. 电子商务基本原理

跨境电子商务主要开展业务活动的形式就是利用互联网技术来搭建电子商务平台，以此来进行业务洽谈等内容，因此电子商务的基本原理也是跨境电子商务从业人员所需具备的知识要求。电子商务的基本知识主要包括熟悉网络客户开发，熟悉三大电子商务模式，能利用网络完成产品的互联网推广、产品发布、网店装修、订单处理等工作。

3. 跨境支付知识

目前，跨境电子商务更多是跨境 B2C，跨境支付大多属于小额支付，成熟的跨境电子商务经营者应该熟悉跨境小额支付的整套流程，包括 PayPal、国际版支付宝、速汇金等小额跨境支付方式，并了解主流跨境支付方式的优劣。

4. 跨境电子商务的法律法规和跨境保税区政策

一个成熟的跨境电子商务运营者必须对国家的跨境电子商务法律法规有比较精准的了解，并且知道如何合规操作，因为对于一些已经发展起来的跨境电子商务企业，如何在符合国家法律法规的前提下发展业务才是重中之重，所以跨境电子商务人才应该了解中国的跨境电子商务法律。跨境保税区是跨境电子商务的风向标，有实力的企业也可以进驻跨境保税区，因此，保税区的政策也是需要跨境电子商务人才熟悉了解的。

2.2.3 能力要求

1. 外语沟通能力

具有良好的英语口语和写作能力，能用英语进行日常沟通和业务活动，如网站推广、网络营销、跨境平台操作、跨境客户服务工作。此外，跨境电子商务属于跨境零售业，为了吸引更多来自不同国家或地区的普通消费者，各大跨境电子商务平台提供英语以外的其他语言服务。如果从业者能精通俄语、西班牙语和其他小语种，并能了解这些国家的风土人情、购物习惯，对海外贸易、互联网、分销体系、消费者行为有着很深的理解，这将是一个很大的竞争优势。

2. 跨境平台运营能力

现行的跨境电子商务平台多种多样，精通主要跨境电子商务平台的操作，例如如何开店、如何选商品、如何发布商品、如何核算成本、如何设置运费、如何支付收款、如何做好客户服务，甚至对每个平台对商品主图、副图的要求等都要了如指掌。

3. 网络营销能力

网络营销能力决定着跨境电子商务在网络方面的订单成交量，进而决定着跨境电子商务企业的经济效益。从业者需要了解某一类商品在跨境电子商务平台上的优劣点，熟悉网络环境和市场环境，熟悉跨境电子商务平台的活动规则，比如利用阿里巴巴"速卖通"的限时限量、全店打折、"满立减"等活动来引流、促销。通过搜集信息、分析消费者心理，对产品进行分析判断，做出市场预估，能运用 SWOT 制定营销策略等。

4. 跨境物流和供应链管理能力

好的跨境电子商务人才应该熟悉国内主流跨境物流渠道，包括廉价的小包、大包，以及货物夹带、海洋运输拼箱/拼柜等。国际物流是跨境电子商务中很重要的一环，只有熟悉国际物流、了解物流配送模式，才能将货物以最便捷、最快速、最实惠的方式送到境外的消费者手中。因此，掌握供应链管理基本流程、供应链设计和管理，熟悉商品计划制订、原材料采购、商品生产、运输、库存、出口、物流和配送操作也是同样重要的。跨境电子商务未来的主流发展模式是海外仓，有实力的跨境电子商务企业一定要参与海外仓计划。想要成为一个成熟的跨境电子商务运营者，应该对海外仓有一定的了解，熟悉海外仓渠道，并且正确选择海外仓。

5. 法律法规分析能力

由于电子商务的发展，全球贸易规则正在发生巨大的变化，跨境电子商务从业者需能及时了解国际贸易体系、政策、规则、关税细则等方面的变化，对进出口形势也要有更深入的了解和分析，避免在跨境贸易中出现侵权行为。

【思考与练习】

从素质要求、知识要求、能力要求分析你自身的跨境电子商务从业素质，并规划你的成长路径。

Chapter 3

第3章
跨境电子商务市场及平台分析

学习目标

了解中国跨境电子商务的发展状况；进行跨境电子商务市场分析；了解跨境电子商务的主要平台；掌握为商品选择符合自身优势的跨境电子商务平台规则。

案例导入

小王打算开一家店铺，但不知道选择哪个平台合适。

对于跨境电子商务运营者来说，选择符合自己优势的跨境电子商务平台一直是运营成功的关键。小王看了很多资料，了解了中国跨境电子商务目前的发展状况，并对多个平台进行了分析，最终决定选择开设速卖通店铺。

3.1 跨境电子商务市场

3.1.1 中国跨境电子商务的发展状况

全球跨境电子商务是在 2003 年左右开始兴起的，最初在其中起主导作用的是 eBay（创立于 1995 年，是一个可让全球民众上网买卖物品的线上拍卖及购物网站）。跨境电子商务包括外贸电子商务和进口电子商务两大类型，后者占比相对较小；而外贸电子商务又分为批发（B2B）和零售（B2C 和 C2C）。中国跨境电子商务发展的萌芽期，主要是以跨境信息撮合平台的形式出现。2003 年，旺盛的世界采购需求推动了"中国制造"的爆发式发展，继而推动"中国制造"外贸出口发展，而外贸电子商务网站实效、便捷、廉价的贸易方式迎合了当时外贸出口的市场特点，中国外贸电子商务进入高速发展期。2003 年，以阿里巴巴国际站"中国供应商"为代表的 B2B 网站电子商务产品大行其道，使中国外贸人认识了电子商务的重要性。2007—2009 年全球经济危机时期，贸易保护主义导致传统出口受阻，并且外贸电子商务高毛利也吸引众多参与者进入，代表性的企业包括兰亭集势（成立于 2007 年）、DX 控股（成立于 2006 年）、环球易购（成立于 2007 年）等均成立于该时期并迎来快速发展，行业产品品类从电子产品向服装等多品类延伸，行业主要参与者也逐步获得一定的品牌溢价。到 2008 年前后，面向境外个人消费者的中国跨境电子商务零售出口业务（B2C/C2C）蓬勃发展起来。

2013 年被业内广泛认为是中国的"跨境电子商务元年"。这一年起，国家先后颁布政策，制定行业准则，规范交易行为，创造健康的跨境电子商务环境。2013 年 8 月，由国务院办公厅转发的《关于实施支持跨境电子商务零售出口有关政策的意见》，明确了 7 条支持措施；2013 年 10 月 1 日，由商务部、中华人民共和国国家发展和改革委员会（以下简称发改委）、海关总署等 9 部门共同出台了《关于实施支持跨境电子商务零售出口有关政策的意见》。一系列措施的出台，有力地促进了中国跨境电子商务的发展。"政府+平台"模式成为地方跨境电子商务发展的主流模式。2013 年，我国的跨境电子商务迎来了前所未有的大好机遇，并保持了强劲的发展势头。这一年，我国跨境电子商务交易规模为 3.1 万亿元，占进出口贸易总额的 11.9%。据不完全统计，2013 年我国的跨境电子商务平台企业已超过 5 000 家，境内通过各类平台开展跨境电子商务业务的外贸企业超过 20 万家。自 2014 年起，诸多跨境企业开始进行融资，行业接触实业资本，并获得资金支持，迎来爆发式增长期；2015 年，跨境电子商务进入了全面发展期；2016 年，跨境电子商务市场规模达到 6.7 万亿元，出口部分达到 5.5 万亿元，其中跨境出口 B2C 规模在 2015 年超过 5 000 亿元；预计到 2020 年市场规模可超过 2 万亿元，巨大的市场空间待挖掘。随着国家跨境电子商务利好政策的先后出台、行业参与者的积极推动及行业产业链的逐渐完善，预计未来几年跨境电子商务将继续保持平衡快速发展。我国跨境电子商务发展历程如图 3-1 所示。

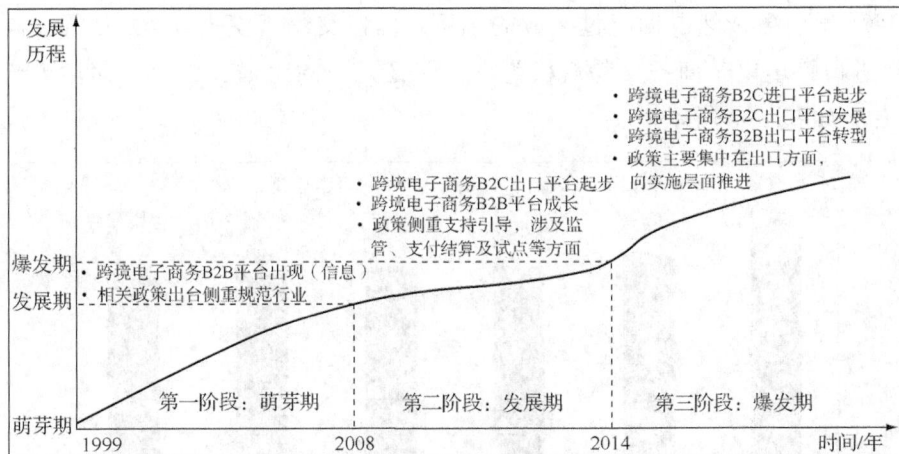

图 3-1　我国跨境电子商务发展历史

3.1.2　跨境电子商务的市场分析

近年来，跨境电子商务一直保持高速增长，交易规模在进出口贸易中的渗透率逐年上升。根据海关总署的数据，2016年中国进出口贸易规模达到24.3万亿元，同比下降1.02%，2011—2016年CAGR（Compound Annual Growth Rate，复合年均增长率）为0.6%，其中出口贸易13.8万亿元，同比下降2.09%。而根据中国电子商务研究中心数据，2016年中国跨境电子商务市场规模达到6.7万亿元，同比增长24%，2011—2016年CAGR达到32%。跨境电子商务的发展一方面得益于欧美日等发达经济体量化宽松等刺激政策带来的经济复苏，零售消费企稳回升；另一方面，"中国制造"的性价比优势通过网络即时传达至海外终端，获得消费者的追捧。跨境电子商务占进出口贸易的比例（渗透率）从2010年的6%上升至2016年的28%，预计到2020年占比将达38%，如图3-2所示。

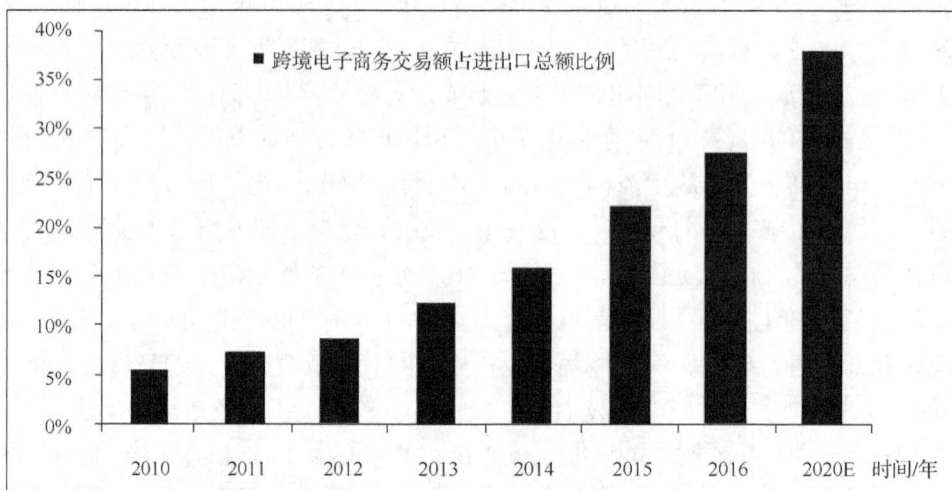

图3-2　跨境电子商务交易规模占进出口贸易的比例（%）

从跨境电子商务进出口结构上看，我国跨境电子商务以出口为主。数据显示，2016年出口跨境电子商务依然占据超过8成的比例，出口交易规模为5.5万亿元，同比增长22%，同年进口跨境电子商务交易规模1.2万亿元，同比增长32%。跨境电子商务进口和出口占比如图3-3所示。

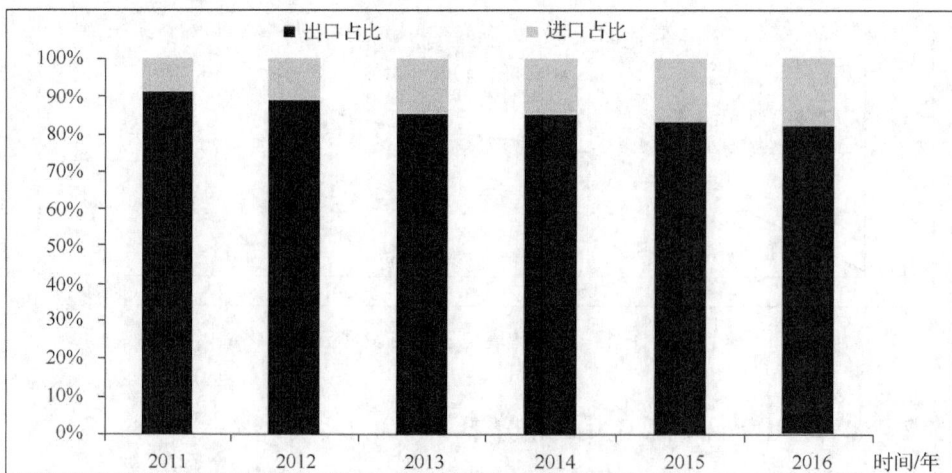

图3-3　跨境电子商务进口与出口占比（%）

从目的地看，目前出口跨境电子商务主要面向美国、欧盟、东盟、日本等发达市场的中低端客户群，其中美国和欧盟为主要市场，占比超过 30%，同时，俄罗斯、韩国、巴西、印度等新兴市场呈高速增长态势。2015 年跨境电子商务消费目的地分布如图 3-4 所示。

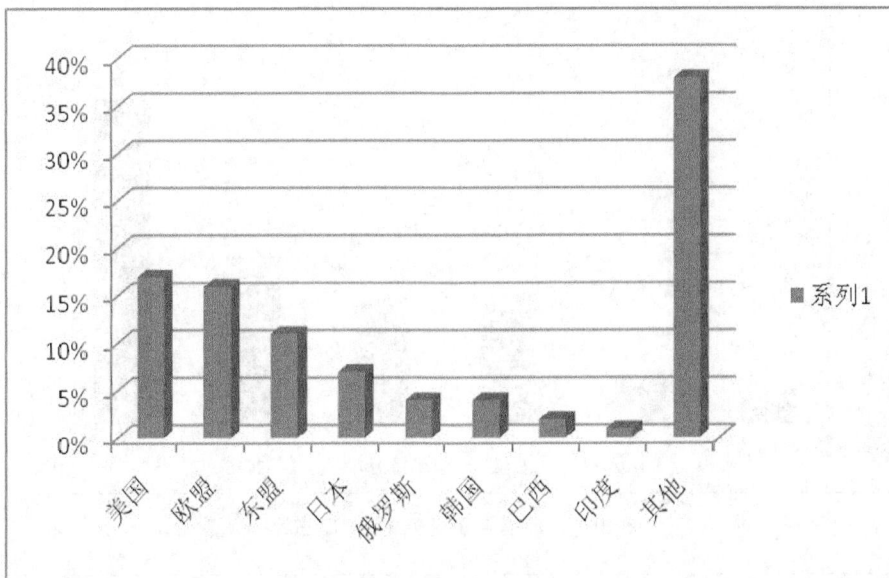

图 3-4　2015 年跨境电子商务消费目的地分布

从客户类型来看，随着网络购物渗透率的提升，渠道持续扁平化，个人消费的比例提升。在跨境电子商务市场中，B2C 占比从 2011 年的 3%提升至 2015 年的 16%，预计2020 年该比例将上升至 31%。从跨境电子商务出口来看，B2C 业务占比从 2011 年的 10%提升至 2016 年的 17%，2020 年可能达到 39%。如图 3-5、图 3-6、图 3-7 所示。

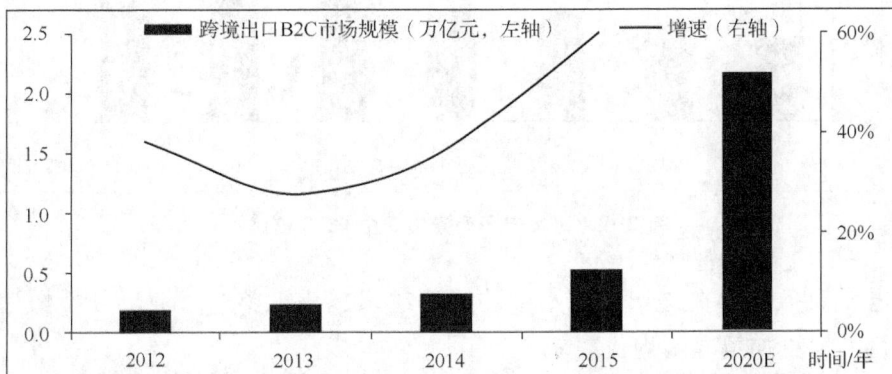

图 3-5　中国跨境电子商务 B2C 市场规模及增速

中国、美国、英国、德国和日本是全球最主要的跨境电子商务出口国，其中，中国依靠价格优势、品类丰富的特点，在 2016 年首次成为全球跨境电子商务最大的商品来源地，占全球跨境销售的 21%，紧随其后的 4 个销售地占比分别为 17%、13%、7%和 4%。

跨境电子商务销售的主要品类为服装和电子产品，在跨境销售的产品中，服饰类商品虽为非标品，但由于价格低廉，且多样的款式能够满足境外消费者不同的需求，成为最主要的销售品类。除此之外，排名销售前列的大多为标准品，3C 电子产品是消费者购买排名第二的产品，随后的旅游出行产品和电子娱乐产品均具备高标准化的特性。

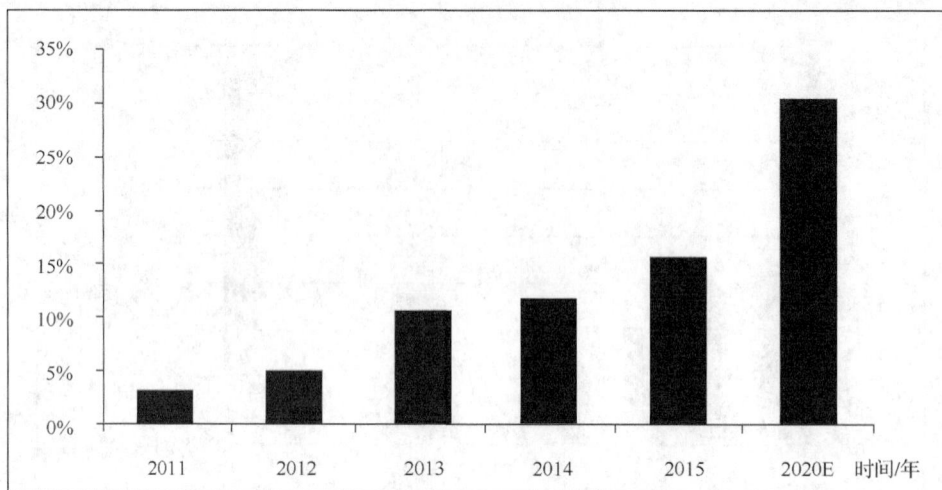

图 3-6　跨境电子商务中 B2C 占比

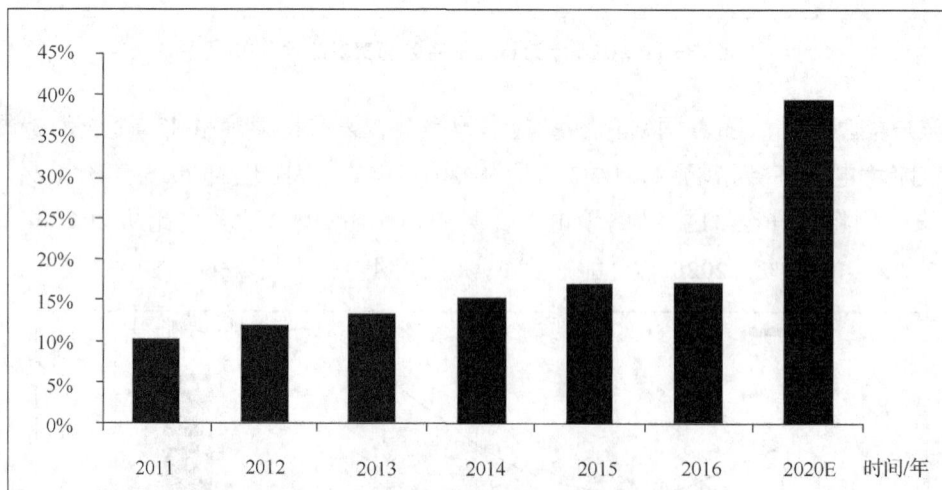

图 3-7　跨境电子商务出口中 B2C 占比

跨境电子商务行业在进出口贸易中的比例越来越重，整个行业仍处于快速增长阶段，未来将占据更加重要的地位。

新兴市场是一个地域市场概念，一般是指市场经济体制逐步完善、经济发展速度较高、市场发展潜力较大的市场，比如被称为"金砖四国"的中国、印度、俄罗斯、巴西，也包括这几年新兴的南非、越南和土耳其等国家。2014 年 eBay 集团发布的报告显示，目前跨境零售增长最快的市场是新兴市场，其中阿根廷增速高达 130%，以色列的增速达到了 78%。该报告列出了销售额增速最快的 3 个品类，即家居园林、汽配和时尚类产品。

3.2 跨境电子商务平台

传统外贸企业转型做跨境电子商务的第一步就是选择跨境平台。目前，普遍的做法有两种：自建网站和选择第三方平台。目前，国内外主要的跨境电子商务平台如下。

（1）国际 B2C 跨境电子商务平台：速卖通、亚马逊、eBay、Wish、兰亭集势、敦煌网等。

（2）进口跨境电子商务平台：洋码头、天猫国际、苏宁云商海外购、网易考拉海购、顺丰海淘等。

（3）本土化跨境电子商务平台：Flipkart（印度）、Walmart（美国）、Yandex（俄罗斯）、New Egg（美国）、Trade Me（新西兰）、Mercado Livre（巴西）、敦煌网、ipros（日本）等。

目前中国的外贸企业选择的主流跨境电子商务平台有速卖通、亚马逊、eBay、Wish、敦煌网等。

3.2.1 速卖通

全球速卖通（英文名为 AliExpress，简称速卖通）是阿里巴巴旗下面向全球市场打造的在线交易平台。速卖通首页如图 3-8 所示。速卖通正式上线于 2010 年 4 月 26 日，是阿里巴巴帮助中小企业接触终端批发零售商、小批量多批次快速销售、拓展利润空间而全力打造的融合订单、支付、物流于一体的外贸在线交易平台，被广大卖家称为"国际版淘宝"。全球速卖通面向境外买家，通过支付宝国际账户进行担保交易，并使用国际快递发货，目前已经覆盖 200 多个国家和地区的境外买家，每天境外买家的流量已经超过 5 000 万，已是全球第三大英文在线购物网站。

速卖通是阿里巴巴国际化重要的战略产品，有阿里巴巴做后盾，近几年来，可谓是风生水起，不仅包含的商品品类众多，流量也比较大。速卖通覆盖 3C、服装、家居、饰品等共 30 个一级行业类目，其中优势行业主要有：服装服饰、手机通信、鞋包、美容健康、珠宝手表、消费电子、计算机网络、家居、汽车/摩托车配件、灯具等。

速卖通实行的是低价策略，这与国内淘宝的低价策略相似。速卖通的侧重点在于新兴市场，比如巴西和俄罗斯。速卖通秉承了阿里系列产品的特点，操作界面简洁，非常适合外贸新人。另外，他们有非常系统的社区和客户培训，让每一个注册的新用户能够更快地入门。卖家在速卖通上注册、发布产品都是免费的。订单成交后，速卖通平台会收取销售额的 5%作为佣金。另外，卖家通过国际支付宝提现的时候需要支付一笔手续费。总之，速卖通比较适合新人和想要开发新兴市场的卖家。由于低价策略对贸易商非常不利，所以卖家的产品最好由工厂直供，这样价格优势比较明显。

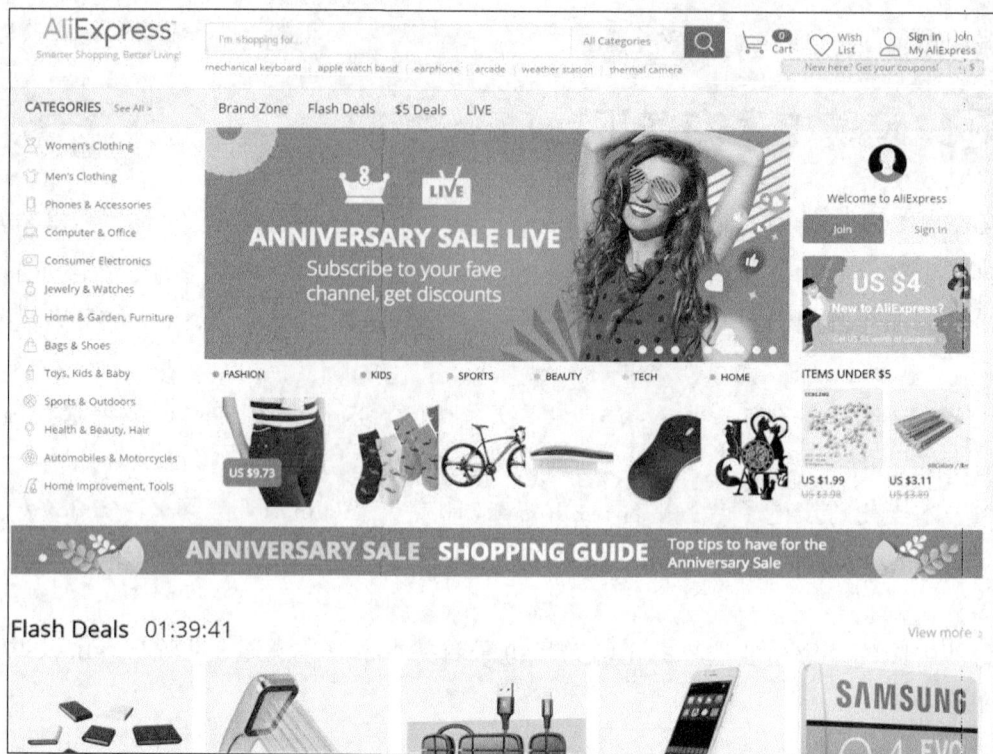

图 3-8　速卖通首页

3.2.2　亚马逊

亚马逊公司（Amazon，简称亚马逊）是美国目前最大的一家网络电子商务公司，成立于 1995 年 7 月 16 日，总部位于华盛顿州的西雅图，是网络上最早开始经营电子商务的公司之一。亚马逊的初期定位是网络书店，创始人杰夫·贝佐斯（Jeff Bezos）把亚马逊定位成"地球上最大的书店"（Earth's biggest bookstore）。1997 年 5 月，亚马逊上市。1998 年 6 月，亚马逊的音乐商店正式上线，仅一个季度就成为最大的网上音乐产品零售商。2000 年，亚马逊的宣传口号已改为"最大的网络零售商"（the Internet's No.1 retailer）。2001 年始，亚马逊将"最以客户为中心的公司"（the world's most customer-centric company）确立为努力的目标，为此，其从 2001 年开始大规模推广第三方开放平台（marketplace）、2002 年推出网络服务（AWS）、2005 年推出 Prime 服务、2007 年开始向第三方卖家提供外包物流服务（Fulfillment by Amazon，FBA）、2010 年推出自助数字出版平台（Digital Text Platform，DTP）。亚马逊逐步推出这些服务，使其超越网络零售商的范畴，成为一家综合服务提供商。亚马逊中国站的网站首页如图 3-9 所示。

2012 年年初，亚马逊在中国正式启动"全球开店"项目。"全球开店"是指中国卖家用中国公司注册账号，将中国产品销往世界。注册的主体主要是中国内地的公司和中国香港的公司。在 2012 年之前，中国卖家想要进驻亚马逊平台（以美国站为例），只能以美国公民的身份注册账号，中国公民是很难入驻亚马逊的。自 2012 年开始，亚马逊为了让中国公民更好地进入亚马逊平台销售产品，在中国组建了亚马逊中国团队，并开启了"全球开店"项目，使中国卖家可以直接通过中国招商团队更容易地入驻亚马逊平台。总之，"全球开店"项目是中国卖家开通亚马逊账户的一种快捷方式。亚马逊的"全球开店"页面如图3-10所示。

图3-9　亚马逊的网站首页

图3-10　亚马逊的"全球开店"页面

亚马逊目前有包括中国在内的十四大站点，为全球的上亿顾客提供服务。十四大站点分别是：中国、美国、加拿大、巴西、墨西哥、英国、德国、法国、西班牙、意大利、荷兰、日本、印度、澳大利亚。2014年以前，有九大站点对中国卖家开放，有数以万计的中国卖家和数百万中国卖家的商品在亚马逊出售。2014年新开放亚马逊加拿大和日本站。由于后台可以切换到相应站点的销售，由此归类为我们常说的4个站点：美国站（美国+加拿大+墨西哥）、欧洲站（英国+法国+德国+意大利+西班牙）、日本站、印度站。简单来说，注册美国站，美国和加拿大、墨西哥都可以用；注册一个欧洲站的，欧洲 5 国都可以用。自 2015 年起，亚马逊美国站推出了全中文的卖家支持服务。中国卖家可使用中文邮件、电话和即时在线聊天这 3 种方式，获得从店铺运营到政策等方面的一整套卖家支持服务。至于欧洲站，卖家可基于"欧洲统一账户"管理欧洲站下属 5 个站点的商品信息、库存和订单，注册英国站即可。一旦在欧盟的亚马逊平台注册，卖家账户会自动获得在其他欧盟平台的卖家权限。系统会要求卖家选择自己的"主平台"，它可以是 5 个平台中的任意一个，建议将负责操作和执行订单的地区选为主平台。考虑到欧洲站的多语种经营环境，亚马逊还为中国卖家提供了专业信息翻译服务和商品翻译工具。日本站是离中国卖家最近的亚马逊国际大站点。2015 年，亚马逊在上海新成立了日本站专属的商务顾问团队，为中国卖家提供从选品、物流、清关等多方面的咨询和建议，帮助中国卖家拓展日本市场。

要注意的是，亚马逊中国站面对的是中国消费者，不是海外消费者，相当于天猫、京东等平台，全中文前端、后台。因此卖家在注册时，要特别注意"我要开店"和"全球开店"的区别："全球开店"开的是海外站点，"我要开店"开的是中国站点。

亚马逊账户类型分为专业销售计划（Professional）和个人销售计划（Individual）两种。无论是公司还是个人，都可以通过亚马逊自注册通道完成账户注册并开始销售。以公司名义与以个人名义开设的账户在各种权限上（流量、商品上架数量、商品审核要求等）没有任何区别。这两种计划的主要区别在于费用结构和功能使用权限上。"个人销售计划"会被收取按件收费的费用，而"专业销售计划"账户则需要支付月度的订阅费。以上两种销售计划之间是可以相互转化的。所以，即使没有公司资质，卖家也可以在亚马逊上申请一个专业销售计划。以英国市场为例，由表 3-1 可以看出两种销售计划的区别。

表 3-1　亚马逊销售计划

账号类型	个人销售计划 （Individual）	专业销售计划 （Professional）
注册主体	个人、公司	个人、公司
月租金费	免费	25 英镑/月
按件收费	0.75 英镑/件	免费
销售佣金	不同品类，亚马逊收取不同比例的佣金，一般为 8%～15%	
功能区别	单一上传，无数据报告	单一上传和批量上传，可下载数据报告

3.2.3　eBay

eBay（中文名称为易贝）由 Pierre Omidyar 以 Auctionweb 的名称创立于 1995 年 9 月 4 日，总部位于加利福尼亚州圣荷西，是一个可让全球民众上网买卖物品的线上拍卖及购物网站。eBay 首页如图 3-11 所示。创始人 Omidyar 创建 eBay 的初衷是帮助酷爱

Pez 糖果盒的女友寻找同道中人进行交流，没想到 eBay 很快就受到很多人的欢迎。1997年 9 月，该公司正式更名为 eBay。素有"电子商务教母""在线跳蚤市场女王"等美誉的梅格·惠特曼（Meg Whitman）于 1998—2008 年担任 eBay 公司总裁兼首席执行官，把一个 50 人的小公司带领成为 1.5 万名员工、年营业额 85 亿美元的跨国企业巨头。2017年 6 月 6 日，《2017 年 BrandZ 最具价值全球品牌 100 强》公布，eBay 名列第 86 位。

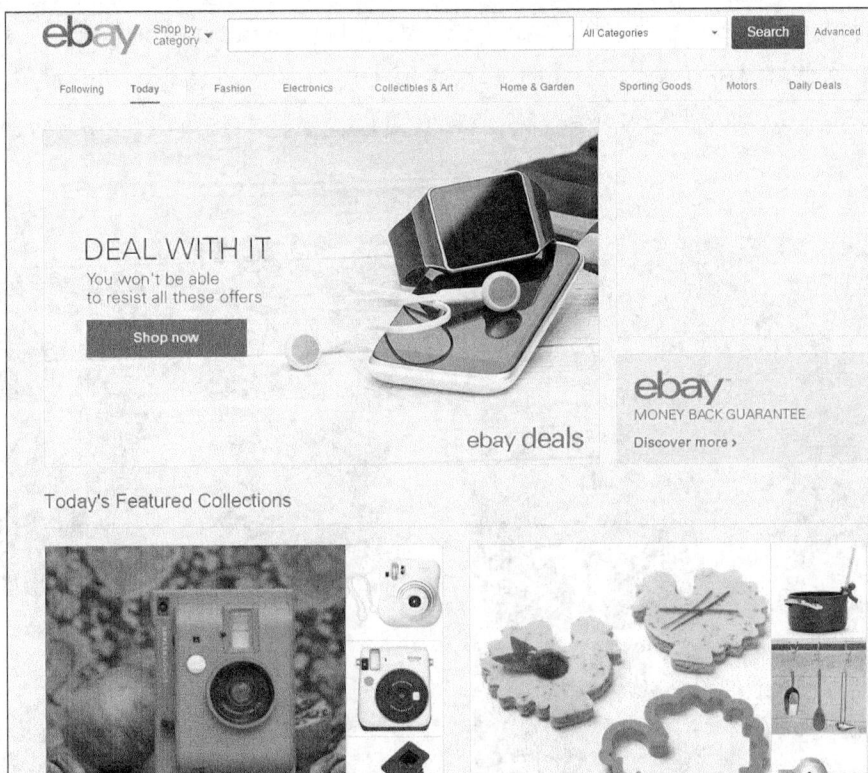

图 3-11　eBay 首页

作为国际零售跨境电子商务平台，eBay 就像是国内的淘宝。与亚马逊相比，eBay 的店铺操作也不复杂，开店免费、门槛低，需要的手续和东西比较多，但是平台规则比较倾向买家。eBay 的核心市场主要在欧洲和美国，如果选择该平台，那卖家需要结合自身的产品对核心市场深入分析，针对该市场选择比较有潜力的产品深入挖掘，对产品价格、优势、潜力等做深入研究。eBay 的卖家最好选择在美国和欧洲有较好表现的产品进行售卖。eBay 站点分布在美国、英国、澳大利亚、中国、阿根廷、奥地利、比利时、巴西、加拿大、德国、法国、爱尔兰、意大利、马来西亚、墨西哥、荷兰、新西兰、波兰、新加坡、西班牙、瑞典、瑞士、泰国、土耳其等国家和地区。

eBay 向卖家收取拍卖刊登费，每笔费用为 0.25～800 美元，向每笔已成交的拍卖再收取一笔成交费，为成交价的 7%～13%。由于 eBay 拥有 PayPal，所以也从此处产生利益。eBay 和 PayPal 的关系类似国内的淘宝和支付宝，一个用于开店，一个用于付款。2002 年 10 月，eBay 以 15 亿美元收购 PayPal，PayPal 便成为 eBay 的主要付款途径之一。

2005 年，PayPal 的中国网站开通，名称是"贝宝"，但是 PayPal 和贝宝实际上是两个相互独立的账户，因为贝宝使用人民币作为唯一的支付货币。PayPal 是目前全球最大的在线支付提供商之一。

3.2.4　Wish

Wish 于 2011 年成立于美国旧金山，创始人是 Peter Szulczewski 和张晟（Danny），是一款基于移动端 App（Application）的跨境电子商务平台，是北美和欧洲最大的移动电子商务平台，被评为硅谷最佳创新平台和欧美最受欢迎的购物类 App。Wish 的页面如图 3-12 所示。

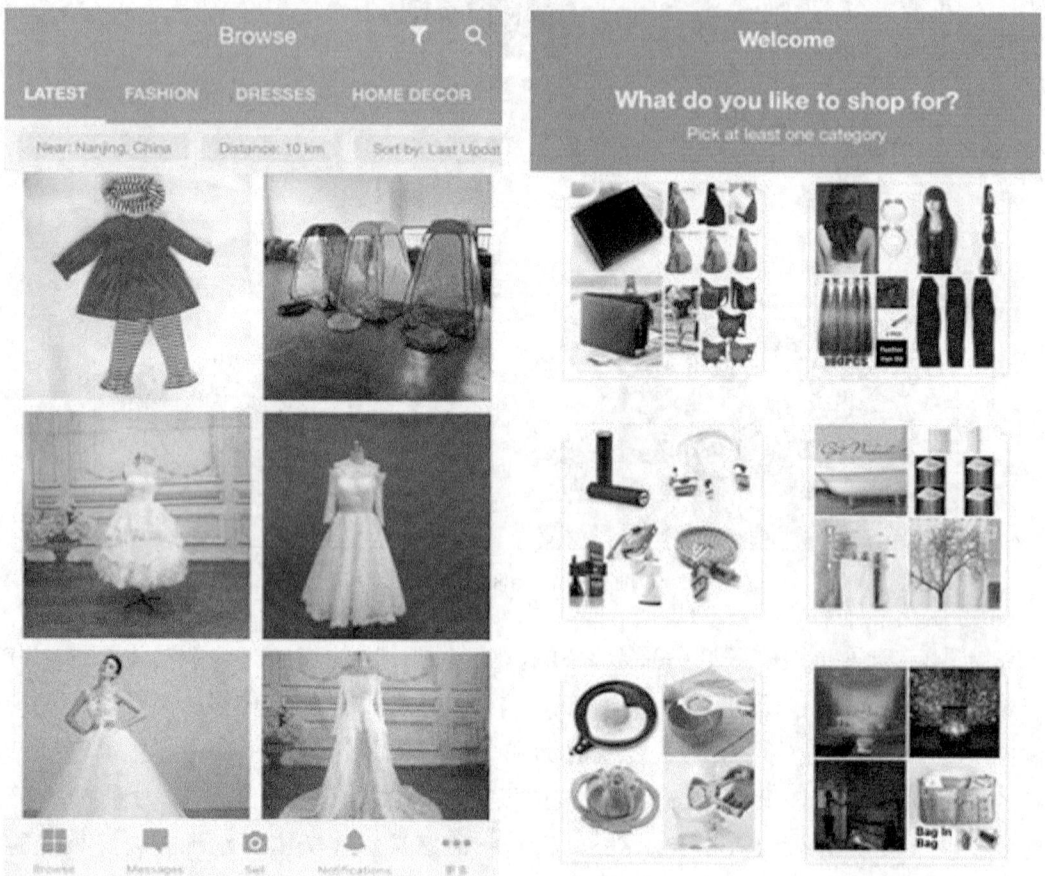

图 3-12　Wish 的页面

Wish 的发展历程如图 3-13 所示。Wish 的主要特点是物美价廉，很多产品，像珠宝、手机、服装等都从中国发货，平台有 90% 的卖家来自中国。虽然价格低廉，但是配合 Wish 独特的推荐方式，产品的质量也得到了保证。它可以利用智能推送技术，直接为每一位买家推送喜欢的产品，采用精准营销的方式，吸引了大量客户。

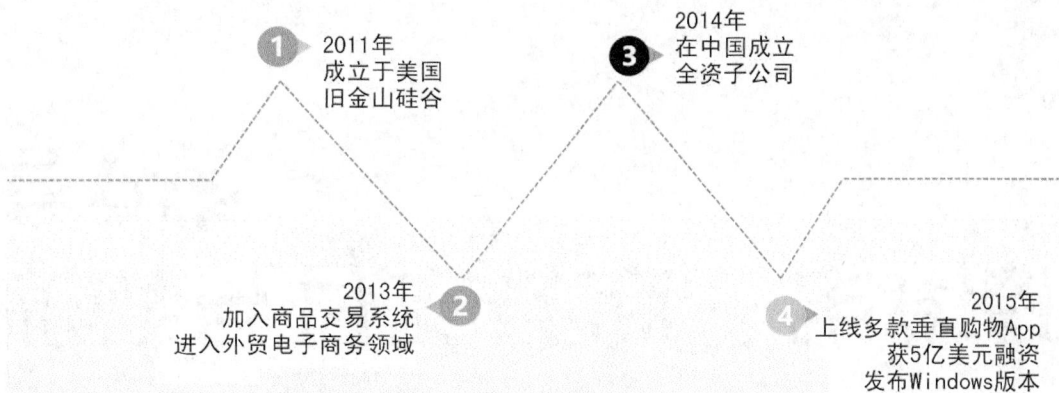

1 2011年
成立于美国
旧金山硅谷

3 2014年
在中国成立
全资子公司

2 2013年
加入商品交易系统
进入外贸电子商务领域

4 2015年
上线多款垂直购物App
获5亿美元融资
发布Windows版本

图 3-13　Wish 发展历程

Wish 旗下共拥有 6 个垂直的 App：Wish，提供多种产品类别；Geek，主要提供高科技设备；Mama，主要提供孕妇和婴幼儿用品；Cute，专注于美容产品、化妆品、配饰和衣服；Home，提供各种家居配件；Wish for Merchants，专门为卖方设计的移动 App。

不同于亚马逊、eBay、速卖通等跨境电子商务平台，Wish 有更多的娱乐感，有更强的用户黏性。亚马逊、eBay 等平台是由 PC 端发展起来的传统电子商务，更多的是注重商品的交易；Wish 虽然本质上也是提供交易服务的电子商务平台，但其专注于移动端的"算法推荐"购物，呈现给用户的商品大多是用户关注的、喜欢的，每个用户看到的商品信息不一样，同一用户在不同时间看到的商品也不一样。截至 2017 年 8 月，Wish 平台有 33.8 万独立注册账号（商户），10 个月内增长近 90%。平台有 4.2 亿注册用户，日活跃用户数量超过 1 000 万，月活跃用户数量为 7 000 万。

【思考与练习】

访问速卖通、亚马逊、Wish、eBay 的买家端，从界面架构、产品类别、访问流程等方面对这几个平台进行比较分析。

Chapter 4

第4章
跨境电子商务支付与物流

学习目标

了解跨境电子商务线上、线下的支付方式；了解跨境电子商务所涉及的各种邮政物流、商业快递、专线物流，学会创建运费模板；掌握线上发货技巧；了解国际物流网。

案例导入

小王的店铺最近订单量激增，经过观察和数据分析，小王发现新增的订单中一大半是来自于东南亚国家。小王原来一直使用一种运达时间较短而收费较贵的商业快递，但随着订单的增多，快递费变成一笔不小的支出。小王综合考虑客户对于物流时效的需求和运费的高低，打算换一种更为经济，而时效相对稳定的快递。那么小王应该如何选择，并且如何正确设置运费模板呢？

4.1 跨境电子商务支付

跨境支付（Cross-border Payment）是指两个或两个以上国家（或地区）之间，因国际贸易、国际投资及其他方面所发生的国际间债务债权，借助一定的结算工具和支付系统实现的资金跨国（或地区）转移的行为。

跨境电子商务的支付方式按途径不同可分为线下支付和线上支付两种方式。不同的跨境支付方式在费率、金额限制、到账速度等方面各有不同，且有各自的优缺点和适用范围。一般说来，线下支付以银行汇款模式为主，适用于大金额交易；线上支付包括电子账户支付和国际信用卡支付，适用于零售等小金额交易。

4.1.1 线下支付方式

1. 电汇

电汇（Telegraphic Transfer，T/T）是外汇汇款业务的基本方式之一，是指汇出行应汇款人的申请，采用环球银行金融电信网络（Society for Worldwide Interbank Financial Telecommunications，SWIFT）等电信手段将电汇付款委托书给汇入行，指示解付一定金额给收款人的一种汇款方式。

① 费用：根据银行的实际费率计算，买卖双方各自承担所在地的银行费用。

② 优点：电汇以电报、电传作为结算工具，收款人可迅速收到汇款，安全、迅速；款项通过银行付给指定的收款人，汇款人可充分利用资金，减少利息损失。

③ 缺点：费用较高。

④ 适用范围：电汇是传统的大宗 B2B 付款方式，适合大额的交易付款。

2. 西联汇款

西联汇款是国际汇款公司（Western Union）的简称，是世界上领先的特快汇款公司，迄今已近 170 年的历史。它拥有全球最大、最先进的电子汇兑金融网络，代理网点遍布全球 200 多个国家和地区。

① 费用：西联汇款的收汇人不需要支付任何费用就可以收取汇款，汇款人需要按照一定的比例支付汇款金额的手续费。西联国际汇款资费表（非洲地区除外）如表 4-1 所示。

表 4-1　西联国际汇款资费表（非洲地区除外）

发汇金额（美元）	手续费（美元）
500 以下	15.00
500.01～1 000.00	20.00
1 000.01～2 000.00	25.00
2 000.01～5 000.00	30.00
5 000.01～10 000.00	40.00
超过 10 000 美元，每增加 500 美元或其零数，加收 20.00 美元	

② 优点：手续费由买家承担，先收钱后发货，安全性高，对卖家有利；到账速度快。

③ 缺点：汇款手续费按笔收取，对于小额收款，手续费高；对于买家来说，风险高，买家不易接受。

④ 适用范围：适用于 1 万美元以下的小额支付。

3. 速汇金

速汇金是 MoneyGram 公司推出的一种个人间的环球快速汇款业务。速汇金在中国的合作伙伴是：中国银行、工商银行、交通银行、中信银行、广发银行等。用户可通过速汇金系统办理汇出汇款业务，目前仅限于美元办理"速汇金"汇出汇款业务。

① 费用：采用超额收费标准，一定的汇款金额内，汇款的费用相对较低。

② 优点：速汇金汇款在汇出后十几分钟即可到达收款人账户，汇款速度快；收费合理，无其他附加费用和不可知费用，无中间行费，无电报费；手续简单，汇款路径不复杂，收款人无须先开立银行账户即可实现资金划转。

③ 缺点：付款人与收款人都必须为个人；必须为境外付款；速汇金仅在工作日提供服务，而且办理速度缓慢。

④ 适用范围：个人小额支付。

4. 中国香港离岸公司银行账户

卖家通过在中国香港地区开设离岸银行账户，接受海外卖家的汇款，再从中国香港地区的账户汇往中国内地账户。

① 费用：不同银行的开户、转入和转出费用标准不同。

② 优点：接收电汇无额度限制；不同货币可直接自由兑换。

③ 缺点：中国香港银行账户的钱需要转到中国内地账户，较为麻烦。

④ 适用范围：传统外贸与跨境电子商务都适用，更适合已有一定交易规模的卖家。

4.1.2 线上支付方式

1. 信用卡收款

跨境电子商务网站可通过与国际信用卡组织合作，或直接与海外银行合作，开通接收海外银行信用卡支付的端口。

① 费用：使用信用卡收款通道，需要支付一定的年费和服务费用。

② 优点：欧美最流行的支付方式，用户群非常庞大。

③ 缺点：接入国际信用卡收款麻烦，需预存保证金；信用卡收款费用高，黑卡也很多，存在拒付风险。

④ 适用范围：很多跨境电子商务平台都支持国际信用卡支付。目前国际上有五大信用卡品牌 Visa、MasterCard、America Express、JCB、Diners Club，其中 Visa 卡和 MasterCard 使用较广泛。

2. Paypal

PayPal 是美国 eBay 公司的全资子公司，于 1998 年 12 月由 Peter Thiel 及 Max Levchin 建立，总部位于美国加利福尼亚州圣荷西市，目前在 200 多个国家和地区拥有超过两亿的活跃账户，支持用户以 100 多种货币接收和支付款项。PayPal 中文官网首页如图 4-1 所示。

图 4-1　PayPal 中文官网首页

① 费用：无月费，无开户费；支付购物款一律免费，成功售出商品或服务并收到付款后，才需支付手续费，销售额越高，支付的费率就越低，销售费率如表 4-2 所示。

表 4-2　PayPal 销售手续费费率

交易类型	手续费
在网站上销售，通过账单或电子邮件收款	4.4%+0.3 美元或以收款币种计算的近似固定费用
在 eBay 上销售	3.9%+0.3 美元或以收款币种计算的近似固定费用
数字商品小额付款	6.0%+0.05 美元或以收款币种计算的近似固定费用
优惠商家费率	如果月销售额符合条件并且保持良好的账户记录，可以申请

如果用户的月销售额达到 3 000 美元及以上，并且保持良好的账户记录，则可以申请优惠商家费率，以在网站上销售。通过账单或电子邮件收款的优惠费率如表 4-3 所示。

表 4-3　PayPal 优惠费率（通过账单或电子邮件收款）

	月销售额（美元）	费率
标准费率	3 000 及以下	4.4%+0.3 美元
优惠费率	3 000～10 000	3.9%+0.3 美元
	10 000～100 000	3.7%+0.3 美元
	100 000 以上	3.4%+0.3 美元

② 优点：交易完全在线上完成，适用范围广；收付双方必须都是 PayPal 用户，以此形成闭环交易，风控好；PayPal 是美国 eBay 旗下的支付平台，国际知名度较高，尤其受美国用户信赖。

③ 缺点：交易费用主要由商户提供，手续费高，将外币提现为人民币的手续繁杂。PayPal 对买家过度保护，卖家账户容易被冻结。

④ 适用范围：适合跨境电子商务零售行业，适合几十到几百美元的小额交易。

3. Payoneer

Payoneer（派安盈）成立于 2005 年，是一家总部位于纽约的在线支付公司，是万事达卡组织授权的具有发卡资格的机构，主要业务是帮助其合作伙伴将资金下发到全球，其同时也为全球客户提供美国银行、欧洲银行收款账户，用于接收欧美电子商务平台和企业的贸易款项。Payoneer 的中文官网首页如图 4-2 所示。

Payoneer 实现全球电子商务平台收款、提款至本地银行、电子商务圈闭环支付系统三大功能。目前，Payoneer 通过两种途径帮助电子商务收款，一是后台对接，二是全球收款账户。后台对接指的是 Payoneer 系统与电子商务平台支付系统 API（Application Programming Interface，应用程序编程接口）对接，一旦平台发出打款指令，两小时内资金即免费进入 Payoneer 账户。目前和 Payoneer 实现后台对接的电子商务平台包括

Wish、Lazada、Newegg。全球收款账户指的是为电子商务签发美元、欧元、英镑、日元的收款银行账号，用于接收亚马逊等欧美公司的打款。Payoneer 支持亚马逊平台和店铺的收款，是亚马逊官方为跨境电子商务唯一指定资金下发方。

图 4-2 Payoneer 的中文官网首页

Payoneer 分有卡账户和无卡账户。Payoneer 的无卡账户支持公司和个人注册，48 小时内完成账户审核，随账户自动签发美国支付服务和欧洲支付服务各一个，即刻用于收取欧美公司资金。但是，无卡账户里的钱只能通过银行提现到国内银行，不能在国内外网站上购物，也不能在 ATM（Automatic Teller Machine，自动提款机）上刷卡。

① 费用：Payoneer 可以直接电汇到国内银行，费用是提现总金额的 2%，汇率按提现当时的中间汇率，3～7 个工作日到账。提现额度为 500～9 500 美元，大于 9 500 美元需要联系客服才可以提现。

② 优点：便捷，中国身份证即可完成 Payoneer 账户在线注册，并自动绑定美国银行账户和欧洲银行账户；合规，像欧美企业一样接收欧美公司的汇款，并通过 Payoneer 和中国支付公司的合作完成线上的外汇申报和结汇；便宜，电汇设置单笔封顶价，人民币结汇最多不超过 2%。

③ 缺点：提现的费用会受到单笔取款金额和提款银行结汇率的影响，提现费用从 1%～3% 不等。

④ 适用范围：单笔资金额度小但是客户群分布广的跨境电子商务网站或卖家。

4. PingPong

杭州 PingPong 智能技术有限公司是一家中国人创立的全球收款公司，致力于为中国跨境电子商务卖家提供低成本的海外收款服务，以及其他个性化定制的金融衍生服务。PingPong 帮助中国企业获得公平的海外贸易保护，是全球首家专门为中国跨境电子商务卖家提供全球收款的企业。截至 2017 年 4 月 30 日的一些数据如图 4-3 所示。

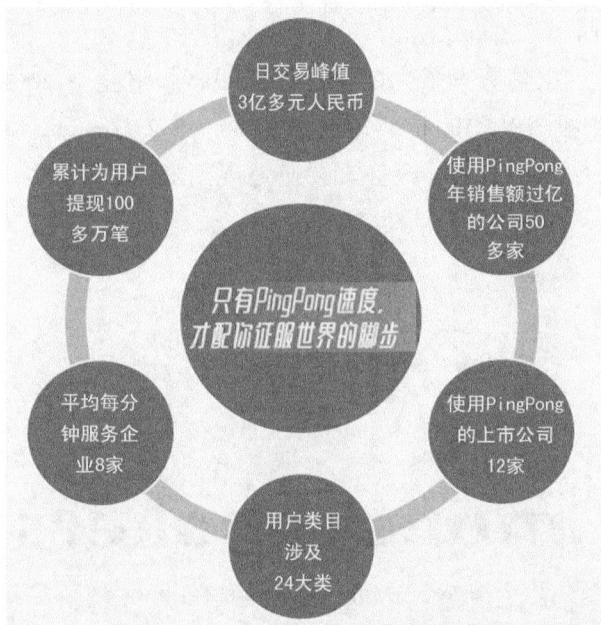

图 4-3　PingPong 的发展数据

2014 年 8 月，PingPong 创始人团队开始创建公司；2015 年 6 月，国内公司正式成立；10 月，系统正式上线；10 月至 12 月，系统试运行，完成 100 户商家月交易额 300 万美元的跨境收款业务；2016 年 3 月 8 日，PingPong 广告正式登上亚马逊 Seller Central；同年 9 月，接入 Wish。

① 费用：无年费，转款时 1% 费用封顶，无其他附加费用，创新了费率。

② 优点：PingPong 收款是 Amazon 后台推荐的收款方式，中美双边合规，可以保障交易的安全。其费率比较低，不到 1%，未来可能会免费；到账速度比较快，当天提现、当天到账，到账最快半小时；PingPong 属于中国本土企业，很重视客户体验，用户服务非常好；PingPong 坚持"为中国跨境电子商务而生"，最懂中国卖家，为中国卖家提供更好的服务，从跨境电子商务的每一个环节出发，做对中国卖家有益的事。

5. CashPay

CashPay 是瑞士公司 Cashrun 的产品，在中国有分公司。优点为：加快偿付速度（2～3 天），结算快；支持商城购物车通道集成；提供更多支付网关的选择，支持各币种提现，可选择提现币种；安全性高，有专门的风险控制防欺诈系统；一旦出现欺诈，100% 赔付。瑞士银行担保，拥有强大的国际背景。缺点是在中国市场上的知名度不高。Cashrun 公司的 Logo 如图 4-4 所示。

图 4-4　Cashrun 公司的 Logo

6. Moneybookers

Moneybookers 是一家具有竞争力的网络电子银行，诞生于 2002 年 4 月，是英国伦敦 Gatcombe Park 风险投资公司的子公司之一。2003 年 2 月 5 日，Moneybookers 成为世界上第一家被政府官方认可的电子银行。它还是英国电子货币协会的 14 个成员之一。Moneybookers 的 Logo 如图 4-5 所示。

图 4-5　Moneybookers 的 Logo

优点为：免手续费，提现会收取少量费用；安全，以 E-mail 为支付标识，不需要暴露信用卡等个人信息；只需要电子邮箱地址，就可以转账；可以通过网络实时地进行收付费。

缺点为：不允许多账户，一个用户只能注册一个账户。目前不支持未成年人注册，用户必须年满 18 岁才可以注册。

7. ClickandBuy

ClickandBuy 是独立的第三方支付公司。收款人收到 ClickandBuy 的汇款确认后，在 3~4 个工作日内会收到货款。每次交易金额最低 100 美元，每天最高交易金额 10 000 美元。ClickandBuy 的 Logo 如图 4-6 所示。

图 4-6　ClickandBuy 的 Logo

8. Paysafecard

Paysafecard 是一家网上领先的预付支付卡金融机构，也是欧洲非常流行的一种银行汇票，其应用范围非常广泛，有游戏、软件、音乐、电影、通信、娱乐业等。Paysafecard 已成为全球主要的预付卡支付方式之一，影响范围已延伸至欧洲、北美洲、拉丁美洲等地域。Paysafecard 的 Logo 如图 4-7 所示。

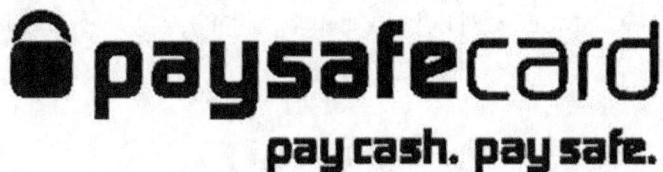

图 4-7　Paysafecard 的 Logo

Paysafecard 购买手续简单而安全。大多数国家的报刊亭、加油站、商场和店铺都可以买到。据不完全统计，Paysafecard 销售网店超过 45 000 个，其支付过程也相当快捷安全：用户在网上购物支付时，选择 Paysafecard 支付方式，然后只需输入一个 16 位的 PIN Code 便可完成交易，不需要银行账号，也不需要提供个人信息，支付的款项将从 Paysafecard 的账户里面扣除，终端客户可以随时查询账户的余额，Paysafecard 还可提供面值 10 欧元、25 欧元、50 欧元、100 欧元的代金券。除线上支付外，它还是欧洲游戏玩家的网游支付手段。用户用 16 位账户数字完成付款。

Paysafecard 还有其他支付特点，比如，实时交易、实时到账、操作流程简单；无保证金或者循环保证金，大大缓解了商家的资金周转压力；无交易额度限制，可支持英镑、欧元、美元、瑞士法郎等币种。

要开通 Paysafecard 支付，需要有企业营业执照。

9. WebMoney

WebMoney（WM）是由成立于 1998 年的 WebMoney Transfer Techology 公司开发的一种在线电子商务支付系统，其目前可以在包括中国在内的全球 70 多个国家及地区使用。WebMoney 是俄罗斯最主流的电子支付方式之一，俄罗斯各大银行均可自主充值取款。WebMoney 的 Logo 如图 4-8 所示。

图 4-8　WebMoney 的 Logo

WebMoney Transfer 技术是基于提供所有用户独特的接口，它允许经营和控制个人资产。用户使用前需要先开通一个 WMID，此 ID 可以即时与别人聊天，像 QQ 一样。此 ID 里面可设有多种货币的钱包，如以美元来计的 Z 钱包里的货币就是 WMZ 了，这也是国内外目前比较通用的 WM 账户。

10. QiwiWallet

QiwiWallet 是俄罗斯最大的第三方支付工具，它的服务类似于支付宝。这个系统使客户能够快速、方便地在线支付水电费、手机话费及网购费用等，还能用来偿付银行贷款。

QiwiWallet 和 WebMoney 对以俄罗斯市场为主的卖家是不可或缺的。QiwiWallet 的 Logo 如图 4-9 所示。

图 4-9　QiwiWallet 的 Logo

11. LiqPay

LiqPay 是一个小额支付系统，对最低金额和支付交易的数量没有限制并立即执行。一次性付款不超过 2 500 美元，立即到账，无交易次数限制。LiqPay 用客户的移动电话号码为标识。账户存款是美元，所以如果你存入另一种货币，则将根据 LiqPay 内部汇率折算。LiqPay 的 Logo 如图 4-10 所示。

图 4-10　LiqPay 的 Logo

12. CashU

CashU 隶属于门户网站 Maktoob（Yahoo 于 2009 年完成对 Maktoob 的收购），主要用于支付在线游戏、电信和 IT 服务等的费用，可实现外汇交易。CashU 允许你使用任何货币进行支付，但该账户目前只以美元显示用户的资金。CashU 现已为中东等地广大网民所使用，是中东和北非地区运用最广泛的电子支付方式之一。CashU 的 Logo 如图 4-11 所示。

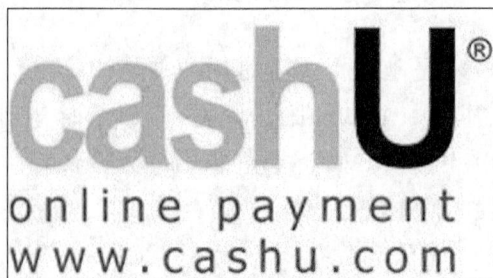

图 4-11　CashU 的 Logo

13. NETeller

NETeller 免费开通。全世界数以百万计的会员选择 NETeller 的网上转账服务。通过银行转账或电汇把用户的钱转入 NETeller 账户，以后在网上交易时，用户只要在接受 NETeller 付款的网站用 NETeller 支付就行了，不用再输入银行、信用卡账号等敏感信息，大大增加了资金的安全性。NETeller 的 Logo 如图 4-12 所示。

图 4-12 NETeller 的 Logo

WebMoney、QiwiWallet、CashU 对于俄罗斯、中东、北非等国家和地区的贸易起到至关重要的作用。

跨境转账的方式很多，具体使用哪种方式收款，卖家可以多做比较，了解各个方式的特点，根据自己的实际情况选择最合适的一种，并以其他支付方式当作收款的辅助手段。

4.1.3 中国跨境电子商务的主要支付方式

随着全球互联网和电子商务的快速发展，中国进出口贸易形式日益多元化，国内市场对跨境支付形式多元化的需求同步上升，且对跨境支付安全性和效率的要求日渐提高。

跨境电子支付业务涉及资金结售汇和收付汇。从支付资金的流向看，跨境电子商务进口业务涉及跨境支付购汇。境内消费者通过电子商务平台从境外商户购买商品，支付机构为境内消费者购置外汇并支付给境外商户。购汇一般有第三方购汇支付、境外人民币支付和通过境内银行购汇汇出 3 种途径。跨境电子商务出口业务涉及跨境收入结汇。境内商户通过电子商务平台将产品销售给境外消费者，支付机构为境内商户收取外币并代理结汇。结汇一般有第三方收结汇、通过境内银行汇款、以结汇或个人名义拆分结汇流入等途径。

以目前我国跨境电子商务中的 B2B 模式和 B2C 模式两个大类为例，根据其运营模式、市场规模、服务对象等因素细分为 5 种不同的商业模式：B2B 模式信息服务平台、B2B 模式交易服务平台、B2C 模式自营平台、B2C 模式开放平台和第三方服务平台模式。与跨境平台模式相对应，跨境电子商务支付方式有所不同。

B2B 模式信息服务平台，即传统的跨境大额交易平台、大宗 B2B 平台，以提供买家和卖家信息为主，只提供商家相互认识沟通的渠道；主要职能是为境内外会员商户提供网络营销平台，传递供应商或采购商的商品或服务信息，并帮助交易方完成交易，如 eBay、阿里巴巴国际站、环球资源、中国制造（Made-in-China）等。该模式下交易双方的交易金额较大，主要以线下交易为主，一般采用 T/T（电汇）、L/C（信用证）、西联等方式。

B2B 模式交易服务平台是能够实现买卖供需双方之间的网上交易和在线电子支付的一种商业模式，如敦煌网、全球速卖通等。此类平台模式多采用线上支付，支付方式主要有 PayPal 等方式。

B2C 模式自营平台引入、管理和销售符合自我品牌诉求和消费者需要的各类品牌产品，如兰亭集势、环球易购等。此类平台模式普遍采用线上支付，支付方式主要有 PayPal、信用卡、借记卡等。

B2C 模式开放平台更多地作为管理运营平台商存在，通过整合平台服务资源为买卖双方服务，如 eBay、亚马逊、Wish 等，支付方式主要有 PayPal、信用卡、借记卡等。

第三方服务平台（代运营）模式不参与跨境电子商务的交易过程，专门为各类小额跨境电子商务公司提供整体解决方案，协助客户提供交易后台的支付、物流及客服服务，属于专业平台技术支持方和运营方，支付方式依客户需求选择不同方式。

4.2 跨境电子商务物流

4.2.1 邮政物流

邮政物流包括了各国（或地区）邮政局的邮政航空大包、小包，以及中国邮政速递物流分公司的 EMS、ePacket 等。下面，我们依次对这几种常见的邮政物流方式进行了解。

1. EMS

特快专递邮件业务（ExpressMail Service，EMS）是中国邮政速递物流与各国（地区）邮政合作开办的中国与其他国家、地区之间递特快专递（EMS）邮件的一项服务。由于是跟其他国家（地区）的邮政合办的，所以 EMS 在各国（地区）邮政、海关、航空等部门均享有优先处理权。这是 EMS 区别于很多商业快递的最根本的地方。

EMS 国际快递在不同分区施行不同的资费，卖家可与邮政或货代公司协商。EMS 国际快递投递时间通常为 3～8 个工作日，不包括清关的时间。由于各个国家和地区的邮政、海关处理的时间长短不一，有些国家和地区的包裹投递时间可能会长一些，具体妥投时间以 EMS 官方网站公布的为准。EMS 跟踪查询上，卖家可以登录 EMS 快递网站查看相应的收寄、跟踪信息。国际航空条款规定的不能邮寄或限制邮寄的货物，如粉末、液体、易燃易爆物品等危险品，以及烟酒、现金及有价证券、侵权产品等均不适宜寄递。卖家在选品和发货时均要注意排查。

概括起来，EMS 主要有以下几个突出的优点：邮政的投递网络强大，覆盖面广，价格比较合理，以实重计费；不用提供商业发票就可以清关，而且具有优先通关的权利，即使通关不过的货物也可免费运回境内；EMS 适用于小件，以及对时效要求不高的货物，可走敏感货物，不易打关税；EMS 寄往南美及俄罗斯等国家和地区有绝对优势。

但是 EMS 也存在着几个比较明显的缺点：EMS 相对于商业快递来说速度偏慢一些；查询网站信息略有滞后；EMS 不能一票多件，大货价格偏高。

2. ePacket 介绍

ePacket 俗称 e 邮宝，又称 EUB，是中国邮政速递物流旗下的国际电子商务业务。ePacket 目前可以发往美国、澳大利亚、英国、加拿大、法国和俄罗斯。中国邮政对 ePacket 业务是没有承诺时限的，这点卖家在发货时要注意。美国、澳大利亚和加拿大 ePacket 业务提供全程时限跟踪查询，但不提供收件人签收证明。英国 ePacket 业务提供收寄、出口封发和进口接收信息，不提供投递确认信息。

要注意的是，ePacket 业务不受理查单业务，不提供邮件丢失、延误赔偿。因此，ePacket 并不适合寄递一些价值比较高的产品。

3. 中国邮政大包、小包

（1）中国邮政航空大包

中国邮政航空大包俗称"航空大包"或"中邮大包"。中国邮政大包除了航空大包外，还包括水陆运输的大包，本书所提及的"中邮大包"仅指航空大包。中邮大包可寄达全球 200 多个国家和地区，价格低廉，清关能力强，对时效要求不高而稍重的货物可选择此方式发货。

中邮大包拥有中国邮政的大部分优点，包括以下几点。

① 成本低，尤其是该方式以首重 1 千克、续重 1 千克的计费方式结算，价格比 EMS 低，且和 EMS 一样不计算体积重量，没有偏远附加费，较商业快递有绝对的价格优势。

② 通达地多，中邮大包可通达全球大部分国家和地区，且清关能力非常强。

③ 运单操作简单，中邮大包的运单简单，操作方便。

当然，中邮大包也有以下缺点。

① 部分国家和地区限重 10 千克，最重也只能 30 千克。

② 妥投速度慢。

③ 查询信息更新慢。

（2）中国邮政国际小包

中国邮政国际小包俗称"中邮小包""空邮小包""航空小包"，以及其他以收寄地市局命名的小包（如"北京小包"），是指重量在 2 千克以内（阿富汗为 1 千克以内），外包装长、宽、高之和小于 90 厘米，且最长边小于 60 厘米，通过邮政空邮服务寄往国外的小邮包。

国际小包可分为中国邮政平常小包（China Post Ordinary Small Packet Plus）和挂号小包（China Post Registered Air Mai1）两种。两种小包的主要区别在于：利用挂号小包提供的物流跟踪条码能实时跟踪邮包在大部分目的国家和地区的实时状态，平邮小包只能通过面单条码以电话查询形式查询到邮包在国内的状态。

中邮小包具有以下几个明显的优点。

① 运费比较便宜，这是最大的优点。部分国家和地区运达时间并不长，因此这属于性价比较高的物流方式。

② 邮政的包裹在海关操作方面享用"绿色通道"，因此清关能力很强，而且中国邮政是万国邮政联盟的成员，因此其派送网络包括世界各地，覆盖面非常广。

③ 中邮小包本质上属于"民用包裹"，并不属于商业快递，因此该方式能邮寄的物品比较多。

但是中邮小包也存在着一些固有的缺点，包括以下几点。

① 在一般情况下，限制重量 2 千克，阿富汗甚至限重 1 千克，这就导致部分卖家如果包裹超出 2 千克，就要分成多个包裹寄递，甚至只能选择其他物流方式。

② 运送的时间总体较长，像俄罗斯、巴西这些国家超过 40 天才显示买家签收都是正常现象。

③ 还有许多国家和地区不支持全程跟踪，且邮政官方网站也只能跟踪国内部分，国外部分不能实现全程跟踪，因此卖家需要借助社会公司的网站或登录到目的地的查询网站上进行跟踪，查询上不方便。

中邮小包通关的时候需注意：由于中邮小包只是一种民用包裹，并不属于商业快递，海关对个人邮递物品的验放原则是"自用合理数量"，所以，该方式并不适于寄递数量太大的产品。海关规定，对寄自或寄往境外的个人物品，每次允许进出境的限值分别为人民币 800 元和 1 000 元；对超出限值部分，属于单一不可分割且确属个人正常需要的，可从宽验放。

总体来说，中邮小包属于性价比较高的物流方式，适合寄递物品重量较轻、量大、价格要求实惠而且对于时限和查询便捷度要求不高的产品。

（3）其他国家或地区的邮政小包介绍

邮政小包是使用较多的一种国际物流方式，依托万国邮政联盟网点覆盖全球，其对于重量、体积、禁限寄物品要求等方面的特点均存在很多的共同点，然而不同国家和地区的邮政所提供的邮政小包服务却或多或少存在着一些区别，主要体现在不同区域会有不同的价格和时效标准，对于承运物品的限制也不同。

因此，我们需要与多个物流渠道的货运代理公司建立联系，以确保能尽快了解各类渠道的最新信息，从而根据最新的信息多个渠道组合使用。为了让各卖家能灵活地综合使用各种小包渠道，下面对常用的航空小包的特点做一个简要的介绍。

① 新加坡小包：价格适中，服务质量高于邮政小包一般水平，并且是目前常见的手机、平板等含锂电池产品的运输渠道。

② 瑞士邮政小包：欧洲线路的时效较快，但价格较高。欧洲通关能力强，欧洲申根国家免报关。

③ 瑞典小包：欧洲线路的时效较快，俄罗斯通关及投递速度较快，且价格较低。它是俄罗斯首选的物流方式，而且在某些时段安检对带电池的产品管制还没那么严格，

可用于寄递带电产品。

还有很多不同地区的邮政小包，但目前被速卖通卖家广泛使用的并不多，这里就不一一介绍了。

4.2.2 商业快递

速卖通平台常用的商业快递方式包括 TNT、UPS、FedEx、DHL、Toll、SF Express 等。不同的国际快递公司具有不同的渠道，在价格上、服务上、时效上都有所区别，下面我们重点介绍几种常用的国际快递方式。

1. TNT

TNT 集团总部设于荷兰，是全球领先的快递服务供应商，为企业和个人客户提供全方位的快递服务。TNT 快递在欧洲、中国、南美、亚太和中东地区拥有航空和公路运输网络。

TNT 操作时有以下几个注意事项。

① TNT 快递费不包含货物到达目的地海关可能产生的关税、海关罚款、仓储费等费用，因货物原因无法完成目的地海关清关手续或收件人不配合清关，导致货物被退回发件地（此时无法销毁），所产生的一切费用，如收件人拒付，则需由卖家承担。

② 若因货物原因导致包裹滞留，不能继续转运，其退回费用或相关责任由发件人自负。

③ 卖家若授权货代公司代为申报，如因申报原因发生扣关或延误，货代公司大多不承担责任。

④ 如 TNT 包裹需要申请索赔，需在包裹上网后 21 天内提出申请，逾期 TNT 不受理。

⑤ 一票多件计算方式：计算包裹的实重之和与体积重之和，取其中较大者。

⑥ TNT 不接受仿牌货物，若仿牌货物被扣关，TNT 不负责。

TNT 主要有以下几个优点。

① 速度快，通关能力强，提供报关代理服务。

② 可免费、及时、准确地追踪查询货物。

③ 在欧洲、西亚、中东国家和地区有绝对优势。

④ 在 2~4 个工作日内通至全球，特别是到西欧大概用 3 个工作日，可送达国家和地区比较多。

⑤ 信息比较全，货物跟踪信息更新快，遇到问题响应及时。

⑥ 纺织品类大货到西欧、澳大利亚、新西兰有优势。

⑦ 可以通达沙特，但需提供正版发票。

TNT 也存在着一些缺点：要算体积、重量，对所运货物限制也比较多；价格相对较高。

2. UPS

联合包裹服务公司（United Parcel Service，UPS）于 1907 年作为一家信使公司成立于美国华盛顿州西雅图，全球总部位于美国佐治亚州亚特兰大，是一家全球性的公司。作为世界上最大的快递承运商与包裹递送公司，它也是运输、物流、资本与电子商务服务的提供者。大部分 UPS 的货代公司均可提供 UPS 旗下主打的 4 种快递服务，具体如下。

① UPS Worldwide Express Plus——全球特快加急，资费最高。

② UPS Worldwide Express——全球特快。

③ UPS Worldwide Saver——全球速快，也就是所谓的"红单"。

④ UPS Worldwide Expedited——全球快捷，也就是所谓的"蓝单"，速度最慢，资费最低。

前 3 种方式都用红色标记，最后一种用蓝色，但是通常所说的红单是指 UPS Worldwide Saver。速卖通平台支持的 UPS 发货方式包含 UPS Express Saver 和 UPS Express Expedited。

UPS 主要有以下几个优点：速度快、服务好；强项在美洲等线路，特别是美国、加拿大、南美、英国、日本，适于发快件；一般 2～4 个工作日可送达。送往美国的话，差不多 48 个小时即可送达；货物可送达全球 200 多个国家和地区，可以在线发货，在中国 109 个城市有上门取货服务；查询网站信息更新快，遇到问题解决及时。

UPS 也有以下几个缺点：运费较贵，要计算产品包装后的体积重，适合发 6～21 千克或 100 千克以上的货物；对托运物品的限制比较严格；中国香港 UPS 代理目前停发澳大利亚件，但中国内地 UPS 可以发。值得注意的是，中国香港 UPS 发货有改地址附加费，另外对货物的尺寸、体积均有严格的限制，还对大型包裹收取附加费。若大型包裹体积超过规定规格，并超重，两种服务费会同时收取。因此，大货不宜使用中国香港地址发货物（发票也不宜使用中国香港地址和公司）。如果目的地清关必须使用中国香港地址，就找正规的货代公司发货。

3. FedEx

联邦快递（Federal Express，FedEx）分为中国联邦快递优先型服务（International Priority，IP）和中国联邦快递经济型服务（International Economy，IE）。FedEx 成立于 1973 年 4 月，公司的亚太区总部设在中国香港，同时在上海、东京等城市均设有区域性总部。

相较而言，FedEx IP 有以下优势。

① 时效快，递送时效为 2～5 个工作日。

② 清关能力强。

③ 为全球超过 200 个国家及地区提供快捷、可靠的快递服务。

FedEx IE 则有以下优势。

① 价格更加优惠，相对于 FedEx IP 的价格更有优势。

② 时效比较快，一般为 4～6 个工作日。

③ 清关能力强。

④ 目前为全球超过 90 个国家和地区提供快捷、可靠的快递服务。

以上两者享受同样的派送网络，只有少部分国家或地区的运输路线不同。

FedEx 主要有以下几个优点：适宜走 21 千克以上的大件，到南美洲的价格较有竞争力；一般 2～4 个工作日可送达；网站信息更新快，网络覆盖全，查询响应快。FedEx 也有以下几个缺点：价格较贵，需要考虑产品体积重量；对托运物品限制也比较严格。

4. DHL

DHL 国际快递是全球快递行业的领导者，可寄达 200 多个国家及地区，有涵盖超过 120 000 个目的地（主要邮递区码地区）的网络，向企业及私人提供专递及速递服务。

DHL 的参考时效如下。

① 上网时效：参考时效从客户交货之后第二天开始计算，1～2 个工作日后会有上网信息。

② 妥投时效：参考妥投时效为 3～7 个工作日（不包括清关时间，特殊情况除外）。

DHL 可全程跟踪信息，并可以查到签收时间和签收人。DHL 对寄往大部分国家和地区的包裹要求为：单件包裹的重量不超 70 千克，单件包裹的最长边不超过 1.2 米。但是部分国家和地区的要求不同，具体以 DHL 官方网站公布的为准。

DHL 有以下几点操作注意事项。

① 申报品名时需要填写实际品名和数量。不接受礼物或样品申报。

② DHL 对申报价值是没有要求的，客户可以自己决定填写的金额，建议按货物的实际申报价值申报，以免产生高额关税及罚金。

③ DHL 在部分国家和地区不接受 PO Box（Post Office Box）邮箱地址，必须要提供收件人电话。以上资料必须用英文填写。

DHL 主要有以下几个优点：去西欧、北美有优势，适宜走小件，可送达国家和地区的网点比较多；一般 2～4 个工作日可送达，去欧洲一般 3 个工作日，到东南亚一般两个工作日；查询网站货物状态更新也比较及时，解决问题的速度快。

DHL 也有以下几个缺点：走小货价格较贵不划算，适合发 5.5 千克以上或 21～100 千克的货物；对托运物品的限制比较严格，拒收许多特殊产品，且在部分国家和地区不提供 DHL 包裹寄送服务。

5. Toll

Toll 中文名为环球快递（又名拓领快递），是 Toll Global Express 公司旗下的一个快递业务。Toll 在澳大利亚及泰国、越南等亚洲地区的价格较有优势。

Toll 的运费包括基本运费和燃油附加费两部分，其中燃油附加费每个月变动。Toll 的参考时效如表 4-4 所示。

表 4-4 Toll 的参考时效表

国家或地区	参考时效
东南亚	3～5 个工作日
美国/加拿大	6～10 个工作日
澳大利亚	3～5 个工作日
欧洲	6～10 个工作日
南美	8～15 个工作日
中东	8～15 个工作日

Toll 有以下几点操作注意事项。

① Toll 运费不包含货物到达目的地海关可能产生的关税、海关罚款、仓储费、清关费等费用，因货物原因无法完成目的地海关清关手续，收件人不配合清关，导致货物被退回发件地（此时无法销毁）的，所产生的一切费用如收件人拒付，则需由发件人承担。

② 若因货物原因导致包裹被滞留，不能继续转运的，其退回费用或相关责任由发件人自负。

③ 如货物因地址不详等原因在当地派送不成功，需更改地址派送，Toll 会收取每票 50 元的操作费。

④ 如因货物信息申报不实、谎报等原因导致无法清关，或者海关罚款等，一切费用由发件人承担，Toll 会另外收取每票 75 元的清关操作费。

⑤ Toll 在当地会有两次派送服务，如两次派送均不成功，要求第三次派送会收取 75 元派送费。

⑥ 货物不能用金属或者木箱包装，不能用严重不规范的包装，否则 Toll 会收取 200 元的操作费。

⑦ Toll 对到澳大利亚、细甸、马来西亚、尼泊尔的偏远地区的快递可能会收取附加费，具体地区及收费标准以官方网站公布的数据为准。

6. SF Express

SF Express 即顺丰速运（以下简称顺丰），于 1993 年诞生于广东顺德。顺丰专注于服务质量的提升，在中国的各地区都建立了庞大的信息采集、市场开发、物流配送、快件收派等业务机构及服务网络。近年来，顺丰积极拓展国际件服务，除中国的各地区外，顺丰目前已开通美国、日本、韩国、新加坡、马来西亚、泰国、越南、澳大利亚等国家的快递服务。

顺丰国际快递的优点主要体现为国内服务网点分布广，收派队伍人员服务意识强，服务队伍庞大，价格有一定的竞争力。而缺点主要表现在开通的国家线路少，卖家可选的国家少，而且顺丰的业务种类繁多，导致顺丰的揽收人员对于国际快递的专业知识略显逊色。

4.2.3 专线物流

速卖通平台与各国邮政，以及当地商业快递合作搭建了面向不同国家或地区的专线，这些专线与传统物流渠道不同，是通过速卖通平台线上发货来使用的。下面对几种常用的专线做简要的介绍。

1. Special Line–YW

Special Line–YW 即航空专线燕文，俗称燕文专线，是北京燕文物流公司旗下的一项国际物流业务。线上燕文专线目前已开通南美专线和俄罗斯专线。

燕文南美专线小包：通过调整航班资源一程直飞欧洲，再根据欧洲到南美航班货量少的特点，快速中转，避免旺季爆仓，大大缩短妥投时间。

燕文俄罗斯专线小包：与俄罗斯合作伙伴实现系统内部互联，一单到底，全程无缝可视化跟踪。国内快速预分拣，快速通关，快速分拨派送。正常情况下，俄罗斯全境派送时间不超过 25 天，人口 50 万以上的城市派送时间低于 17 天。

燕文专线资费计算方法：1 克起重，每个单件包裹限重在 2 千克以内。参考时效：正常情况 16～35 天到达目的地，特殊情况 35～60 天到达目的地。特殊情况包括节假日、特殊天气、政策调整、偏远地区等。燕文专线的体积重量限制，请参考表 4-5 燕文专线体积重量限制一览表。

表 4-5 燕文专线体积、重量限制一览表

包裹形状	重量限制	最大体积限制	最小体积限制
方形包裹	小于 2 千克（不包含）	长、宽、厚长度之和<90 厘米，最长一边长度<60 厘米	至少有一面的长度>14 厘米，宽度>9 厘米
圆柱形包裹		两倍直径及长度之和<104 厘米，长度<90 厘米	两倍直径及长度之和>17 厘米，长度>10 厘米

燕文专线的操作注意事项：包装材料及尺寸选择应按照所寄物品的性质、大小、轻重选择适当的包装袋或纸箱；包装袋或纸箱上不能有文字、图片、广告等信息；由于寄递路程较远，冬天寒冷，冬天需选用适当的结实抗寒的包装材料作为包装，以防止以下情况发生。

① 封皮破裂、内件露出、封口胶开裂、内件丢失。

② 伤害处理人员。

③ 污染或损坏其他包裹或分拣设备。

④ 因寄递途中碰撞、摩擦、震荡或压力、气候影响而发生损坏。

2. Russian Air

Russian Air 即中俄航空专线，是通过国内快速集货、航空干线直飞、在俄罗斯通过俄罗斯邮政或当地落地配合进行快速配送的物流专线的合称，其中，比较有代表性的是 Ruston 专线。

Ruston 俗称俄速通，是由黑龙江俄速通国际物流有限公司提供的中俄航空小包专线服务，针对跨境电子商务客户物流需求的小包航空专线，渠道时效快速稳定，提供全程物流跟踪服务。

Ruston 有着以下优点。

① 经济实惠。Ruston 以克为单位精确计费，无起重费，为卖家将运费降到最低。

② 可邮寄范围广泛。Ruston 是联合俄罗斯邮局推出的服务产品，境外递送环节全权由俄罗斯邮政承接，因此递送范围覆盖俄罗斯全境。

③ 运送时效快。Ruston 开通了哈尔滨——叶卡捷琳堡中俄航空专线货运包机，大大提高了配送效率，使中俄跨境电子商务物流平均用时从过去的近两个月缩短到 13 天，80%以上包裹 25 天。

④ 全程可追踪。48 小时内上网，货物全程可视化追踪。

3. Aramex

Aramex 即中外运安迈世，在国内也称为"中东专线"，是发往中东地区的国际快递的重要渠道。Aramex 创建于 1982 年，其强大的联盟网络覆盖全球，总部位于中东，是中东地区的国际快递巨头。它具有在中东地区清关速度快、时效快、覆盖面广、经济实惠的特点。但是，Aramex 快递的主要优势地区在中东，在别的国家和地区则不存在这些优势了，所以它的区域性很强，对货物的限制也较严格。

Aramex 的注意事项如下。

① 运单上必须用英文填写详细的收件人名字、地址、电话、邮编、国家，以及货品信息、申报价值、件数和重量等资料。

② 单票货物申报不得超过 5 000 美元，寄件人信息统一打印。

③ Aramex 的收件地址不能是 PO Box 邮箱地址。

Aramex 具有以下优势。

① 运费价格优势：寄往中东、北非、南亚等国家和地区具有显著的价格优势，是 DHL 的 60%左右。

② 时效优势：时效有保障，包裹寄出后大部分 3～5 天就可以投递，大大缩短了世界各地域间的商业距离。

③ 无偏远费用：寄达全球各地都无须附加偏远费用。

④ 包裹可在 Aramex 官方网站跟踪查询，状态信息实时更新，寄件人每时每刻都跟踪得到包裹的最新动态。

4. 芬兰邮政–速优宝

芬兰邮政–速优宝是由速卖通和芬兰邮政（Posti Finland）针对 2 千克以下的小件物品推出的中国香港口岸出口特快物流服务，分为挂号小包和经济型小包，运送范围为俄罗斯及白俄罗斯全境邮局可到达区域。芬兰邮政–速优宝具有在俄罗斯和白俄罗斯清关速度快、时效快、经济实惠的特点。

芬兰邮政-速优宝挂号小包的资费计算项目与中邮挂号小包一致，包括配送服务费和挂号服务费两部分，价格计算方式为：运费=配送服务费×邮包实际重量+挂号服务费。芬兰邮政-速优宝经济型小包则只有配送服务费，没有挂号服务费，价格计算方式为：运费=配送服务费×邮包实际重量。芬兰邮政-速优宝起重为1克，运费会根据每月初的最新汇率进行调整。

芬兰邮政-速优宝对包裹的重量和体积有严格的限制，如表4-6所示。

表 4-6 芬兰邮政-速优宝重量、体积限制

包裹形状	重量限制	最大体积限制	最小体积限制
方形包裹	小于2千克(不包含)	长、宽、厚之和<90厘米，最长一边长度<60厘米	至少有一面的长度>14厘米，宽度>9厘米
圆柱形包裹		两倍直径及长度之和<104厘米，长度<90厘米	两倍直径及长度之和>17厘米，长度>10厘米

要特别注意，芬兰邮政-速优宝对于电池寄送有着严格限制，不能寄送手机、平板电脑等带电池的物品及纯电池（含纽扣电池）。

芬兰邮政-速优宝的优势如下。

① 运费价格优势：寄往俄罗斯和白俄罗斯的价格较其他专线具有显著的优势。

② 时效优势：时效有保障，包裹寄出后大部分在35天内可以投递，挂号包裹因物流商原因在承诺时间内未妥投而引起的速卖通平台限时达纠纷赔款，由物流商承担，以降低卖家风险。经济型小包跟传统的平邮小包相比，直到包裹离开芬兰前均有物流轨迹，离开芬兰前包裹丢失、破损及因时效延误而延期的速卖通平台限时达纠纷赔款，由物流商承担。

5. 中俄快递-SPSR

线上发货的"中俄快递-SPSR"服务商 SPSR Express 是俄罗斯最优秀的商业物流公司之一，也是俄罗斯跨境电子商务行业的领军企业。中俄快递-SPSR 面向速卖通卖家提供经北京、上海等地出境的多条快递线路，运送范围为俄罗斯全境。

中俄快递-SPSR 的资费计算项目与中邮挂号小包一致，包括配送服务费和挂号服务费两部分。运费根据包裹重量按每100克计费，不满100克按100克计，每个单件包裹限重在15千克，包裹尺寸限制在60厘米×60厘米×60厘米。中俄快递-SPSR 物流商承诺，包裹入库后最短14天，最长32天内必达（遇不可抗力因素除外），因物流商原因在承诺时间内未妥投而引起的速卖通平台限时达纠纷赔款，由物流商承担。

中俄快递-SPSR 的寄送限制如下。

① 单件包裹重量不超过15千克，体积在60厘米×60厘米×60厘米以内（单边长度不大于60厘米）。

② 电池寄送限制：不能寄送手机、平板电脑等带电池的物品及纯电池（含纽扣电池）等任何可重复使用的充电电池，如锂电池、内置电池、笔记本长电池、蓄电池、高

容量电池等，都无法通过机场货运安检。但是插电产品，如摄像头、烘甲机、卷发器等可以发，合金金属等也在可以发的范畴（不含管制刀具等违禁品）。

6. 其他物流方式

使用其他物流方式的多为两种情况：第一种是卖家使用物流方式不能在运费模板内选择并设置，因此卖家需要手动增加该物流方式；第二种是部分物流公司是使用转单号的，该单号在卖家发货后即在物流公司网站自动生成，或由物流公司相关人员提供，卖家可以在物流公司的网站跟踪到包裹信息。

这里要注意的是，从保护买家的购物体验方面考虑，平台建议卖家选择正规的、风险可控的物流渠道。对于自行选择的专线物流，卖家需要确保该物流有资质及能力提供相应的物流服务，并在提供服务过程中保障买家的体验，否则将承担相应的风险。对于无法核实真伪的物流跟踪信息，速卖通有权不予认可，并保留追究卖家相应责任的权利。

4.2.4 物流模板设置

1. 认识新手运费模板

以速卖通为例，卖家在发布产品之前需要设置好产品运费模板。如果未自定义模板，则只有选择"新手运费模板"才能进行发布。

下面我们来了解新手运费模板并学习如何自定义模板。卖家可在店铺后台中"产品管理"下的"运费模板"里进行相关设置，如图4-13所示。

图 4-13 新手运费模板 1

在"Shipping Cost Template for New Sellers"单点击模板名称，如"AliExpress Saver Shipping"，可以看到"运费组合"和"运达时间组合"，如图4-14所示。

图 4-14　新手运费模板 2

在"运费组合"下，平台默认的新手模板只包含"China Post Registered Air Mail""Russian Air""EMS"和"packet"，系统提供的标准运费为各大快递运输公司在中国的公布价格，对应的减免折扣率则是根据目前平台与中国邮政洽谈的优惠折扣提供的参考。

2. 新建运费模板

对于大部分卖家而言，新手模板并不能满足需求，这种情况下，卖家就需要进行运费模板的自定义设置。设置入口有两个：一是直接单击"新增运费模板"按钮，二是单击"编辑"按钮。

以上两种方式下，卖家进去显示的界面不同，但都包含几个方面：一是发货地区，二是物流方式，三是优惠折扣，四是寄达国家或地区，五是承诺的运达时间。

4.2.5　线上发货

"线上发货"是由阿里巴巴全球速卖通、菜鸟网络联合多家优质第三方物流商打造的物流服务体系。卖家出单后，可直接在速卖通后台的交易订单中单击"线上发货"按钮，选择合适的在线物流方案，通过线上进行发货。卖家使用线上发货功能需要在速卖通后台在线提交物流订单，物流商上门揽收后（或卖家自寄至物流商仓库），卖家可在线支付运费并在线发起物流维权。

1. 线上发货的优势

线上发货接入的物流渠道都是平台认可的优质物流渠道。卖家使用线上发货，速卖通平台可全程跟踪物流追踪信息，从而也可以对卖家进行一系列保护。因此，线上发货的优势主要体现在以下几个方面。

① 时效优。线上发货的专线普遍比线下的物流渠道时效更优，有些专线甚至可以承诺全境限时到达、不到即赔的服务。

② 服务有保障。使用线上发货的专线，一旦发生丢包、破损、费用争议等情况，

可以通过在线投诉的方式投诉物流商；在无法与物流商达成一致的情况下，菜鸟物流的客服小二会介入，依据投诉赔付条款进行判罚和赔款。

③ 价格有市场竞争力。接入线上发货的物流专线，价格普遍具有市场竞争力，有些专线价格甚至低于市面上中邮小包的折后价。

④ 资金周转更灵活。运费可通过卖家的国际支付宝收款账户结算，卖家可以用收款账户中未结算的美元支付运费，资金周转更灵活。

⑤ 使账号表现更佳。每个月进行卖家服务等级评定时，使用线上发货的订单，因物流原因导致的低分可抹除。物流问题导致的 DSR（Detail Seller Rating，卖家服务评级系统）物流扣分、仲裁、卖家责任裁决率等都不计入考评。

2. 线上发货的操作流程

（1）在线选择物流商

① 设置运费模板。

② 线上发货。速卖通将发货环节集合在交易页面，在订单产生后，卖家可以通过单击"等待您发货"按钮获取所有需要发货的订单数据。订单的发货环节允许选择"填写发货通知"或"线上发货"选项，对于执行线上发货的订单，以"线上发货"方式列示。

进入线上发货的页面，平台将自动读取所选订单的信息，包括目的国家与地区、包裹预填重量、交易订单号。通过匹配订单信息，平台将罗列所有可选的物流方案，并默认按照运费金额降序排列的方式列示。卖家可综合考虑物流的运输时效、交货地点、物流限制及运费总额选择合适的物流商。

（2）在线创建物流订单

① 填写物流订单信息。在选择物流商后，页面跳转至"创建物流订单"页面，页面上部将展示所选物流商的联系方式及仓库地址信息，中部是卖家所需的准确及详细填写的国内物流信息及包裹信息。国内物流信息指卖家将包裹寄送至收货地址所使用的物流信息，符合揽收范围及免费揽收标准的包裹允许申请上门揽收，仅需补充揽收信息，包括中文姓名、电话、邮编、地址。包裹信息指发货产品的报关信息，包括产品中文名、英文名、产品件数、申报金额、申报重量及是否含锂电池。页面下部需要确认发货人信息及买家收货信息，其中卖家需要再次确认买家收货信息。对于部分需要更改收货地址的订单，线上发货允许买家对收货地址进行修改。确认发货订单信息无误后，可单击"确认"按钮提交订单。

② 打印标签并填写发货通知。成功创建的线上发货订单将由物流商分配唯一的物流跟踪单号，卖家可在"管理线上发货物流订单"处查询已创建的物流订单。已创建的物流订单允许进行"打印发货标签"及"填写发货通知"操作。为提升发货准确率，卖家可以使用第三方软件打印含订单信息的物流标签。线下的标签打印与打包环节结束后，卖家仍需要填写线上发货通知。通过线上发货的订单，平台将自动识别物

流服务名称及货运跟踪号，卖家仅需单击"全部发货"按钮并提交即可完成发货通知的填写。

（3）卖家发货到集货仓或物流商上门揽收

线上的物流订单创建完成后，卖家需要根据实际情况将包裹寄递到指定仓库，同时需确认所选择的国内物流服务商及订单号与线上填写的一致。对于上门揽收的包裹，物流商将会在承诺时间内上门揽收，卖家需确认收货地址并保持手机畅通。

（4）在线支付运费

物流商收到包裹后将直接进行寄递，寄递环节结束后，物流订单状态会更改为"已发送"。针对已发货的订单，平台允许使用支付宝国内账户和支付宝国际账户两种方式进行单个订单支付或批量支付。

4.2.6　海外仓

顾名思义，海外仓是指在其他国家设立存货仓库，其基本逻辑是首先卖家将货物运至海外仓，然后当地的买家在速卖通等跨境平台上下订单，最后卖家指示海外仓将货物通过当地物流系统配送给当地的买家。海外仓模式如图 4-15 所示。

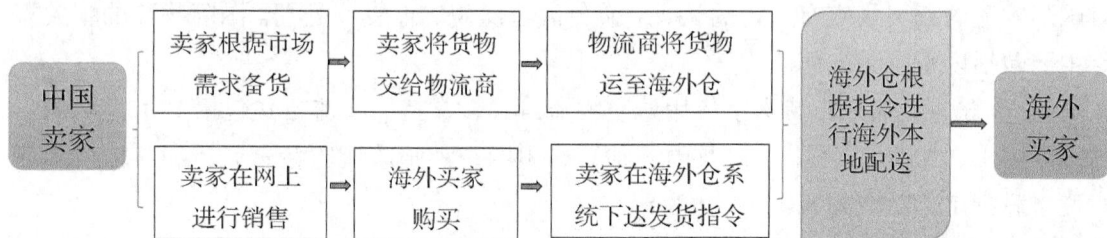

图 4-15　海外仓模式

海外仓可以分为两类：一类是自建仓（自营海外仓），即有实力的跨境电子商务卖家在境外客户所在地建设自用仓库；另一类是租货仓（第三方海外仓），即由提供海外仓储服务的物流商建设海外仓并向跨境电子商务的卖家提供货物仓储、分拣、包装和派送的一站式控制与管理服务。目前，大部分实力较弱的卖家均采用租赁这种海外仓储服务。

确切来说，使用海外仓包括以下 4 个步骤。

① 卖家自己将商品运至海外仓储中心，或者委托承运商采取海运、空运或者快递方式将货发至承运商海外的仓库。

② 卖家在线远程管理海外仓。卖家使用物流商的物流信息系统，远程操作海外仓的货物，并且保持实时更新。

③ 根据卖家指令进行货物操作。根据物流商海外仓储中心自动化操作设备，严格按照卖家指令对货物进行存储、分拣、包装、配送等操作。

④ 系统信息实时更新。发货完成后，系统会及时更新，以显示库存状况，让卖家

实时掌握。

速卖通平台新增海外发货地设置功能，目前卖家可设置的海外发货地有美国、英国、德国、西班牙、法国、意大利、俄罗斯、澳大利亚、印度尼西亚，其他国家暂不支持。

使用海外仓的卖家，应关注海外仓集货物流。海外仓集货物流指为卖家在销售目的地进行仓储、分拣、包装及派送的"一站式"控制及服务。确切地说，海外仓集货物流包括了预定船期、头程国内运输、头程海运或头程空运、当地清关及报税、当地联系二程拖车、当地使用二程拖车运输送到目的仓库并扫描上架和本地配送这几个部分。

海外仓的管理方式能够大大地改善买家的购物体验，所以，速卖通平台鼓励第三方物流公司以海外仓的形式给众多卖家提供服务。平台的管理理念是，平台不直接参与海外仓的建设，但对于使用海外仓的卖家会予以特别的标识。当地的买家更青睐使用海外仓服务的卖家，以缩短送货时间。

4.2.7　国际物流的相关规定

卖家除了要了解各种常用的国际物流知识、会设置适合自己的运费模板外，也需要对国际物流的相关规定有一定的认识，避免因违反规定而受到处罚。国际物流的相关规定主要包括以下几个方面。

① 全球速卖通只支持卖家使用航空物流方式，支持的物流方式包括 EMS、TNT、UPS、FedEx、DHL、顺丰，以及中国邮政、中国香港邮政航空包裹服务和其他全球速卖通日后指定的物流方式。

② 卖家发货所选用的物流方式必须是买家所选择的物流方式。因此，未经买家同意，卖家不得无故更改物流方式，即使卖家出于好意更改了更快的物流方式，仍需获得买家同意，以免后续产生纠纷。

③ 卖家填写发货通知时，所填写的运单号必须真实并可查询。

④ 过去 30 天内小包"未收到货"纠纷≥2 笔且小包"未收到货"纠纷率>15%的卖家会员，速卖通有权限制卖家使用航空大小包。

⑤ 卖家需要谨慎选择物流发货渠道，平台鼓励卖家选择速卖通提供的线上发货物流渠道。速卖通只认可以下物流跟踪信息：线上发货物流跟踪信息，各国邮政、EMS、TNT、UPS、FedEx、DHL、顺丰等的官方网站提供的物流跟踪信息。对于无法核实真伪的物流跟踪信息，速卖通有权不予认可。

以上是对速卖通平台常用物流方式的简要介绍，由于各种物流方式的一些规定和标准经常发生更改，所以本书所提及的一些数据可能与现实不符，请各位卖家以各物流方式官方发布的信息为准。另外，由于速卖通后台操作界面和功能模块也在持续更新，请各卖家以当前显示的后台模块为准。对于运费模板的设置，也以自身的实际情况为准，切忌生搬硬套。

【思考与练习】

1. 请完成速卖通店铺销售所得货款的结汇工作。

2. 针对表 4-7 所示的品种和规格的货物及拟运送国家（地区），选择适合的物流方式，并正确设置运费模板。

表 4-7 货物的品种和规格

货物品种	规格	拟运送国家（地区）
一个手机移动电源（充电宝）	90 克，带盒包装 18 厘米 × 8 厘米 × 2 厘米	菲律宾；加拿大
一条毛毯	3.5 千克，长 110 厘米，直径 15 毫米	中东国家；澳大利亚

PART 2

第 2 篇

跨境电子商务平台实操

本篇主要以速卖通平台为例,通过选品、店铺开通、店铺装修到店铺营销、店铺推广以及数据分析、客户服务等一系列的完整流程讲解如何运营跨境电子商务店铺。

Chapter 5

第5章
选品与定价

学习目标

　　了解速卖通销售产品平台规则；掌握数据纵横选品工具的使用；了解产品成本的基本组成；掌握成本定价法、测试定价法、组合定价法等定价策略。

案例导入

　　在跨境电子商务中，俄罗斯市场是商业巨头的必争之地。对于新手商家来说，选择俄罗斯市场是比较可行的策略，但如何选品，则必须充分了解目标市场的需求。

　　俄罗斯人最喜欢的中国货是手机、女装、汽车电子设备、男装。小米、大疆无人机等，也通过速卖通成为俄罗斯的"网红商品"。此外，蓝牙无线耳机、LED（Light Emitting Diode，发光二级管）汽车灯、新车空气净化器、不锈钢叠刀、卡通贴纸、山地自行车和LED深水捕鱼闪光灯等是俄罗斯民众购买非常多的商品。

　　从电子产品来说，有很多去过俄罗斯的朋友回来反馈的情况是这样的：在当地市场上，科技产品会比国内迟一代，所以科技类产品热销也是有原因的。

　　而对于服装类来说，因为俄罗斯地处北半球，每年的冬天都特别冷，所以羽绒服这类产品也很热销。

　　中国已经成为俄罗斯新经济发展的重要合作伙伴国。据俄罗斯电子商务协会统计，2016年，俄罗斯跨境网购的海外订单量增加到约2.45亿个，其中90%来自中国，平均每天有超过50万个包裹从中国发到俄罗斯。

（资料来源：雨果网）

5.1　选品

5.1.1　平台规则

　　在速卖通平台，并非所有种类的产品都可以发布进行交易的，平台上有相关限制和要求的产品主要有以下 4 类。

1. 限售产品

限制销售的产品即销售需前置审批，或凭证经营，或授权经营的物品。若有相关合法权利证明，需先提供给全球速卖通平台，否则不允许发布限制销售的产品。该类产品包括但不局限于以下种类。

① 烟花爆竹。需要提供烟花爆竹生产/销售许可证。

② 易燃易爆商品，如火雷管、导火索。需要提供相关政府机关颁发的许可证明。

③ 民用枪。需要提供民用枪支制造、销售许可证。

④ 弓弩。需要提供弓弩生产、销售和运输许可证。

⑤ 音像制品。需要提供相关政府部门发出的音像制品经营许可证。

⑥ 其他需要凭证经营的产品。

2. 禁售产品

禁止销售和购买的产品，即任何中国和国际法律法规禁止的物品，违反公共道德、公共利益的物品，包括但不局限于以下种类。

① 武器、军火、枪支、弹药、爆炸物。

② 毒品（摇头丸、兴奋剂、迷幻药等）、成人保健药品、麻醉药品、处方药品。

③ 警徽、警服、警用交通工具。

④ 贵金属。

⑤ 假币，假邮票。

⑥ 纺织品配额。

⑦ 赃物。

⑧ 文物。

⑨ 濒临灭绝的物种。

⑩ 翻新的计算机、手机。

⑪ 政府证明文件（身份证、签证、护照、驾照、经营许可证等）。

⑫ 色情物品。

⑬ 人类器官、遗体。

⑭ 种族、人种歧视相关的产品。

⑮ 间谍产品。

⑯ 第三方联系信息。

⑰ 金融服务：转账、银行担保、信用证、贷款。

⑱ 信用卡、借记卡（有效期内）。

⑲ 任何形式的发票，不具有效性和流通性的、以收藏为目的转让的情况除外。

⑳ 股票、债券及其他证券，不具有效性和流通性的、以收藏为目的转让的情况除外。

㉑ 彩票，不具有效性和流通性的、以收藏为目的转让的情况除外。

3. 侵犯知识产权的产品

全球速卖通平台严禁用户未经授权发布、销售涉嫌侵犯第三方知识产权的商品。

① 商标侵权。严重违规：未经注册商标权人许可，在同一种商品上使用与其注册商标相同或相似的商标。一般违规：其他未经权利人许可使用他人商标的情况。

② 著作权侵权。严重违规：未经著作权人许可复制其作品并进行发布或者销售，包括图书、电子书、音像作品或软件等。一般违规：其他未经权利人许可使用他人著作权的情况。

③ 专利侵权。外观专利、实用新型专利、发明专利的侵权情况。一般违规或严重违规的判定视个案而定。

4. 不适宜本平台的产品

鉴于出口国（或地区）和进口国（或地区）对各种产品有多种监管规则，例如，中国对食品的生产、经营和出口进行一系列监管，而食品的进口和销售在许多国家（或地区）也是高度监管的领域，卖家应确保其产品交易及程序不得违反出口国（或地区）和进口国（或地区）的规定。

不适宜速递的产品如下。

① 大型机械产品信息，重量超过 70 千克，或长、宽、高超过 270 厘米。

② 易燃易爆、腐蚀性、毒性、强酸碱性和放射性的各种危险品。

③ 容易腐烂的产品，如鲜鱼、鲜肉等生鲜食品。

④ 其他不适宜速递的产品。

5.1.2 数据纵横选品工具

1. 行业情报

行业情报基于速卖通平台的交易数据，提供行业数据、行业趋势、买家地域分布、蓝海行业 4 类主要内容。卖家可以根据行业情报提供的分析，迅速了解行业现状，判断经营方向。

行业情报的访问路径为：卖家后台—数据纵横—行业情报。

蓝海行业指那些竞争尚不大，但又充满买家需求的行业。蓝海行业充满新的商机和机会，如图 5-1 所示。

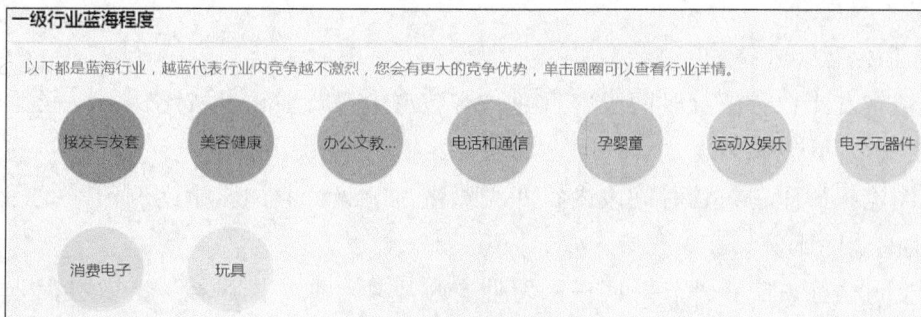

图 5-1 蓝海行业

通过蓝海行业细分，卖家可以通过筛选，选择适合于自己经营的具体蓝海行业，对应行业的供需指数越低，说明竞争度越小，出单机会越大。蓝海行业细分如图 5-2 所示。

蓝海行业细分

接发与发套 ▼	您可以通过筛选，查找特定行业下的蓝海行业		
叶子行业名称		供需指数	操作
化纤发 > 化纤接发 > 挂胶发束		21.09%	查看行业详情
白人假发类 > 真人发接发 > 皮条发		36.21%	查看行业详情
化纤发 > 化纤接发 > 化纤单片卡子发		58.57%	查看行业详情
化纤发 > 化纤接发 > 化纤卡子发		47.45%	查看行业详情
白人假发类 > 真人发接发 > 单片卡子发		56.73%	查看行业详情
白人假发类 > 真人发接发 > 白人卡子发		56.16%	查看行业详情
白人假发类 > 真人发接发 > 发把		65.09%	查看行业详情
白人假发类 > 真人发接发 > 拉环接发		50.04%	查看行业详情
白人假发类 > 真人发接发 > 挂胶发束		102.86%	查看行业详情

◁ 1 ▷

图 5-2　蓝海行业细分

行业数据能够查看该行业最近 7 天、30 天、90 天的流量，成交转化和市场规模，如图 5-3 所示。

行业情报	蓝海行业

| 你现在选择的行业是 女装 ▼ | | | | 请选择时间 最近7天 ▼ |

行业数据

	流量分析		成交转化分析		市场规模分析
	访客数占比	浏览量占比	支付金额占比	支付订单数占比	供需指数
最近7天均值	61.06%	64.14%	56.34%	53.8%	120.92%
环比周涨幅	↑ 0.21%	↓ -0.03%	↓ -0.58%	↓ -1.5%	↓ -0.86%

图 5-3　行业数据

各项指标意义介绍如下。

① 访客占比数：统计时间段内行业访客数占上级行业访客数比例。一级行业占比为该行业占全网比例。

② 浏览量占比：统计时间段内行业浏览量占上级行业浏览量比例。一级行业占比为该行业占全网比例。

③ 支付金额占比：统计时间段内行业支付成功金额（排风控）占上级行业支付成功金额（排风控）比例。一级行业占比为该行业占全网比例。

④ 支付订单数占比：统计时间段内行业支付成功订单数（排风控）占上级行业支付成功订单数（排风控）比例。一级行业占比为该行业占全网比例。

⑤ 供需指数：统计时间段内行业下商品指数/流量指数。该值越大，竞争越激烈；该值越小，竞争越小。

行业趋势可以从访客数占比、支付金额占比、浏览量占比、支付订单数占比、供需指数进行趋势的对比分析，如图 5-4 所示。

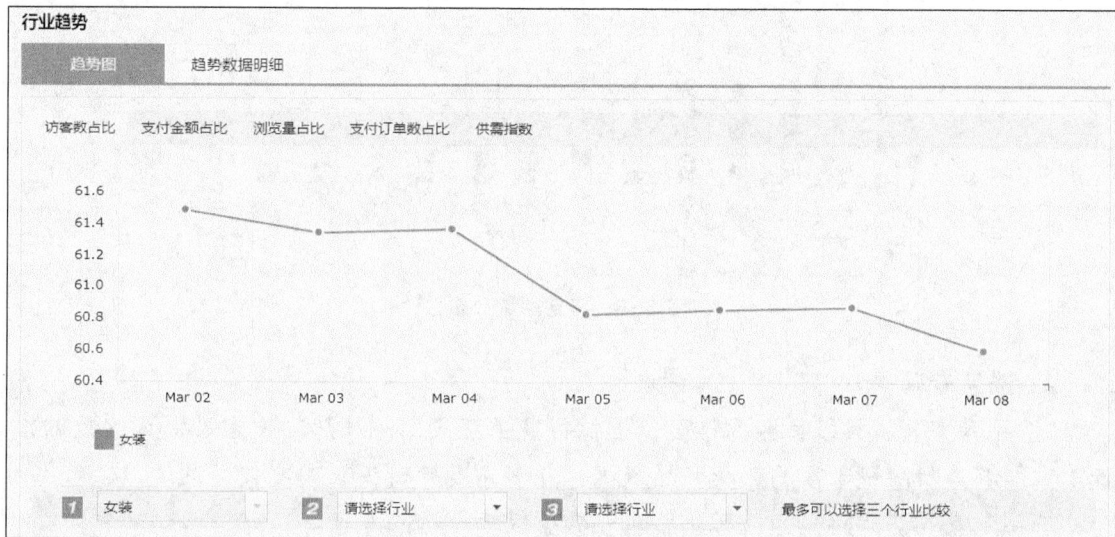

图 5-4　行业趋势

也可查看选定时间段内的明细数据情况，并将数据下载，进行进一步的数据分析。行业趋势数据明细如图 5-5 所示。

| | 流量分析 | | 成交转化分析 | | 市场规模分析 |
	访客数占比	浏览量占比	支付金额占比	支付订单占比	供需指数
2018-03-02	61.49%	64.67%	57.23%	54.25%	120.23%
2018-03-03	61.35%	64.38%	55.81%	54.01%	120.77%
2018-03-04	61.37%	64.22%	55.84%	52.98%	120.49%
2018-03-05	60.83%	64.04%	56.4%	54.27%	120.93%
2018-03-06	60.86%	63.97%	57.55%	54.03%	120.53%
2018-03-07	60.88%	64.03%	56.29%	53.74%	121.23%
2018-03-08	60.6%	63.64%	54.96%	53.01%	122.38%

图 5-5　行业趋势数据明细

分析行业的国家分布,在商品发布及运费设置时做更多的针对性操作,让目标国(或地区)的买家可以更加方便地购买商品,提升商品的转化率。销售金额行业国家分布情况如图 5-6 所示。

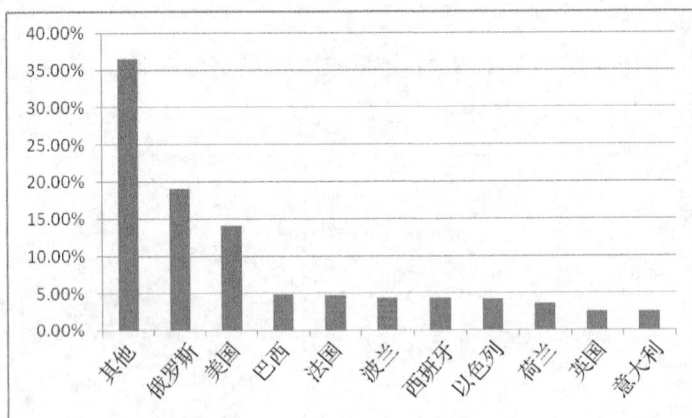

图 5-6　行业国家分布

2. 选品专家

"选品专家"工具以行业为维度,提供行业下热卖商品和热门搜索关键词的数据,让卖家能够查看海量丰富的热卖商品资讯,并多角度分析买家搜索关键词。

选品专家的访问路径为:卖家后台—数据纵横—选品专家。

选品专家由"热销"和"热搜"两部分组成。"热销"模块展示了选定行业在选定区域和选定时间段内的热销品类。圆圈越大,销量越高。颜色代表竞争情况,颜色越红,竞争越激烈;颜色越蓝,竞争越小。热销产品如图 5-7 所示。

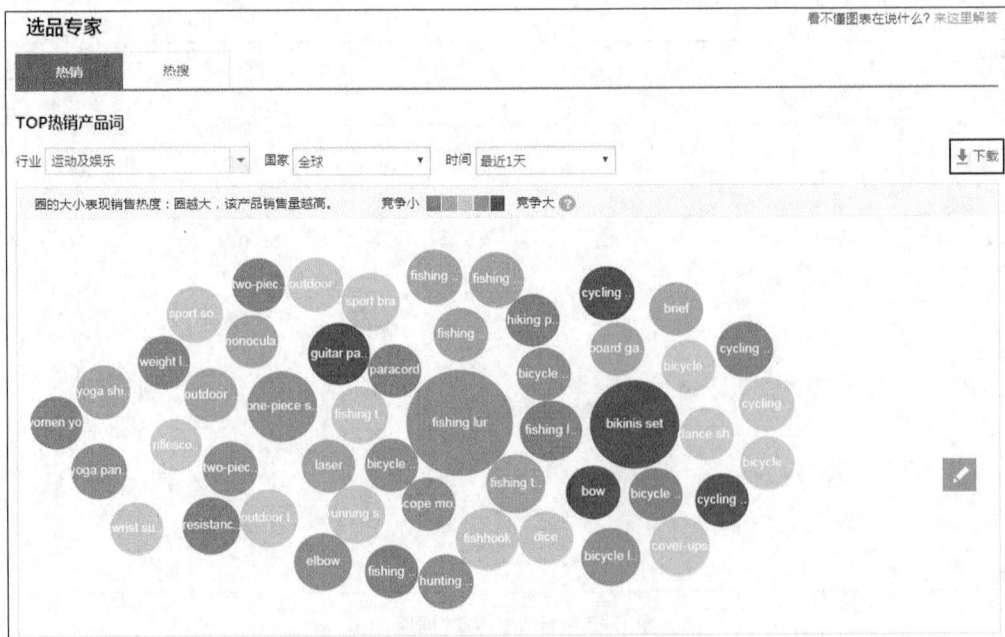

图 5-7　选品专家-热销产品

单击页面右上方的"下载"按钮，可以将数据下载到本地，以便进一步分析细化。

单击图 5-7 中的任意一个圆圈，可以查看关联产品、热销属性等信息，如图 5-8 所示。

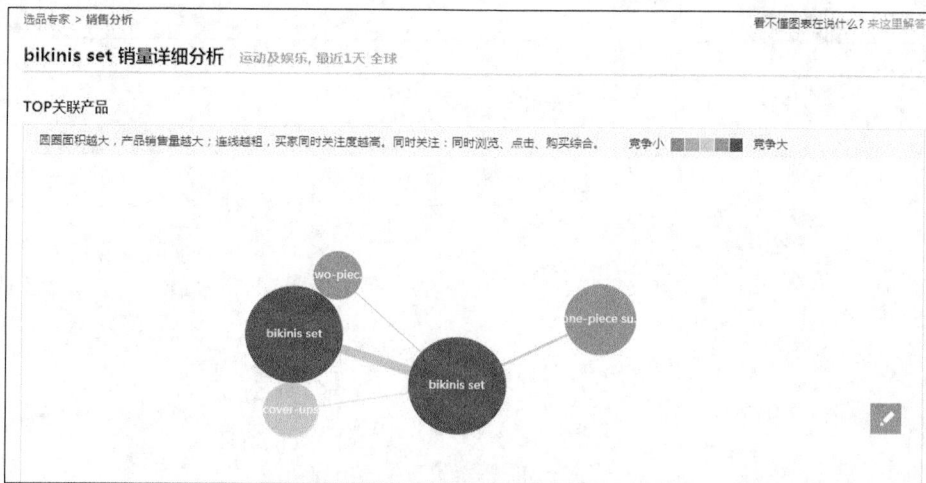

图 5-8　选品专家-热销产品-销量详细分析

比如，单击 bikinis set 产品对应的圆圈，查看该产品的详细分析。连线越粗，产品与产品之间的关联性越强，买家同时浏览、单击、购买的人越多；圆圈越大，销量越高。

TOP 热销属性是指某个品类下热销的属性，单击"+"按钮可以展开 TOP 属性值，单击"-"按钮可以收起 TOP 属性值。单击后，属性值的圈越大，表示销量越高，同一类颜色在此只作属性分类用。热销属性如图 5-9 所示。

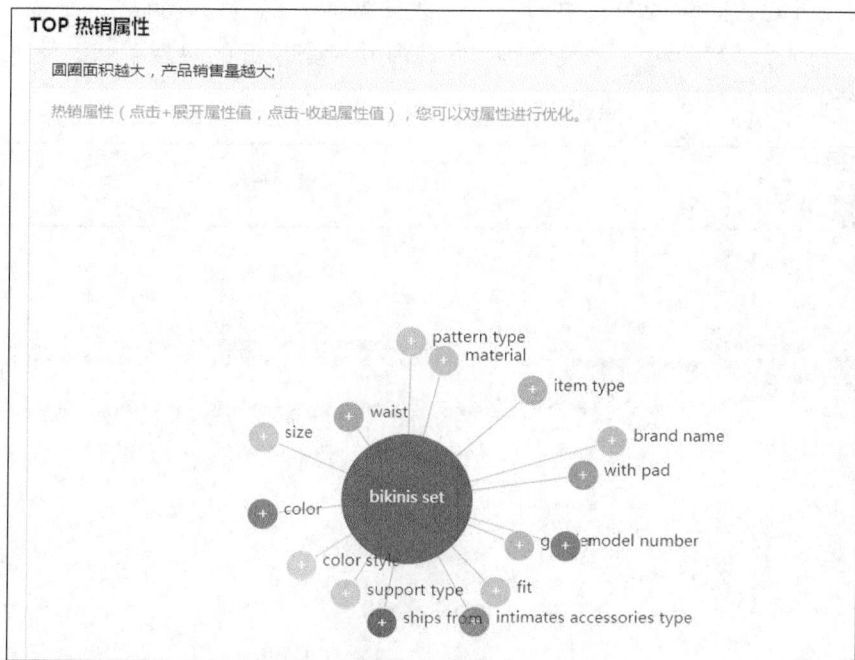

图 5-9　选品专家-热销产品-热销属性

"热搜" TOP100 功能提供给卖家所选行业下的关键词及对应搜索量、行业匹配度和产品热度。热搜产品如图 5-10 所示。

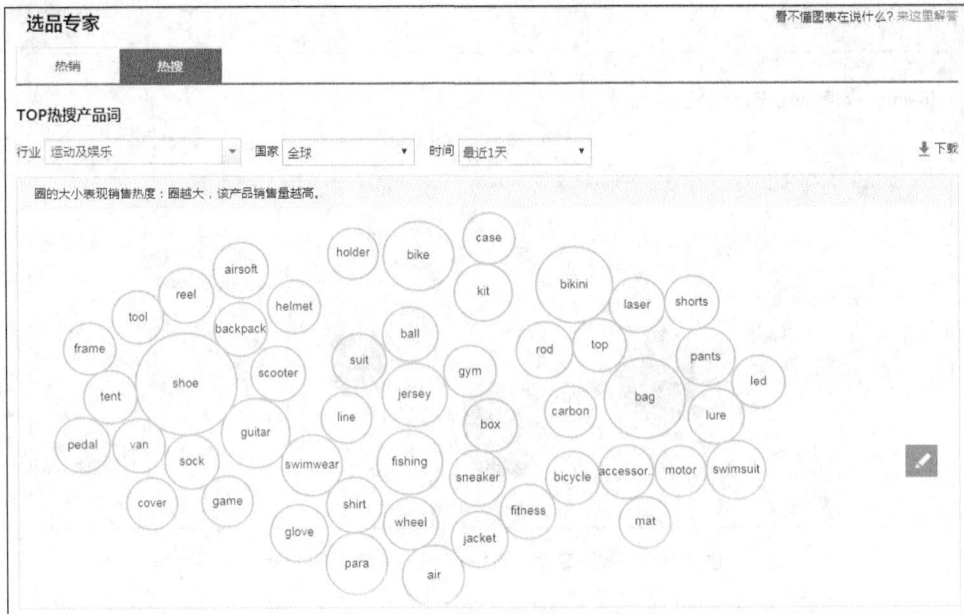

图 5-10　选品专家-热搜产品

3. 搜索词分析

买家搜索的关键词直接反映了买家的购买心态，分析关键词的搜索热度，能够判断出买家想买什么产品及期望获得什么服务。

搜索词分析的访问路径为：卖家后台—数据纵横—搜索词分析。

卖家可以通过了解分析这些关键词，发现海外专家最近的热搜趋势，及时掌握最新商机。搜索词分析如图 5-11 所示。

搜索词	是否品牌原词	搜索人气	搜索指数	点击率	浏览-支付转化率	竞争指数	TOP3热搜国家
dress		42,992	260,822	55.93%	0.39%	103	CZ,US,SK
футболка женская		34,688	216,689	57.41%	0.39%	44	RU,UA,BY
платье		31,283	212,592	58.69%	0.21%	67	RU,UA,BY
платье женское		17,220	136,605	62.58%	0.26%	81	RU,UA,BY
summer dress		23,013	130,405	59.81%	0.56%	96	CZ,US,SK

图 5-11　搜索词分析

5.2.1 基础知识

1. 价格

① 上架价格：产品上传设定的价格。

② 销售价格/折后价：产品在店铺折扣下所显示的价格。

③ 成交价格：用户在最终下单或所支付的单位价格。

2. 产品成本

速卖通从产品销售出去到收到销售金额的过程中会产生各种各样的费用，而这些费用都是产品的成本。产品成本由以下几方面构成。

① 产品成本价。

② 包装成本：内包装、外包装、吊牌、售后卡、包装耗材。

③ 物流成本：库存成本、国内运费、国外运费。

④ 速卖通佣金：平台每单 5% 的佣金。

⑤ 运营推广费用：联盟每单佣金、直通车推广费用、站外推广费用。

⑥ 拍摄和制作费用：拍摄、修图、后期制作。

⑦ 其他：人工成本（运营、设计、客服、库管等）、办公成本（场地、水电）、纠纷费用。

5.2.2 定价策略

1. 成本定价法

成本定价法是以产品单位成本为基本依据，再加上预期利润来确定价格的成本导向定价法，是中外企业最常用、最基本的定价方法。

如店铺准备销售女性半身裙，商品成本价为 20 元，国内运费 5 元，其他成本费用合计 5 元，产品重量 250g，国际运费以寄到俄罗斯为标准，该产品的总成本为：20+5+5+96.3×0.25+8=62.075（元）。按照当时美元汇率，该产品的成本为 9.82 美元。通过数据纵横热搜词分析，买家在搜索半身裙用的是热门关键词是 skirt，如图 5-12 所示。

使用 "skirt" 在速卖通平台搜索，查看并分析在搜索结果页面中的产品价格区间，如图 5-13 所示。

从搜索结果页面第 1 页分析出，半身裙的价格区间为 5.27～24.22 美元，按照上面所算下来的基础成本，该产品的定价为区间 9.82～24.22 美元。

成本定价法简单易用，因而被广泛采用。但这种方法不考虑市场价格及需求变动的关系，也不考虑市场的竞争问题。新卖家刚开始对市场没有充分的了解，可以采取这种方法，但运营一段时间后，还是要结合实际情况调整定价策略。

搜索词分析　　　　　　　　　　　　　　　　　　　　　看不懂图表在说什么? 来这里解答

搜索词	是否品牌原词 ⇔	搜索人气 ⇔	搜索指数 ⇔	点击率 ⇔	浏览-支付转化率 ⇔	竞争指数 ⇔	TOP3热搜国家
юбка		17,474	94,291	55.78%	0.29%	44	RU,UA,BY
skirt		16,198	82,793	50.39%	0.43%	90	CZ,SK,US
юбки		6,702	41,975	53.95%	0.22%	69	RU,UA,BY
юбка женская		5,575	34,812	54.19%	0.31%	72	RU,BY,UA

图 5-12 "半身裙"速卖通热搜词

图 5-13 "skirt"搜索结果页面

2. 测试定价法

测试定价法是在成本定价法的基础之上,通过店铺折扣工具和营销方法对产品进行多轮测试后确定产品销售的价格区间。

① 分析速卖通平台同类商品销售的价格区间,通过 order 排序分析出销量最好的价格区间,如图 5-14 所示。

图 5-14 "skirt"搜索结果销量排序页面

从图 5-14 中可以看到，销量排在前面的价格区间为 5.27～12.9 美元，所以初始定价时最好不要超过 12.9 美元或者不要过多地偏离 12.9 美元。

② 分析销量排在前面的店铺的营销策略，确定店铺折扣工具和营销方法组合以及测试时间，组合不宜过多，最好选择 2～3 种。

③ 根据设定时间内的测试结果进行价格调整，经过多轮测试后，根据数据反馈最终确定产品销售的价格区间。

3. 组合定价法

组合定价法即将店铺销售的产品进行分类，采取不同的定价策略。

（1）引流款

引流款是店铺用来吸引流量的产品，对这类产品的定价策略为基本接近甚至略低于成本价，如图 5-15 所示。

引流款主要是老款、清仓款的产品，但也不乏新款，往往用来引流的新款可能会打造成爆款。

（2）利润款

利润款是指店铺正常销售的款式，这些款式的利润比引流款高，通常会用打折和关联营销来配合引流款的流量，如图 5-16 所示。

图 5-15　速卖通男装店铺引流产品

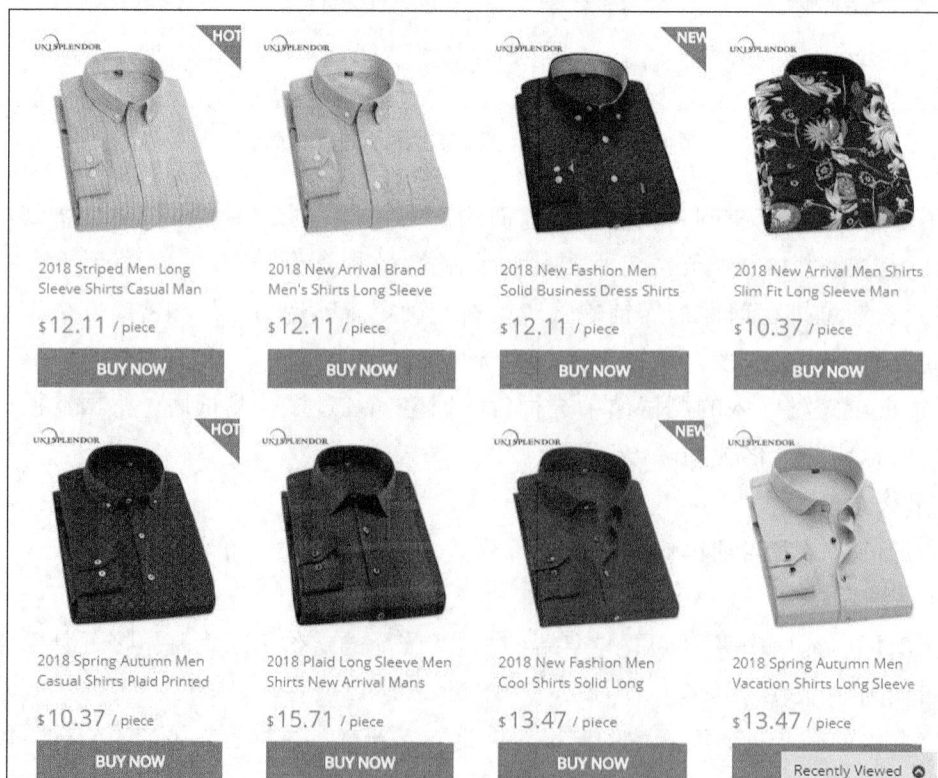

图 5-16　速卖通男装店铺利润产品

（3）活动款

活动款是指专门为了配合平台活动而推出的款式，因为平台活动的折扣力度比较大，所以活动款在定价时一定要考虑到活动的折扣。速卖通的平台活动如图 5-17 所示。

图 5-17　速卖通的平台活动

除了上面所述的策略外，定价时还必须考虑到产品的推广费用。

【思考与练习】

1. 请到 1688 网站选择一类商品作为你的店铺销售产品，并给这类商品分别进行定价。

2. 使用数据纵横的选品工具分析女装市场，并选择欲销售的产品。

Chapter 6

第6章
店铺开通

学习目标

了解速卖通《2018年卖家（中国）招商规则》中新卖家的入驻要求；掌握速卖通账号注册、身份认证、开店考试等店铺开通流程。

案例导入

小李刚毕业从长沙来到杭州打拼，进了一家电子商务公司，从事国际贸易。最近听说在杭州工作的机电专业毕业的同学小王，毕业两三年了，白天在某个小厂打着小工，晚上兼职的速卖通开店，现在兼职收入过万元。小李也想利用自己的专业知识在速卖通上有所作为，可是他从来没接触过速卖通。他决定从店铺开通开始学起。

6.1 速卖通入驻要求

2017 年 11 月底，全球速卖通公布了《2018 年卖家（中国）招商规则》，对平台商家的入驻要求提出具体明确的要求。

6.1.1 准入基本要求

① 卖家应为依照中国法律设立、存续、正常经营的有限责任公司或股份有限公司，并可以通过速卖通企业认证流程（包括但不限于通过支付宝企业账号验证）。

② 卖家应向平台承诺并保证，在申请入驻及后续经营阶段向平台所提供的所有信息，包括但不限于公司注册文件、商标注册文件、授权文件、公司及法人代表相关信息等准确、真实、有效并是最新版本；否则，速卖通有权随时终止或拒绝入驻申请。在完成入驻流程后发现的，速卖通有权基于根本性违约取消卖家的账号并停止服务。速卖通也有权将相关卖家列入非诚信客户名单，拒绝在未来为其提供其他服务。

③ 应向平台承诺并保证，在入驻后卖家需遵守速卖通的全部规范，不进行售假、炒信（炒作信用）、资质造假、长期售卖劣质商品或其他严重影响消费者体验或扰乱平台经营秩序的行为；否则，速卖通将按照相关规则进行处罚，包括但不限于在情节特别严重的情况下关闭卖家的店铺账户。

6.1.2　招商及准入

① 卖家账户的类目权限申请，一次可申请开通一个店铺，一个企业下最多可申请开通 6 个速卖通店铺（账户）。卖家在系统内开设的子账户不属于此处所指的"账户"，不计入 6 个店铺（账户）的额度。

② 每个速卖通店铺（账号）只允许选择一个经营范围，并可在该经营范围下经营一个或多个经营大类。若卖家经营一个大类下的多个主营类目，应在系统中分多次申请。特殊类目（Special Category）不单独开放招商，而采取随附准入制度，即只要卖家获准加入特殊类目所在经营范围的任一经营大类，即可获得特殊类（Special Category）的商品经营权限。

6.1.3　一般准入要求

① 卖家须在系统中上传 10 款即将售卖的商品供平台审核，且做如下承诺与保证。

a. 上传的 10 款商品应在入驻后至少 3 个月内在线销售。

b. 上传的 10 款商品是该品牌商品的主打产品，具有代表性，可帮助平台对店铺产品定位、风格及品牌情况进行初步判断。

c. 审核通过后，若卖家上传更多同品牌产品，将保证产品风格、质量水平与样品保持基本一致。

② 若后续平台发现并认定卖家实际售卖的商品与上传的清单样品的特性严重不符，根据违规严重程度高低，平台拥有给予提醒整改、冻结经营权限、关闭账号清退的权利。

③ 在入驻时，卖家拥有或代理至少一个品牌的经营权，并应根据经营安排、商标及品牌授权情况为店铺选择以下任意一种店铺类型。

a. 品牌官方店。

b. 品牌专卖店。

c. 品牌专营店。

④ 特殊类目及商品资质要求。因行业特殊性，为准入部分经营大类，卖家应根据系统要求提交相关的经营资质。

⑤ 准入，具体流程如下。

a. 在按照要求提交申请材料后，可通过"卖家后台"—"账号及认证"—"类目招商准入"查看审核进展；资料审核通过的卖家，在签署在线协议、缴纳年费后视为完成准入流程。

b. 若卖家实际控制人、关联方、关联方的实际控制人在使用平台的其他服务或阿里巴巴旗下的其他服务，曾因恶意售假、炒信、资质造假、长期售卖劣质商品而严重影响消费者体验，或通过恶意投诉等行为被处以特定严重违规行为处罚，或发生过严重危及交易安全的情形的，速卖通有权禁止该账号准入。

6.2 开通店铺

要在速卖通开店，需要完成账号注册、实名认证和开店考试等步骤。

6.2.1 账号注册

登录速卖通官网，进入速卖通首页，如图 6-1 所示。

图 6-1 速卖通首页

单击右上角的"立即入驻"按钮，就可以进行账号注册，如图 6-2 所示。

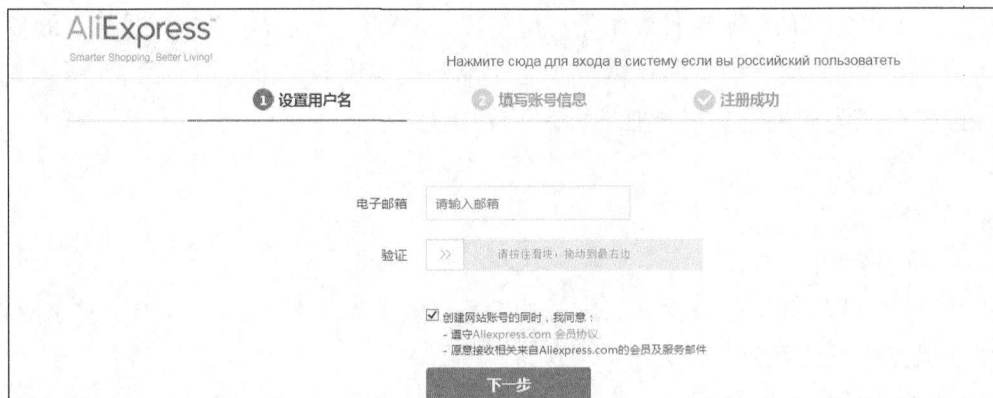

图 6-2 速卖通注册首页

注意：根据《2018 年卖家（中国）招商规则》，邮箱必须是没有注册过阿里巴巴旗下网站的邮箱。

接下来，登录接收邮件的邮箱完成注册，如图 6-3 所示。

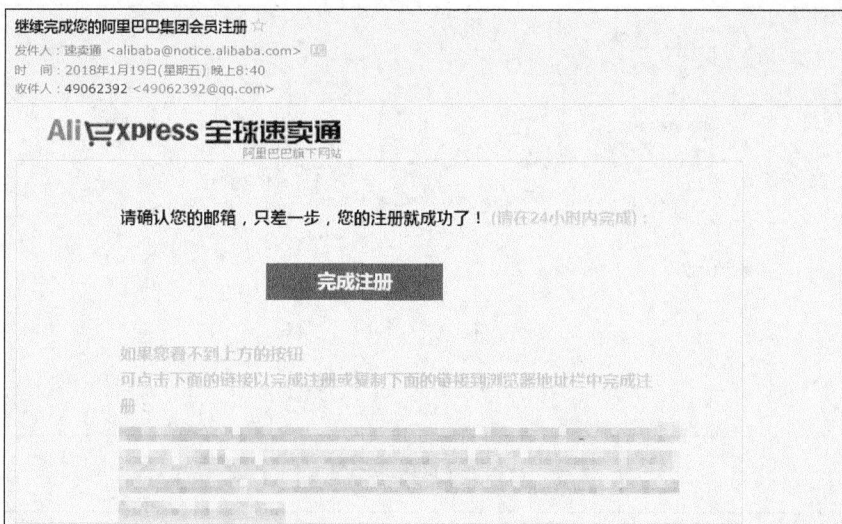

图 6-3　完成注册页面

单击"完成注册"按钮或下方的链接，然后填写账号信息，如图 6-4 所示。

图 6-4　填写账号信息

注意：在经营模式的选择上，由于速卖通已经不允许个人进行注册，所以不能选择
"个人及贸易 SOHO"。

单击"确认"按钮，即完成账号的注册。

6.2.2　实名认证

完成账号注册后，卖家需要进行实名认证。根据速卖通新规则，个人不可以申请开
通店铺，卖家必须提供企业资料才可以认证，如图 6-5、图 6-6 所示。

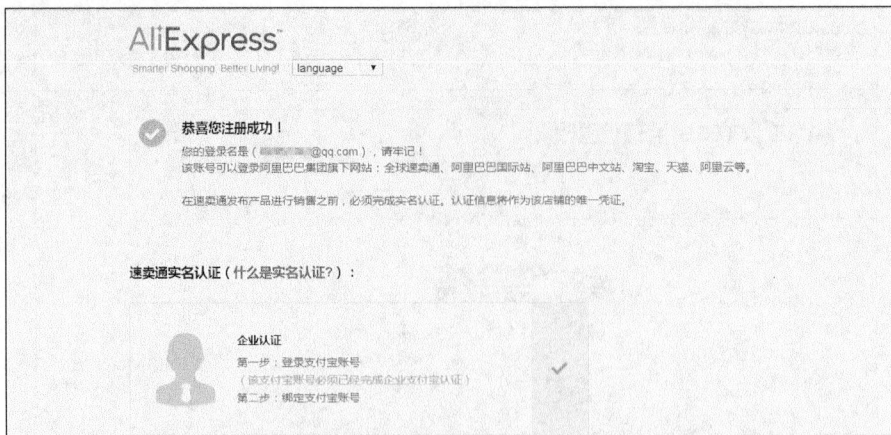

图 6-5　速卖通实名认证

图 6-6　支付宝认证

进入支付宝认证页面后，根据要求填写个人信息并提交照片，单击"提交审核"按钮，就可以完成实名认证，如图 6-7、图 6-8 所示。

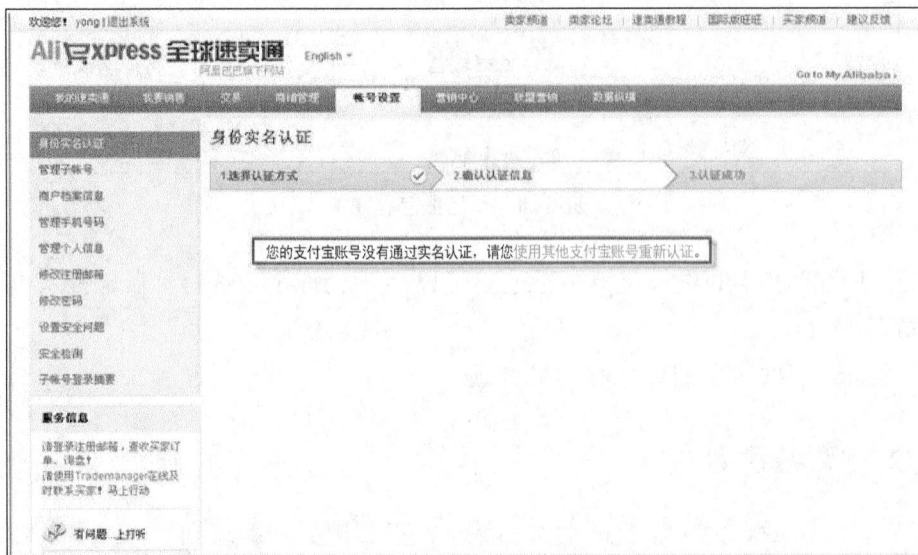

图 6-7　身份实名认证

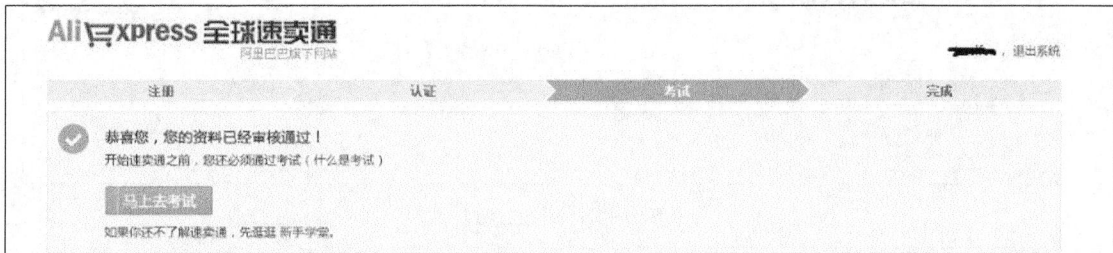

图 6-8　审核通过

6.2.3　开店考试

认证审核通过后，卖家需要通过开店考试。考试的目的主要是让卖家了解速卖通及操作平台，了解国际物流操作，掌握如何发布产品、营销、提升店铺、速卖通平台规则等模块。开店考试是开卷考试，由系统随机抽取 50 个不定项选择题，每题 2 分，共 100 分，90 分以上才能通过。考试通过后，就可以进入速卖通操作后台进行实际操作，不合格的卖家可以选择重新抽取试题进行考试。速卖通开店考试的试题及考试通过的提示分别如图 6-9、图 6-10 所示。

图 6-9　开店考试

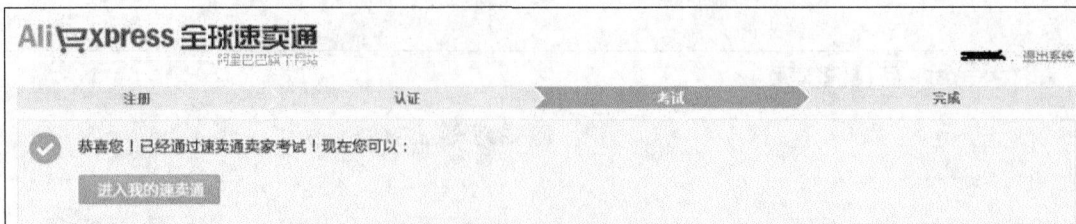

图 6-10　考试通过

【思考与练习】

1. 请简述 2018 年全球速卖通的入驻要求。

2. 请在全球速卖通平台上完成账号注册，并用个人支付宝进行身份认证，试想是否能完成店铺的开通。

Chapter 7

第7章
店铺装修

学习目标

了解速卖通店铺页面设计的基本思路；理解速卖通店铺装修原则；能够进行速卖通店铺主页的设计；能够进行速卖通店铺详情页的设计。

案例导入

产品图片对电商交易的成败起着非常关键的作用，因为图片是消费者和产品的核心连接。

产品图片网站（ProductPhoto.com）的首席执行官Sam Werkmeister说："如果你没有很棒的产品图片，那么即使网站的外观和用户界面很漂亮也无济于事。"Sam Werkmeister表示："高质量的产品图片能更好地展示产品，也能有更高的转化率。"

下面是一些关于产品图片的建议。

1. 制订拍摄计划

在拍摄图片前，你需要制订一个计划，充分了解你需要什么样的图片以及你会如何使用图片。制订计划会让拍摄过程更有效率。

2. 选择最好的产品来拍摄

好的图片源于好的产品。拍摄前，对产品做一个仔细的检查，观察产品的标签是否弯曲、产品有无抓痕、产品填充量是否一致。挑选库存中最完美的产品进行拍摄，因为图片上所呈现的缺陷，会比人眼看上去要更加清楚。

3. 注意图片质量

最佳的产品图片一定要有好的光线、焦点和颜色。想要获得好的产品拍摄效果，不一定要用到像柔光摄影帐篷和高端相机这样的设备，良好的窗户光线和手机摄像头就可以操作。但是，要保证产品图片的光线和焦点都很好，以及图片的颜色准确且自然。

4.先拍主图

许多电商网站都允许卖家上传多张图片，但产品listing的主图是重中之重。能在主图上进行的创作很少，确保让主图的分辨率高、光线良好并突显出你的产品与其他产品的不同之处。如果有很棒的产品包装，那就在图片里展示出来。如果产品有配件，确保图片上也有。总之，以最充分和最优质的方式呈现产品。

5.将创意应用到第二张图片

在拍摄好主图后，可以在第二张图片里对产品进行详细描述。第二张图片是展示创意和讲述产品故事的好地方。第三张图片也可以用来描述产品的细节，比如，设备使用什么类型的插头。第四张图片则是生活用途类图片，用来展示产品的用途。

6.不要在图片上添加大量文本和图表

避免在图片中添加大量的文本和图表，让图片说明产品是最好的选择。

7.聘用专业团队来处理图片

聘用专业摄影团队来处理图片是有意义的，虽然成本较高，但是能节省时间、精力，还有可能促进销售。

（资料来源：雨果网）

7.1 视觉美工概述

浏览者在浏览商品时多会注重第一眼的感觉。如何第一眼就能吸引浏览者的眼球，使其对商品产生进一步了解的欲望，是每个卖家都要思考的问题。

网络购物不同于实体购物，实体购物中，消费者可以通过看、尝、摸、闻、听等来感知商品的优劣，而网络购物过程中，更多的是通过色彩、图像、文字来判断商品是否符合自己的要求，因此一个网络店铺能否成功的基本因素之一就是通过合理的店铺页面设计吸引消费者进店，并且将流量有效转化为成交量。

视觉是一种手段，营销是目的，美工是手段运用的基础元素。

网店美工的日常工作主要包括店铺规划、商品拍摄、主图设计、首页设计、详情页设计、文案设计等。下面对几个重要的工作进行介绍。

7.2 店铺装修原则

7.2.1 色彩搭配

1.主色调

通常被选来做主色的色彩的含义如表7-1所示。

表 7-1 色彩含义

色彩	寓意	用例
红色	热情、活泼、热闹、吉祥、幸福、温暖	店庆、促销
橙色	光明、兴奋、甜蜜、快乐、积极	食品、创意家居、小家电
黄色	明朗、年轻、希望、智慧、想象力	时尚家居、创业产品、母婴用品
绿色	和平、青春、安全、理想、安逸	食品、保健品、环保用品
蓝色	宁静、深邃、遥远、理智、智慧、清透	化妆品、饰品、男装、家电
紫色	权威、声望、高贵、优雅、骄傲、轻率	中高档女性用品
黑色	正式、崇高、坚实、沉稳、严肃	财经、时装、家电、手工
白色	纯真、朴实、圣洁、明快、柔弱	小商品、饰品、女鞋、女包

网站的主色调是网站主题的体现，是页面色彩的主要色调、总趋势，其他配色不能超过该主要色调的视觉面积。主色调往往用于网页的底色和主要图案。不同的商务网站所适用的主色调是有区别的，可以从企业形象、产品性质、消费者特征等方面来考虑用色。

首先，从企业形象的角度来选择色调是首先考虑的重要方面。主色调中色相选蓝色的大企业居多，因为蓝色是最冷的颜色，突出了企业冷静、睿智、不断进取的形象。

其次，产品的性质也是决定网站主色调的重要因素，汽车、计算机、电视机、音响、仪器等具有金属成分且有相当科技含量的产品，所选用的色彩往往是蓝色、黑色、白色、灰色。因为蓝色沉稳的特性，具有理智、准确的意象，所以销售计算机的店铺可以选择蓝色作为主色调。速卖通中，销售笔记本的店铺页面如图 7-1 所示。

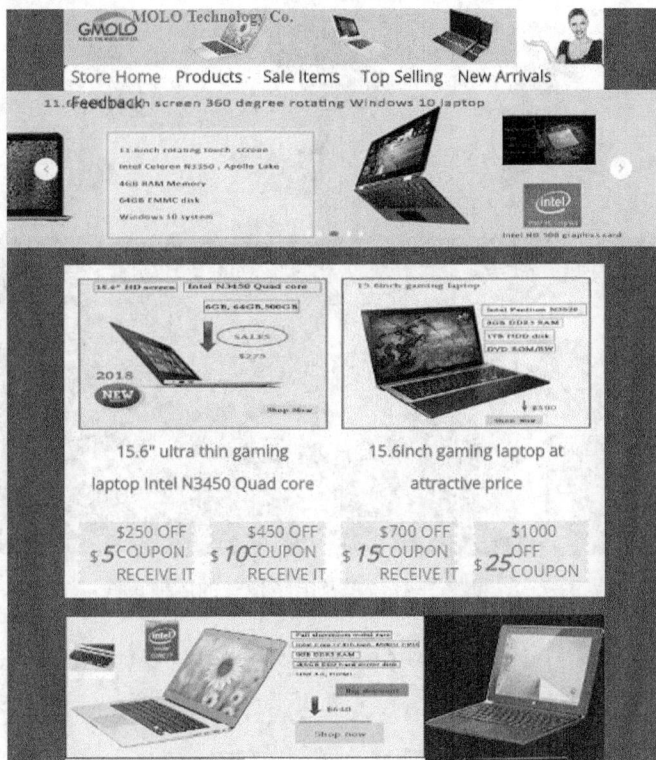

图 7-1 销售笔记本的店铺页面

黑色具有高贵、稳重、科技的意象，可突出"领先""创新"的企业理念；白色也具有高级、科技的意象，因此，销售电子产品的店铺可以考虑使用黑色或白色作为主色调。速卖通中，销售车载音响及电子设备的店铺页面如图7-2所示。

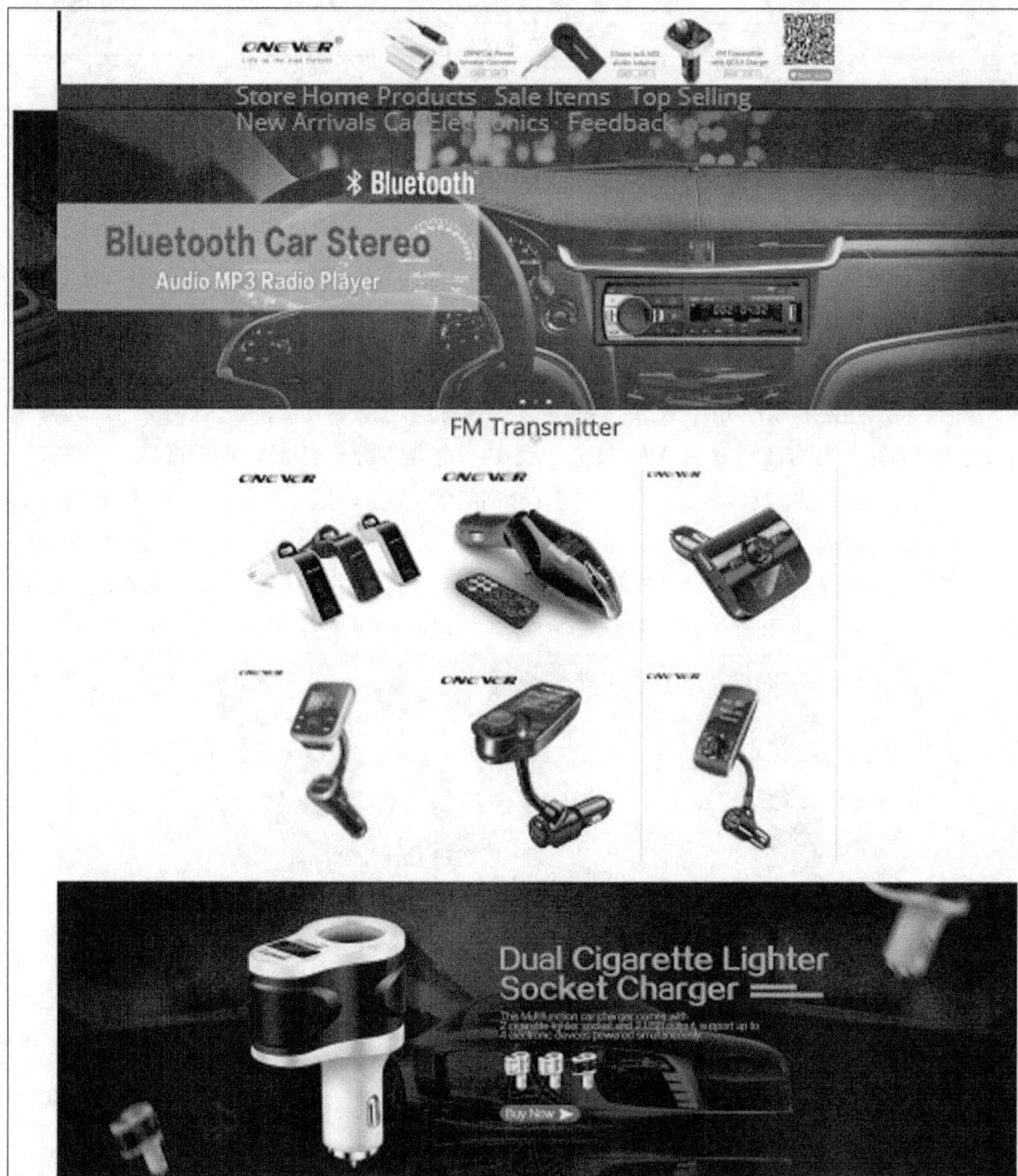

图7-2　销售车载音响及电子设备的店铺页面

灰色具有柔和、高雅的意象，而且属于中性色彩，男女皆能接受，所以灰色也是永远流行的主要颜色。对于女性商品，用浅灰作为主色调能够更加突出产品特点，将访问者的视线聚焦在商品上。速卖通中，销售女式钱包的店铺页面如图7-3所示。

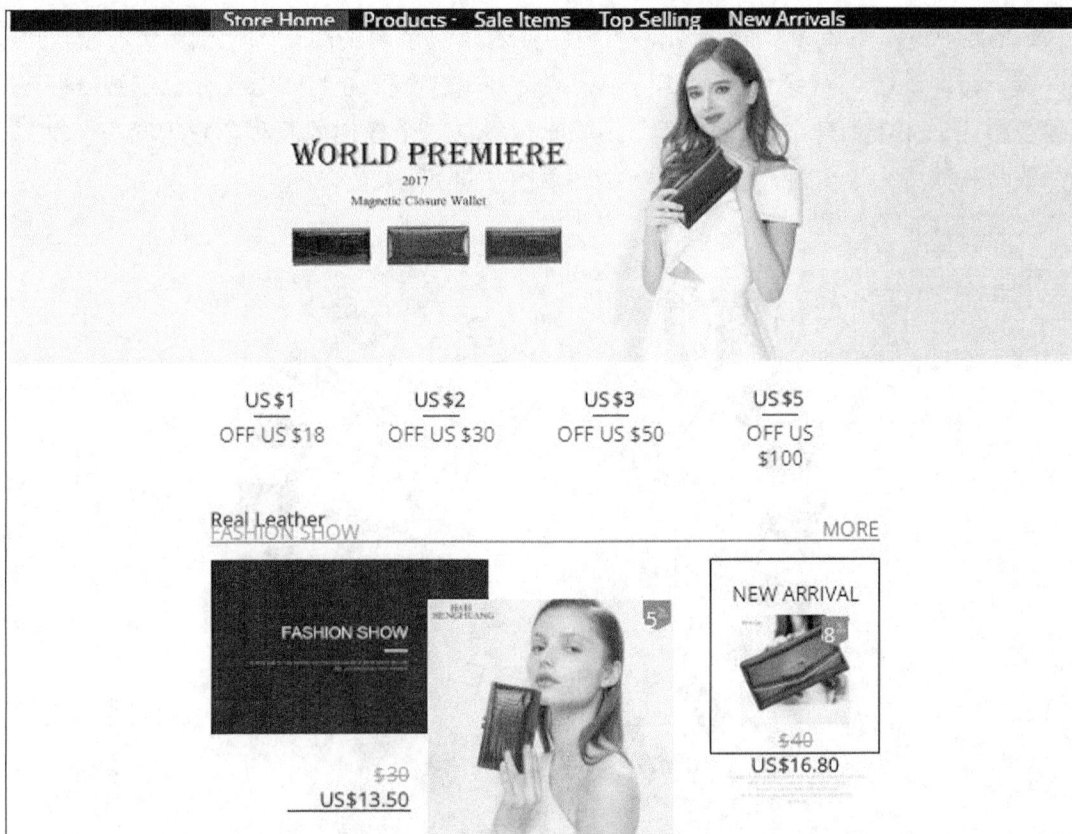

图 7-3 销售女式钱包的店铺页面

橙色是欢快活泼的光辉色彩，是暖色系中最温暖的色，能使人联想到金色的秋天、丰硕的果实，是一种富足、快乐而幸福的颜色。同时，橙色也是最使人产生食欲的颜色，所以橙色通常是食品类网站的首选。一些居家用品网站也可以考虑使用橙色。

红色是最引人注目的颜色，是热情、活力、能量的象征，宣传着力于带来活力或温暖的产品可考虑采用红色。

绿色因能传达清爽、理想、希望、生长的意象，所以往往为保健产品类网站所青睐。

最后，消费者的特征也是不可忽略的因素：销售男性产品的店铺多使用冷色作为主色调；销售女性产品的店铺使用暖色调的较多；紫色也多为女性网站所用；销售儿童或亲子类产品的店铺多用绿色、橙色，给人生机勃勃、温馨的感觉。

2. 辅色调

定义了主色调后，需要在"总体协调，局部对比，突出特点"的原则上确定辅色调。网站的辅色调是仅次于主色调的视觉面积的辅助色，用来烘托、支持主色调，能够增强主色调的感染力，使页面更加和谐、生动。

（1）用同类色

同类色一般指单一色相系列的颜色，指通过调整主色调的透明度或者饱和度（就是将色彩变淡或加深），产生新的色彩，多用于网页的展示效果。这样的页面看起来色彩统一，有层次感。以色相环来划分，奥斯特瓦尔德表色系统的基本色相为黄、橙、红、紫、蓝、蓝绿、绿、黄绿 8 个主要色相，每个基本色相又分为 3 个部分，组成 24 个分割的色相环。24 色相环中相距 45 度，或彼此相隔二三个数位的两种色彩为同类色关系，例如淡黄和淡绿色、红和橙色。24 色相环如图 7-4 所示。

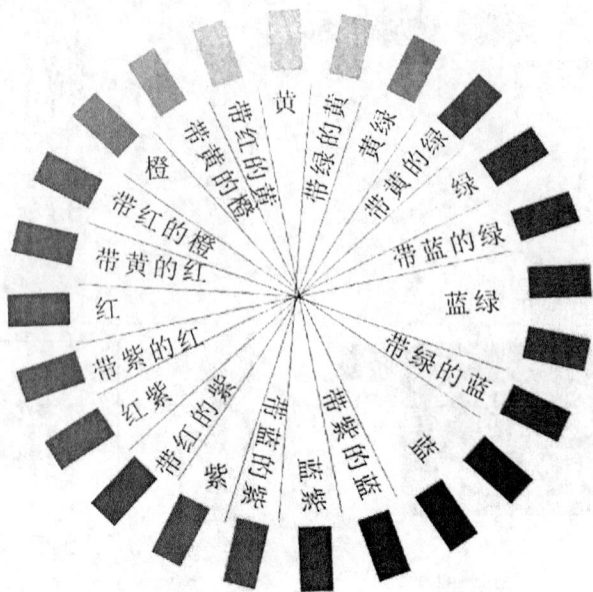

图 7-4　24 色相环

（2）用邻近色

色相环中相距 90 度，或相隔五六个数位的两色为邻近色关系。色调感调和又避免单调，如蓝与紫、黄和绿。

（3）用对比色

色相环中相距 135 度或相隔八九个数位的两色为对比色关系，属于中强对比效果的色组，如蓝色和黄色。对比色能使整个页面色彩丰富但不花哨。例如，薄荷女人网，主色调为淡红色，辅色调为绿色，在突出女性柔美特点的同时，增强了网站色彩的鲜明感，也和网站主题相贴切。

（4）用补色

色相环中相隔 12 个数位和相距 180 度的两色为补色关系。补色关系的色组是对比最强的色组，给人以强烈的视觉冲击，如红和绿、黄和紫。使用补色比较容易出彩，但在配色时要注意通过主辅色调面积的大小，或以分散形态的方式来缓和过于激烈的对比。

（5）用黑色

大部分彩色配黑色都会给人留下很深的印象，如以玫红色为主色调，以黑色为辅色调，给人浪漫、时尚的感觉。

除了主、辅色之外，还有点睛色、背景色的运用，以及纯度和明度的合理安排。

这些都是速卖通店铺设计必须考虑的。总之，在商务网站的色彩设计时要注意如下几点：不要片面追求出彩，色彩的选择始终要以适合于读者群为关键，如视觉刺激较强烈的页面会给年轻人留下深刻的印象，从而吸引他们进一步浏览，但对年长的浏览者却会形成反面效果；网页归根结底是为了传达信息，因此色彩的使用要适合阅读，在阅读的部分要使用对比色；不要使用过多的颜色，除了黑与白之外，页面色彩总类不要超过 3 种。

7.2.2　风格定位

所谓网站风格是指网站页面设计上的视觉元素组合在一起并展现给人的直观感受。这个整体形象包括网站的配色、字体、页面布局、页面内容、交互性、海报、宣传语等因素。网站风格一般与企业的整体形象相一致，例如企业的行业性质、企业文化、提供的相关产品或服务特点都应该在网站的风格中得到体现。

风格定位需要做很多功课，经营的产品属于什么行业、产品的受众特点等。例如，年龄在 18～23 岁的人群和年龄在 30～35 岁的人群所偏好的风格肯定是不一样的。18～23 岁的网购群体多是大学生，他们所关心的重点多为潮流、价格，所以网店设计风格可以随意、轻松一些，色彩比较明快，内容上可以体现出价格等优势元素。在速卖通中，潮流衬衫的店铺页面如图 7-5 所示。

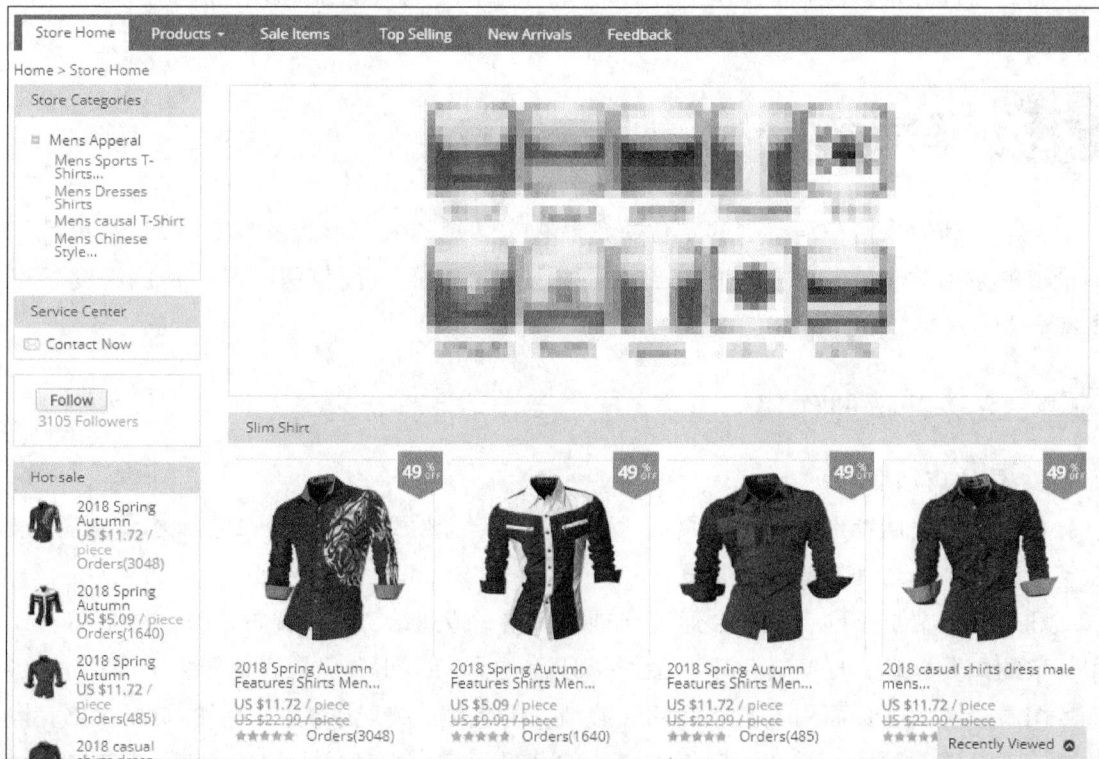

图 7-5　潮流衬衫的店铺页面

30～35 岁的人群多为有一定经济能力的人，更加注重品质感、条理性，能够触动他们的可能是一些对产品细致的描绘，甚至是一句直击现实的广告语。这些细节体现在文案的书写和模特的选择上，文案可以作为海报等直接视觉元素的补充，如描述产品的材质、产品的定位等，而模特的气质、风格要与产品风格相符。速卖通中，品质 T 恤的店铺页面如图 7-6 所示。

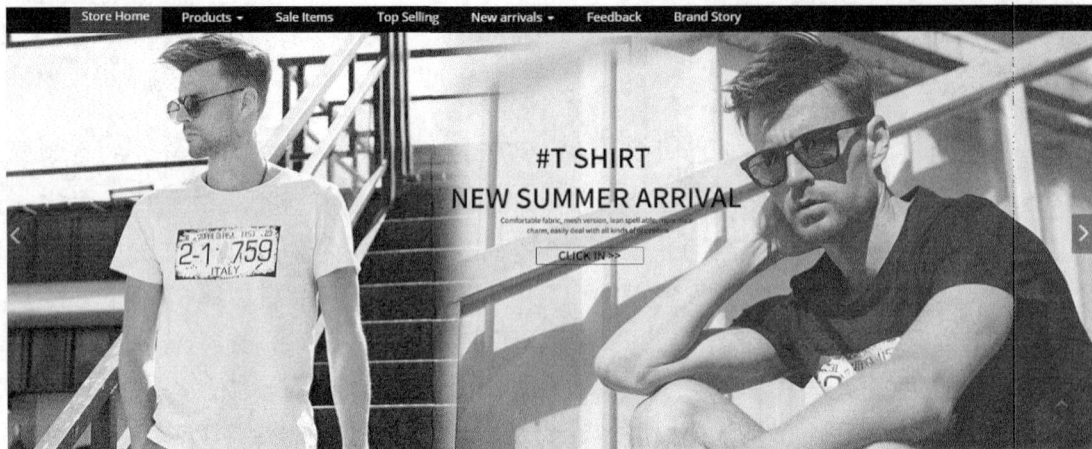

图 7-6　品质 T 恤的店铺页面

需要强调的是，店铺装修是给买家看的，因此，店主不能把自己的喜好当成买家的喜好。

7.3　店铺首页设计

一个店铺的风格和消费者的定位决定着视觉营销的表现形式及其方向，首页更是店铺价值的重要体现。设计优秀的店铺首页会提升用户的页面停留时间、访问深度、点击率。

7.3.1　首页的作用

1. 传达店铺形象

首页是传达店铺形象的重要页面，是买家对店铺形成第一印象的重要区域，是买家在整个店铺当中访问量最高的页面。

和产品详情页不同，首页会通过店铺的风格，传达给买家商品的理念、价值感，吸引买家的浏览兴趣，提高转化率。图 7-7 所示的是一个儿童玩具店铺的主页面。

图 7-7 中，主页面用橙蓝相间的温暖清新的色调，突现了简洁明了的页面风格，构造了一幅温馨的画面。潜在买家看到梦幻的节日场景，看到父母和孩子在一起的画面，会产生强烈的情感共鸣，从而愿意进一步地了解产品。

图 7-7　速卖通儿童玩具店铺页面

2. 传达活动信息

当店铺开展促销活动时，卖家应第一时间让买家获知活动信息，这时就需要利用首页宣传店铺的活动信息，以增加店铺点击量，降低首页的跳失率（未成交并从首页离开店铺的情况）。图 7-8 所示的速卖通店铺在首页显著位置标注了其周年庆促销的时间和力度，并且主页的所有产品都显示了打折信息，这会有效地激发潜在买家的购买欲望，促进销售额的提升。

图 7-8　店铺周年庆促销

3. 流量疏导

首页上的页面入口及活动呈现（见图 7-8）、分类导航、商品陈列、搜索模块等都是流量疏导的方式。合理地疏导首页的流量，可以有效地降低整个店铺的跳失率。

7.3.2　首页设计

速卖通的店铺装修路径为"卖家后台"—"店铺"—"店铺装修及管理"。速卖通中的装修模块如图 7-9 所示。

1. 首页风格呈现

首页的风格呈现体现在确定主色调、理念展示、布局上。

主色调根据行业、消费者特点、产品及活动等因素来综合确定。例如，蓝色代表高科技，做 3C 家电类的店铺会使用蓝色呈现商品的科技感；绿色代表新鲜、健康活力，做儿童类的店铺会选用绿色作为主色调；如遇店铺大型活动，如周年庆，为了营造喜庆的购物氛围，店铺会选择使用红色、黄色来营造气氛。季节更替也是选择店铺色调考虑的因素：春天时，可以考虑接近大自然的颜色，比如使用绿色来表示整个店铺的蓬勃生机；夏天时，一般会使用冷色调，这样不会影响浏览者的购物情绪；秋天时，卖家会考虑使用黄色、橙色；冬天时，一般使用暖色调。

图 7-9　速卖通中的装修模块

理念往往是店铺所展示出来的特色及文化内涵，是通过店铺视觉传达出来的一种能和消费者产生共鸣的文化。例如，卖一些中国风商品的店铺在首页设计时考虑融入中国元素，这样容易加深流量者的情感代入，可以有效提升客户群的黏度。

首页是由多个模块搭建而成的，想要布局一个优秀的店铺首页，就需要对店铺各模块有充分的了解。速卖通店铺最常用模块有店招、导航栏、轮播图、商品展示。这些模块位置的安排、组合方式都会呈现不同的视觉效果。

2．店招的设计

店招是店铺最重要的标志之一，展示在店铺顶部，用于向买家展示店铺的 Logo、特色等。店招的图片在店铺的所有页面都会展示。买家来到一家网店，首先关注的往往是店招。速卖通的店招高度为 100～150 像素，宽度为 1 200 像素，从店铺整体设计的角度考虑，建议使用 150 像素的高度。

店招用来表达店铺独特的性质，往往要包括三类信息：产品定位、店铺风格、店铺活动。店招需要第一眼给浏览者视觉冲击，因此设计要求简练、明确、醒目。

卖家可在店招中添加店铺名称、热销爆款、二维码、促销活动等信息，如图 7-10所示。

图 7-10　速卖通店铺的店招

3. 导航栏设置

导航模块是每个页面不可或缺的内容，其作用是帮助买家快速地找到目标商品。从运营的角度来说，导航模块的作用是把店铺流量合理地分配到不同的商品或者页面上。

导航模块的表现形式主要有如下 3 种。

第一种是页头中的通栏导航。卖家想要设计此导航，就需要把店招模块的高度设为 150 像素。速卖通中的页头导航如图 7-11 所示。

图 7-11　页头导航

第二种是侧边栏的纵向导航。这种导航使浏览者能够直接看到店铺的商品类目，促进买家深度浏览。速卖通中的侧边栏纵向导航如图 7-12 所示。

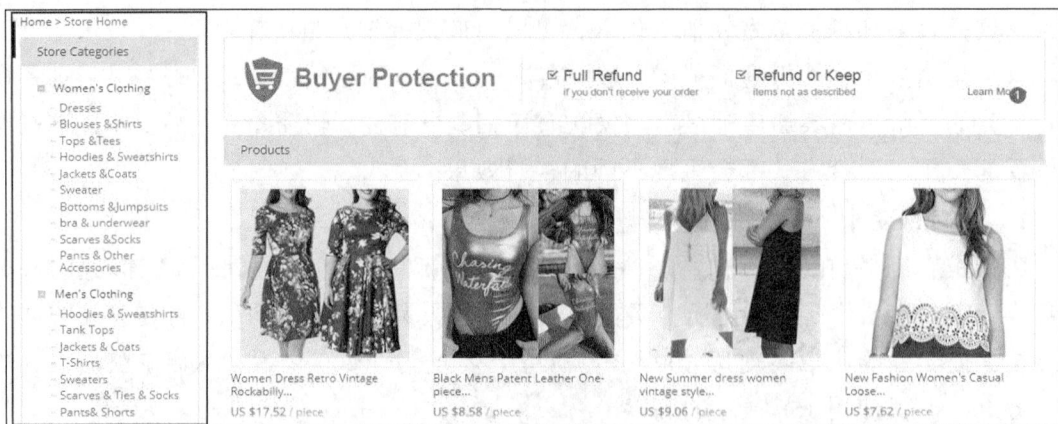

图 7-12　纵向导航

第三种是内容区的横向导航。这类导航在页面的中心区域设置，导航区域比上两种要大，可以图文并茂。

跨境电子商务实操教程

4. 轮播图设计

首页的焦点图承担着店铺的品牌视觉风格、店铺活动信息传递等重要职责。首页焦点图通常以轮播的方式呈现给买家，数量一般放 3 张比较合适。轮播图的呈现内容通常为店铺的活动信息，以品牌的营销推广、单品的营销推广为主。轮播图的好坏直接关系到浏览者对店铺的第一印象，因此必须精工细作，注意色彩和图文搭配。速卖通中的首页轮播图如图 7-13 所示。

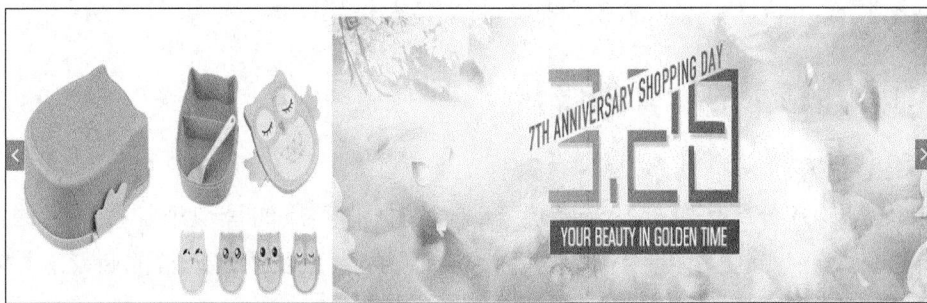

图 7-13　首页轮播图

5. 商品展示

店铺的栏目设置决定了店铺展现在买家面前的最终效果，卖家可以通过页面管理来增加、删除页面上的模块，或者修改模块的内容和顺序。

在速卖通后台"店铺装修及管理"中选择"进入装修"，弹出"页面装修"页面，如图 7-14 所示。

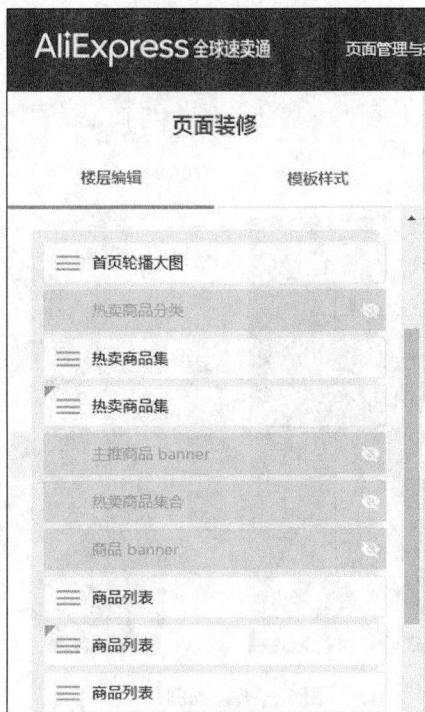

图 7-14　商品展示模块设置

商品展示包括两类：热卖商品推荐、自定义商品。卖家可以根据店铺的活动来改变相应的展示商品，以达到更好的展示效果。

7.4 店铺详情页设计

详情页不仅是介绍商品的页面，更是店铺重要的流量入口。详情页面与转化率息息相关，一个符合并满足买家需求的详情页面才是合格的详情页面。

7.4.1 详情页的设计思路

1. 突出优势

突出优势即突出产品质量及产品优势，通过核心卖点的呈现来加深买家的购买冲动。要真正触动买家的正式需求，就需要根据商品的特点及用户人群的特点，站在买家的角度挖掘痛点。

2. 运用各类活动营销

活动是买家选择商品的一个驱动力，优秀的商品功能加上好的营销活动可以有效地提升转化率。

7.4.2 详情页设计

1. 主图

主图给予买家最直观的影响，如果主图做得不好，买家很可能就会直接退出。主图的制作需要遵循两点，即简洁、抢眼，具体指图片显示以商品为主，商品最好占据整个画面的 80%，同时主图的背景要干净整洁，最好与商品有强烈的对比，能够有效地衬托出商品，如图 7-15 所示。

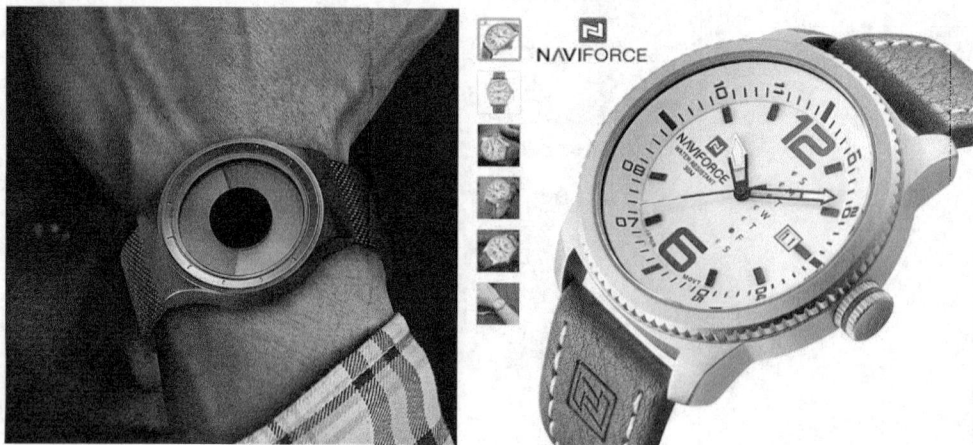

图 7-15　主图对比

跨境电子商务实操教程

通过对比发现，图 7-15 中，右侧的图比左侧的图更能吸引买家的注意力，显得清晰有质感，从背景的角度来说，右侧的图也比左侧的图更加干净整洁，与商品的对比更为强烈。

另外，主图中可以加入卖点因素，如图 7-16 所示。

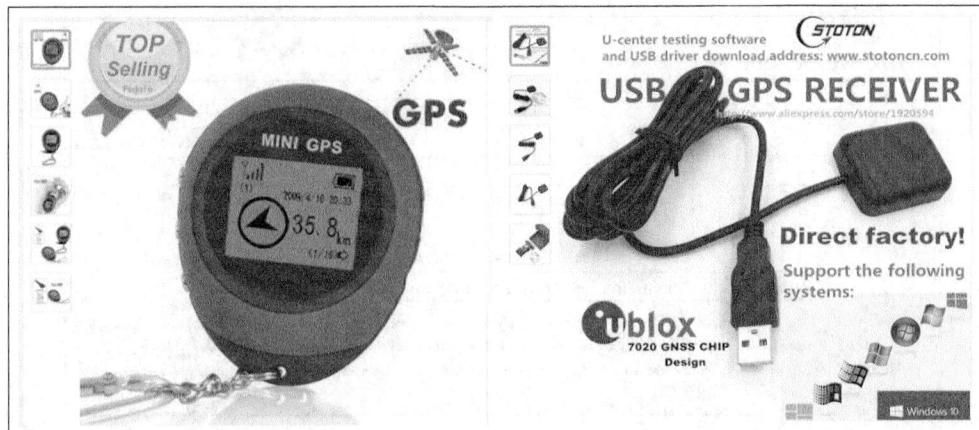

图 7-16　显示卖点的主图

图 7-16 中的两张主图从不同角度显示了卖点，左侧的图显示该产品是热卖商品，右侧的图显示的卖点是厂家直销。

2. 详情页图片

除了主图之外，详情页中往往还需要用图片对产品进行更具体的介绍，以便买家通过这些图片对产品的细节有更直观的了解，如产品的正面、侧面、材质等，如图 7-17 所示。

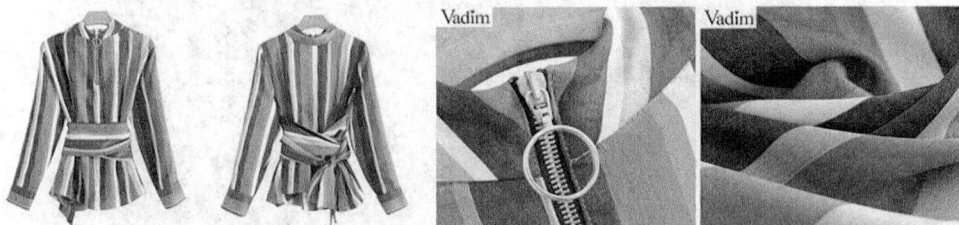

图 7-17　服装详情图

3. 产品参数

产品参数包括产品参数性能、材料、颜色、尺寸、重量，其中，产品参数性能应该直观详尽；材料和颜色要明确清晰；尺寸的重量要有一定的误差许可范围，这样可以避免不少纠纷。速卖通中的服装产品参数如图 7-18 所示。

4. 运输及退款等细节

详情页中需明确写出发往相应国家（或地区）的大致时间，也要明确写出在线处理买家问题的时间及退货政策，这些都能有效减少不必要的纠纷。运输及退款细节如图 7-19 所示。

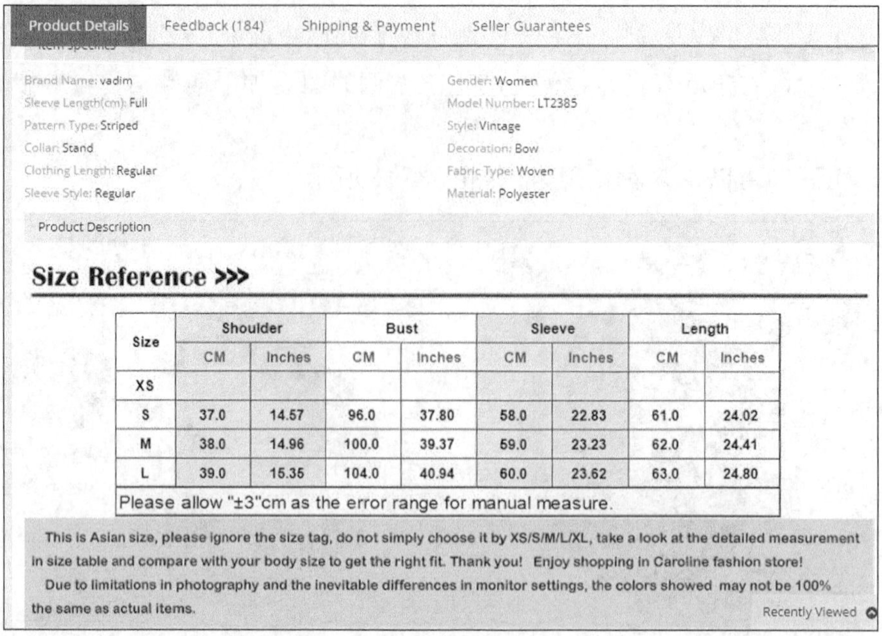

Product Details	Feedback (184)	Shipping & Payment	Seller Guarantees

Item Specifics

Brand Name: vadim

Sleeve Length(cm): Full

Pattern Type: Striped

Collar: Stand

Clothing Length: Regular

Sleeve Style: Regular

Gender: Women

Model Number: LT2385

Style: Vintage

Decoration: Bow

Fabric Type: Woven

Material: Polyester

Product Description

Size Reference >>>

Size	Shoulder		Bust		Sleeve		Length	
	CM	Inches	CM	Inches	CM	Inches	CM	Inches
XS								
S	37.0	14.57	96.0	37.80	58.0	22.83	61.0	24.02
M	38.0	14.96	100.0	39.37	59.0	23.23	62.0	24.41
L	39.0	15.35	104.0	40.94	60.0	23.62	63.0	24.80

Please allow "±3"cm as the error range for manual measure.

This is Asian size, please ignore the size tag, do not simply choose it by XS/S/M/L/XL, take a look at the detailed measurement in size table and compare with your body size to get the right fit. Thank you! Enjoy shopping in Caroline fashion store!

Due to limitations in photography and the inevitable differences in monitor settings, the colors showed may not be 100% the same as actual items.

Recently Viewed

图 7-18　服装产品参数

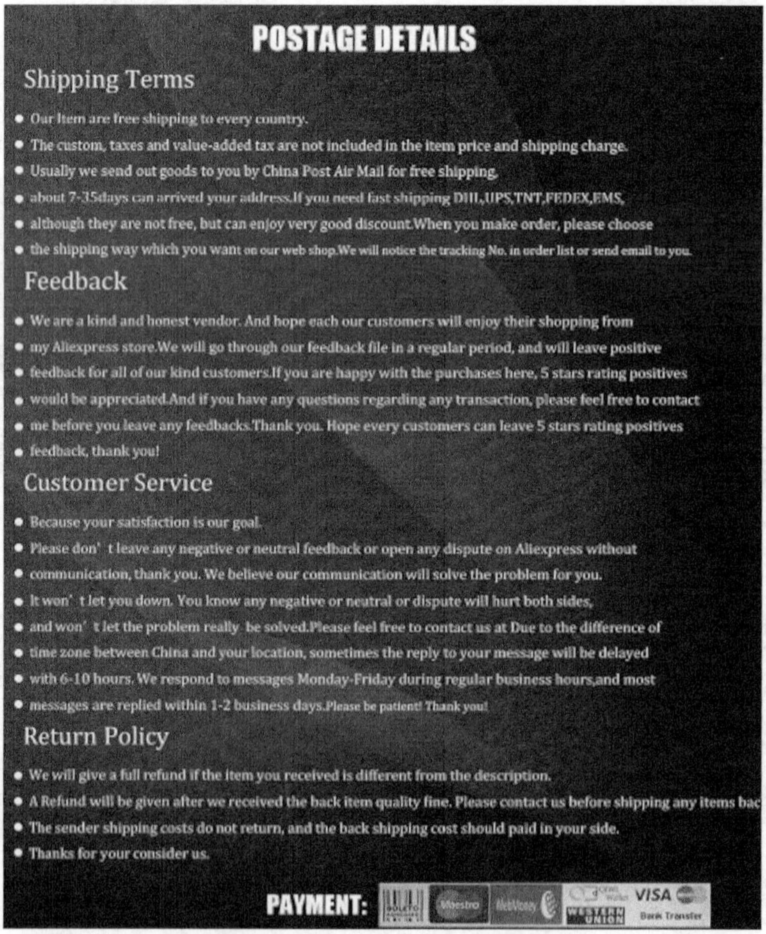

POSTAGE DETAILS

Shipping Terms

- Our item are free shipping to every country.
- The custom, taxes and value-added tax are not included in the item price and shipping charge.
- Usually we send out goods to you by China Post Air Mail for free shipping.
- about 7-35days can arrived your address.If you need fast shipping DHL,UPS,TNT,FEDEX,EMS,
- although they are not free, but can enjoy very good discount.When you make order, please choose
- the shipping way which you want on our web shop.We will notice the tracking No. in order list or send email to you.

Feedback

- We are a kind and honest vendor. And hope each our customers will enjoy their shopping from
- my Aliexpress store.We will go through our feedback file in a regular period, and will leave positive
- feedback for all of our kind customers.If you are happy with the purchases here, 5 stars rating positives
- would be appreciated.And if you have any questions regarding any transaction, please feel free to contact
- me before you leave any feedbacks.Thank you. Hope every customers can leave 5 stars rating positives
- feedback, thank you!

Customer Service

- Because your satisfaction is our goal.
- Please don't leave any negative or neutral feedback or open any dispute on Aliexpress without
- communication, thank you. We believe our communication will solve the problem for you.
- It won't let you down. You know any negative or neutral or dispute will hurt both sides,
- and won't let the problem really be solved.Please feel free to contact us at Due to the difference of
- time zone between China and your location, sometimes the reply to your message will be delayed
- with 6-10 hours. We respond to messages Monday-Friday during regular business hours,and most
- messages are replied within 1-2 business days.Please be patient! Thank you!

Return Policy

- We will give a full refund if the item you received is different from the description.
- A Refund will be given after we received the back item quality fine. Please contact us before shipping any items back
- The sender shipping costs do not return, and the back shipping cost should paid in your side.
- Thanks for your consider us.

PAYMENT: Maestro WebMoney VISA WESTERN UNION Bank Transfer

图 7-19　运输及退款细节

5. 关联产品

关联位置的适当内容有利于产品的曝光和转化,如图 7-20 所示。

图 7-20　服装产品详情页的关联产品展示

【思考与练习】

1. 从女士衬衫、女包、男性手表、儿童玩具这些产品中任选一类产品在速卖通中设计店铺首页。

2. 从女士衬衫、女包、男性手表、儿童玩具这些产品中任选一类产品在速卖通中设计商品详情页。

Chapter 8

第8章
店铺营销

学习目标

了解速卖通营销的基本工具；掌握限时限量折扣、"满立减"、店铺优惠券、全店铺打折等营销工具的使用；掌握速卖通平台促销工具的使用；能够使用速卖通基本营销工具进行店铺的营销及推广。

案例导入

小王的速卖通店铺刚开第一个星期几乎没有订单，连访问者都寥寥无几。于是，小王进一步优化商品图片，并且将价格调低5%，但是销售情况仍不见改善。

经过向同行学习，小王了解到运营速卖通必须主动进行相关营销，尤其是对于新手来说，合理参与速卖通提供的营销活动是打开局面的重要步骤。小王打开速卖通后台的营销中心，看到里面提供了限时限量折扣、"满立减"、全店铺打折、店铺优惠券4种活动，他决定全部参加。

第二天，小王登录平台，发现有一个订单，并且付款了。打开数据纵横，小王发现曝光量也提升了，非常开心，觉得终于开了个好头。

不过如何更好地利用平台所提供的营销活动，还有许多知识和技巧有待学习。小王除了上速卖通大学和其他外贸论坛学习其他同行的技巧外，自己每天都认真地分析网站相关数据，并对图片、价格等做出及时调整，对于不同的产品采取不用的营销策略。渐渐地，小王的网店每天的订单呈增长趋势，店铺进入了一个良性循环。

8.1 自主营销

8.1.1 限时限量折扣

限时限量折扣是由卖家自主选择活动商品和活动时间，设置促销折扣及库存量的店铺营销工具。限时限量折扣活动做得好，会促使买家在短时间内做出购买决定，从而较好地提升销售量。所以限时限量折扣是店铺营销中最常用的工具之一。

限时限量折扣工具可以用来推新品、造爆品、清库存。它的优点在于买家之前放进购物车、收藏夹里的商品一旦打折，立即会收到系统提示；同时商品主图也会显示折扣标识，在买家搜索页面额外曝光。买家搜索页面如图 8-1 所示。

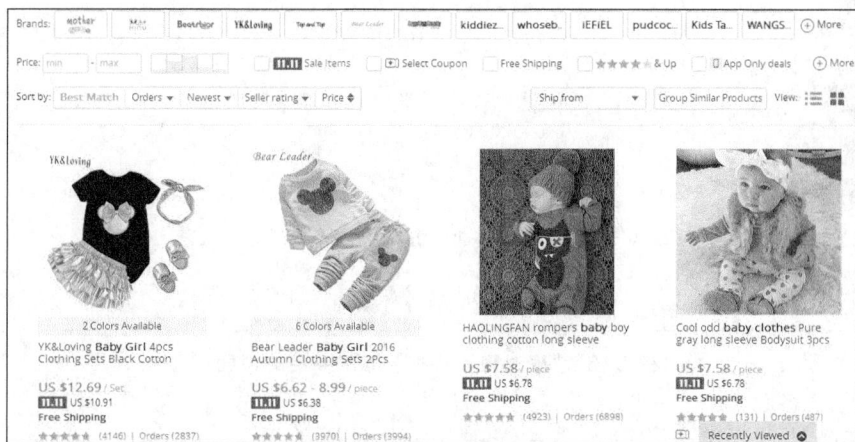

图 8-1 买家搜索页面

在大促期间使用限时限量折扣工具，平台会将新流量引入店铺，使销量冲高。

限时限量折扣工具的设置路径为"卖家后台"—"营销活动"—"店铺活动"—"限时限量折扣活动"。首先设置活动名称、活动开始时间、活动结束时间，注意这里的所有时间都是美国时间，如图 8-2 所示。设定完成后单击"修改"按钮，将会进入"商品添加"页面。

图 8-2 "限时限量折扣"设置初始页

限时限量折扣的商品最多可以添加 40 个。对于商品的选择，卖家可以做如下考虑：此商品处在自然搜索的第二页或第三页的位置，因为处于这个位置的商品，说明该商品是被用户所接受的；此商品的名称、详情页和转化率表现都较好，对于这种商品，如果再使用限时限量折扣，就比较容易打造爆品。"限时限量折扣商品"的添加页面如图 8-3 所示。

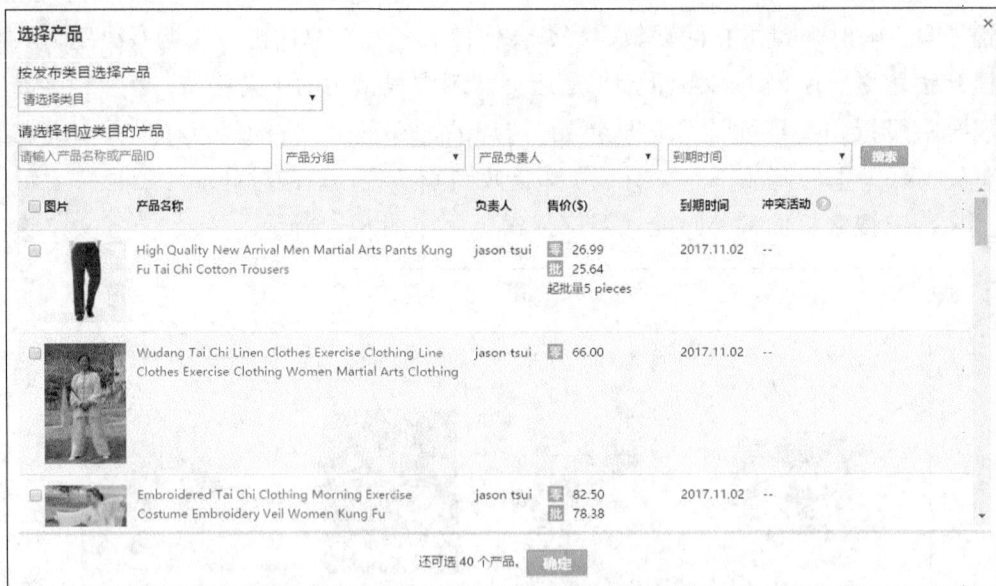

图 8-3 "限时限量折扣"添加商品的页面

选择完产品后,单击"确定"按钮进入折扣范围的设置,如图 8-4 所示。

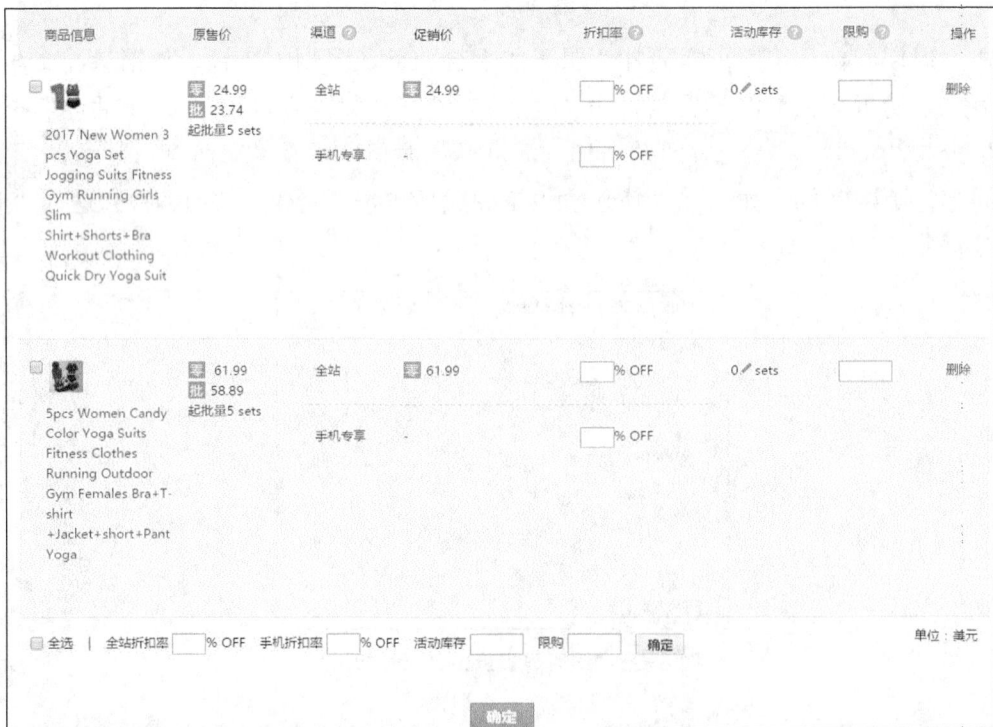

图 8-4 "限时限量折扣"的折扣设置

折扣率的设定有 PC 端和移动端两种。移动端折扣率必须比 PC 端的折扣率低,也可不设移动端的折扣率。折扣率和限购数量设定完成,就完成了一个限时限量折扣任务的设定。

8.1.2 "满立减"

"满立减"是一种达到交易额度就减去优惠金额的促销方式，活动类型分为全店铺"满立减"和商品"满立减"。全店铺"满立减"是全店铺的商品都参加活动，商品"满立减"每次最多选择 200 个商品。服务等级及格及以上的店铺每月活动有 10 个，总时长为 720 小时；不及格的店铺每月活动有一个，总时长为 180 小时。"满立减"条件分为多梯度满减和单层级满减：多梯度满减每次可以设置 3 个梯度，至少需要设置两个，优惠比例必须大于上一梯度；单层级满减只能设置一个梯度，优惠可累加。

"满立减"工具的设置路径为"卖家后台"—"营销活动"—"店铺活动"—"满立减活动"。在活动创建页面设定开始时间与结束时间，全店铺"满立减"订单总额包含运费，商品"满立减"订单总额不包括运费。速卖通的"满立减"设置页面如图 8-5 所示。

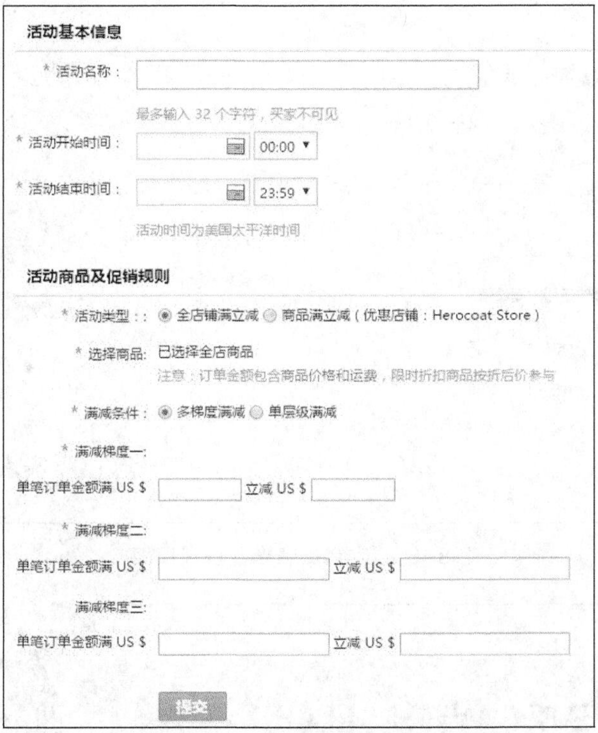

图 8-5 "满立减"设置页面

"满立减"活动的主要目的是促使买家多买，提高客单价，所以满立减在设置金额时，略高于客单价才更有价值。活动设置完后可以通过旺旺留言、邮件、SNS 及店招等方式告知新老客户。

8.1.3 店铺优惠券

店铺优惠券是卖家设置优惠金额和使用条件，买家领取后在有效期内使用的优惠券，可以刺激新买家下单和老买家回购，提升购买率及客单价。店铺优惠券分为领取型和定向发放型。服务等级非不及格店铺每月领取型优惠券活动有 5 个，定向发放型优惠券活动有 20 个；不及格店铺每月领取型优惠券活动有 1 个，定向发放型优惠券活动有 5 个。

店铺优惠券工具的设置路径为"卖家后台"—"营销活动"—"店铺活动"—"店铺优惠券"。"店铺优惠券"的设置页面如图 8-6 所示。

店铺优惠券的集中展示页面如图 8-7 所示。

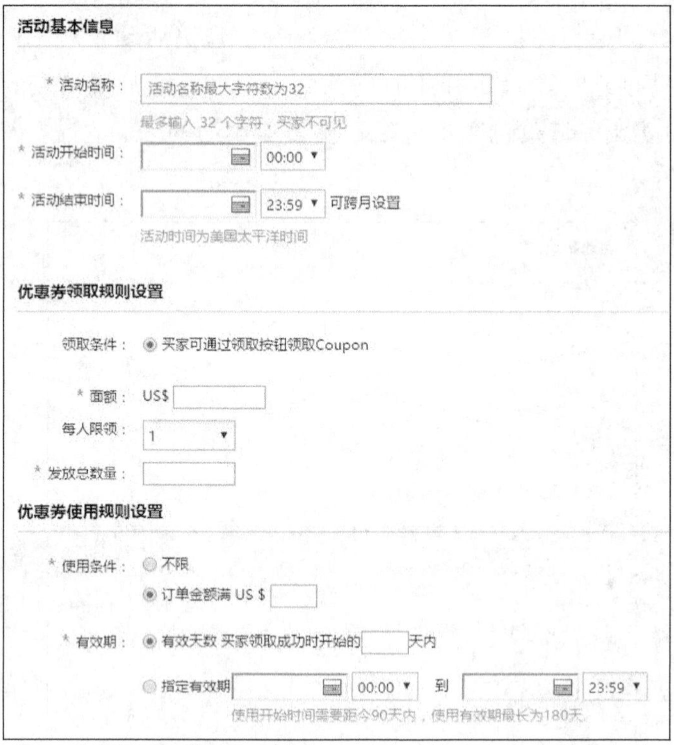

图 8-6 "店铺优惠券"设置页面

图 8-7 店铺优惠券的集中展示页面

满立减和店铺优惠券活动可同时进行，且能跟任一折扣活动同时进行，折扣商品以折后价（包括运费）计入满立减、店铺优惠券订单中，产生叠加优惠，更易刺激买家下单。这两个活动的主要目的就是提高客单价和利润率，促使买家多买和重复购买，因此合理设置金额吸引买家混单至关重要。

8.1.4　全店铺打折

全店铺打折是最受买家欢迎的方式，对卖家提升销售额有明显的帮助。平台促销的时候，对设置全店铺打折的卖家有流量扶持。另外，在新品上市及换季时节，全店铺打折既可以提升新品销量，又可以对过季商品进行清仓。这体现了全店铺打折工具的优势。

全店铺打折工具的设置路径为"卖家后台"—"营销活动"—"店铺活动"—"全店铺打折活动"。"全店铺打折"的设置页面如图 8-8 所示。

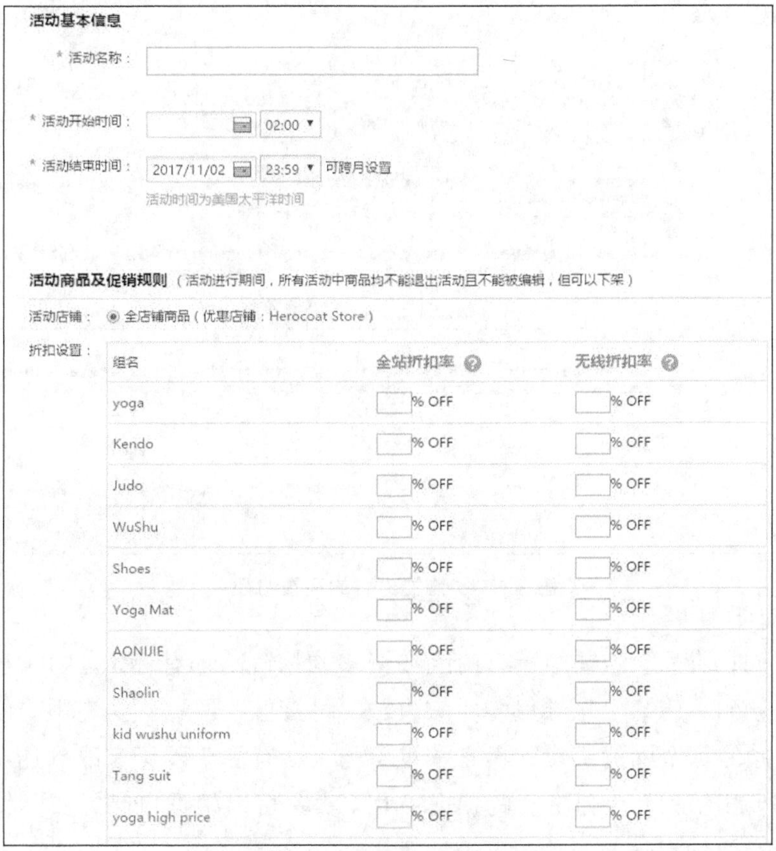

图 8-8　"全店铺打折"的设置页面

可在创建活动 24 小时后开始，从创建活动到活动开始前 12 小时，这段时间为"未开始"状态，此时可以对商品进行编辑、退出和下架的操作；活动开始前 12 小时就是"等待展示"阶段，这 12 个小时直到活动结束，都是不能编辑和下架的。限时限量折扣和平台活动的优先级是高于全店铺打折活动的，若有商品同时参加这些活动，则以限时限量折扣或平台活动为准，两者的折扣不会叠加。

8.1.5 购物券

购物券是一种新型的优惠形式，在买家端以券的形式显示，但实际代表的是一种买家在购物时直接抵减一定面额现金的消费权益，卖家并不能因此获得与买家所用购物券相等值的现金收入。购物券的活动规则是由平台发起，卖家会根据平台给出的基础规则设置相应的门槛和张数，买家在参与该活动的店铺下单时，如果满足单店门槛且有张数剩余时即可使用。购物券由平台发放给买家，卖家自己无法发放，面额为定值。

购物券的访问路径为"卖家后台"—"营销活动"—"店铺活动"—"购物券"。"购物券"的设置路径如图8-9所示。

图8-9 "购物券"的设置路径

参与设置购物券后，店铺的所有商品在买家购物链路均有标识，同时还有额外的搜索筛选和流量倾斜；店铺优惠券只能卖家发放，可接触的买家数量有限，但购物券由平台发放，可接触的是全网的买家，卖家一旦参与，就有了全网买家的到店机会。有买家成功支付才需要出资，无任何资金的提前占用。卖家可以根据自己的实际情况设置购物券门槛，以便有效地提升客单价。

8.2 平台活动

平台活动是速卖通面向卖家推出的免费推广服务，主要包括日常平台活动和大促平台活动。每一期的平台活动都会在卖家后台的"营销中心"版块进行展示和招商，卖家可以选取自己店铺符合活动招商条件的产品自主报名申请参加。

平台活动的设置路径为"营销活动"→"平台活动"→"活动报名"。

8.2.1　日常平台活动

1．Flash Deals

Flash Deals 是速卖通将"无线抢购"和 Super Deals 活动合并后推出的升级活动，在移动端和 PC 端同时拥有"海景"入口，每周二招商，适合打造爆款。根据不同品类，要求价格折扣 1%～65%，店铺等级一勋～五冠，90 天好评率≥90%，全球免邮。"Flash Deals"的设置页面如图 8-10 所示。

图 8-10　"Flash Deals"的设置页面

Flash Deals 在买家首页的显示位置在类目的右边，每天 4 场活动，每场售卖 4 小时。"Flash Deals"的展示页面如图 8-11 所示。

2．团购

团购中的俄罗斯团购是速卖通团购项目中最具代表性的活动之一，也是整个速卖通平台流量最大的常规性活动，团购活动流量达到整个俄文站全部流量的 15% 以上，其定位为最大流量、最快出货、最优体验。"俄罗斯团购"页面如图 8-12 所示。

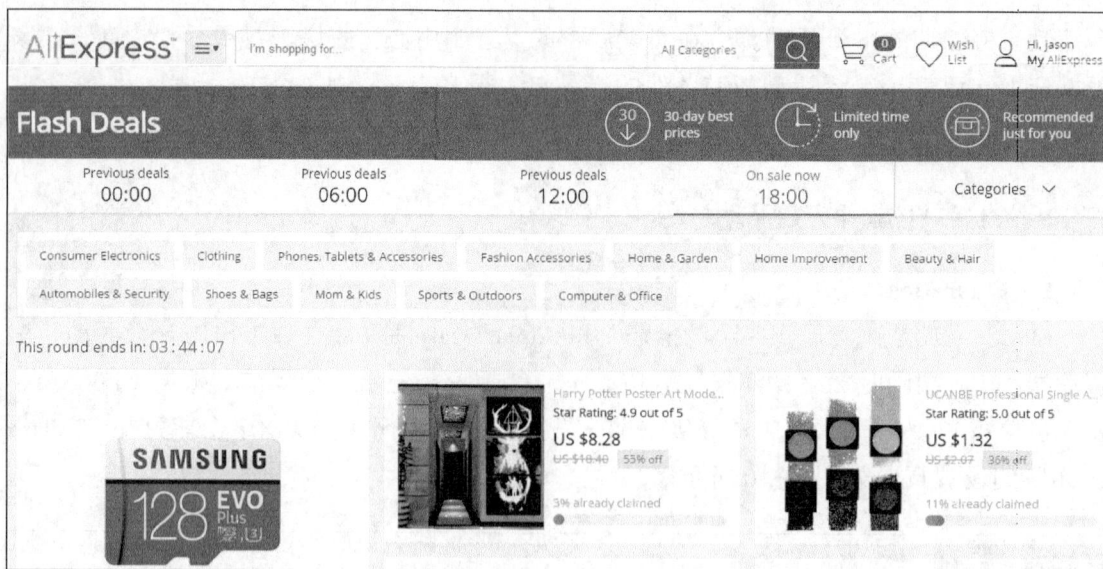

图 8-11 "Flash Deals"的展示页面

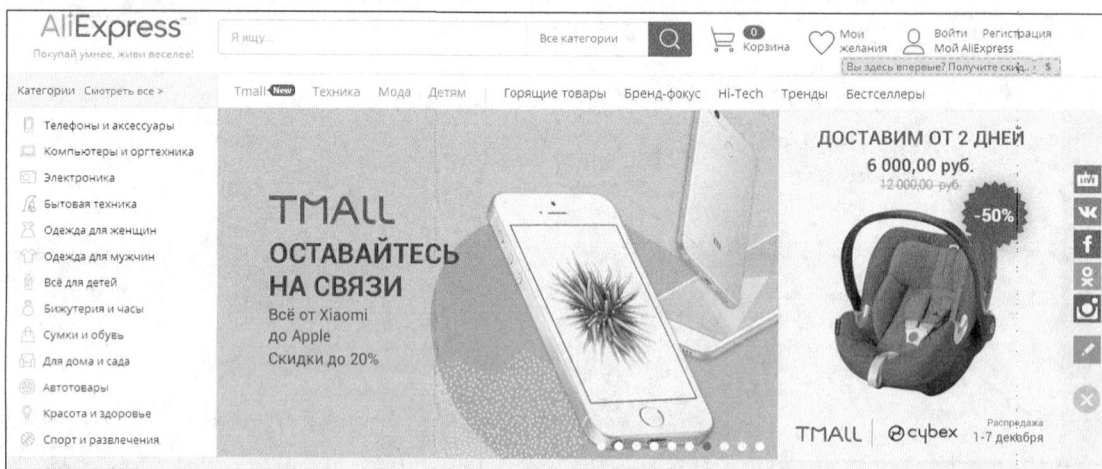

图 8-12 "俄罗斯团购"页面

俄罗斯团购分为爆品团、秒购团，根据不同的活动定位有不同的招商活动要求。

爆品团招商：店铺要求好评率≥95%，买家服务评级（Detail Seller Rating，DSR）如实描述达到 4.6，沟通得分≥4.5，商品评分≥4.5，在 90 天最低价的基础上实现 10%的折扣，7 天内发货，俄罗斯、白俄罗斯、乌克兰 3 国包邮。

秒购团招商：店铺要求好评率≥95%，DSR 如实描述达到 4.6，沟通得分≥4.5，折扣要求 90%，3 天内发货，俄罗斯、白俄罗斯、乌克兰 3 国包邮。

8.2.2　平台大促销

目前速卖通大促销的类型主要有 3 种：年初的购物节、年中的金秋盛宴、年底的"11·11"大促，其中"11·11"是力度最大、流量最大的促销活动。

每次大促销，速卖通平台都是花费大量资源引进巨额流量，大促销的海量流量能带来店铺及单品排名的快速攀升。大促销中产生的所有销量，都会计入商品销量，并参与商品搜索排名计分。所有历年大促销都是商家迅速提升排名的关键活动。

平台大促销主要包括这样几种类型活动：秒杀活动、主会场 5 折活动、分会场活动、主题馆、优质店铺推广活动、全店铺折扣活动和"海景房"。

"海景房"是"11·11"推出的大促销活动类型，位于主会场的顶端，占据"11·11"流量的大部分。但是"海景房"的审核标准非常高，每个展位每个小时自动计算更新一次，根据商品的销量来确定商品在"海景房"的展示位置，适合大卖家去竞争，中小卖家难以符合条件。

"11·11"活动一般会提前 3 个月进行招商，招商模式分为定向招商和普通招商。招商主要针对金牌卖家和银牌卖家，活动有品牌闪购、"海景房"、行业分会场主推商家、行业分会场次推商家；普通招商活动有购物券活动、Flash Deals 普招商家活动、"11·11"俄罗斯普招爆品团、"11·11"店铺限时限量活动、"11·11"店铺打折活动、大促搜索打标。

有意愿参加"11·11"活动的商家报名"11·11"的产品必须提前 2~3 个月备货，控制好产品 DSR 评分（≥4.7），保持好销量和稳定的价格，在前 1~2 个月尽量上一些活动，这些都会影响"11·11"的销量。

8.2.3　平台活动注意事项

平台活动一旦参加成功，就没有办法退出活动了，所以报名参加平台活动要谨慎。

报名商品必须为单一价格，很多商品存在多个库存量单位（Stock Keeping Unit，SKU）属性，在报名时需要选择价格统一的商品进行报名，避免出现同一商品不同报价的情况；报名的商品需要能够接受 25%以上的折扣减免，并且不存在提价之后再打折的情况；商品图片要清晰，最好做到主图像素不低于 500 像素×500 像素，白底无边框，主要产品居中且占据图片 85%以上，产品细节图信息完善，介绍充分。

报名商品选择好之后，要不断提升商品的信息质量。如进行全面的商品属性优化和商品详情页再优化，提升商品评分，以提升商品入选的成功率。

一旦平台活动报名成功，会产生巨大订单量，如果商品质量出现问题，平台活动结束后，卖家很可能面对的是庞大的纠纷订单数量和差评数；如果供应链出现问题，则卖家将面对大量的订单无法发货的问题。所以选择商品时要确认货源稳定，不会出现断货风险，同时确保所选商品的质量是合格的。

8.3　客户管理与营销

客户管理是卖家要做的重要工作，对买家进行分类，识别其中诚信并有购买力的优质买家进行针对性营销，是增加销量的有效手段。速卖通平台的客户管理工具的设置路径为"营销活动"—"客户管理"—"客户管理与营销"。

8.3.1　客户管理

"客户管理"模块可以管理所有和卖家有过交易的买家信息，包括累计成交次数、累计成交额、最后一次购买时间、成交订单平均额、最后评价时间和评价得分、买家的国家信息等。卖家也可以根据对买家的了解填写相关的备注，一般填写买家的购买需求、购买习惯、购买频率、购买类型等信息，方便下次买家过来购买时更好地为买家服务，同时也为邮件营销提供帮助。"客户管理"的设置路径如图 8-13 所示。

图 8-13　"客户管理"的设置路径

卖家可以根据买家的基本情况进行分组，对不同的分组进行针对性的营销。例如，对于一些频繁购买的买家，卖家就要重点进行维护，定期发送相关邮件，推送优惠券；对于曾经有过多笔交易、有较高的交易额但很久没有购买的买家，卖家就应该及时联系了解其流失的原因，并有针对性地改善自己的产品或服务；对于一些恶意买家，卖家也可以将其拉进黑名单，不再和他们交易。

8.3.2　客户营销

客户营销包括"邮件营销"和"定向优惠券营销"。

速卖通邮件营销的成本较于其他营销方式要低得多，甚至是零成本，但是其带来的收益却是显著的。速卖通邮件营销可以分为很多种，其中比较有代表性的有三种：一是向潜在买家推广商品，达到引流的作用；二是当买家未付款时发送的催付邮件，此类邮件主要是为了提高付费率，缩短账期；三是在买家等待时间过长时发送的通知邮件，此类邮件主要是为了降低纠纷率。平台会根据"卖家星级"每个月给予一定的营销邮件发送量，卖家等级越高，拥有的邮件数就越多，其中及格店铺每个月能够发送的邮件数量是 100 封，良好店铺为 200 封，优秀店铺为 500 封。"客户营销"的设置页面如图 8-14 所示。

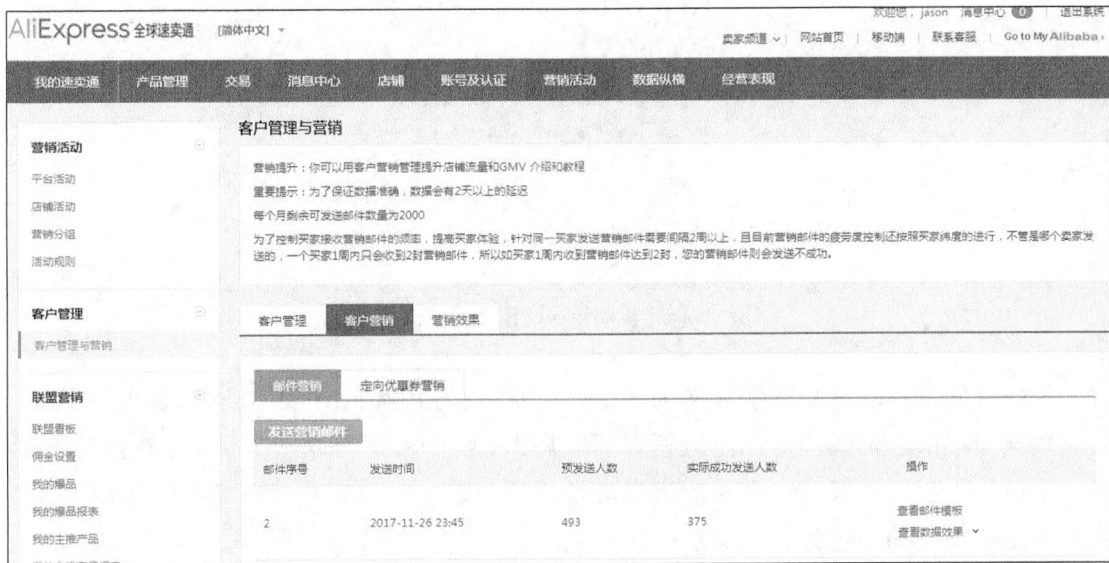

图 8-14 "客户营销"的设置页面

进入"邮件营销"编辑页面后，需要先填写邮件标题和邮件内容。邮件内容可以是新品上架情况、打折信息、促销信息，或者对售后满意度进行调查，邮件发送的频率不宜太大，不要在短时间内对同一买家多次发送营销邮件，以免引起买家的反感。邮件内容中不能输入中文字符，最多输入 6 000 个字符。"邮件营销"的设置页面如图 8-15 所示。

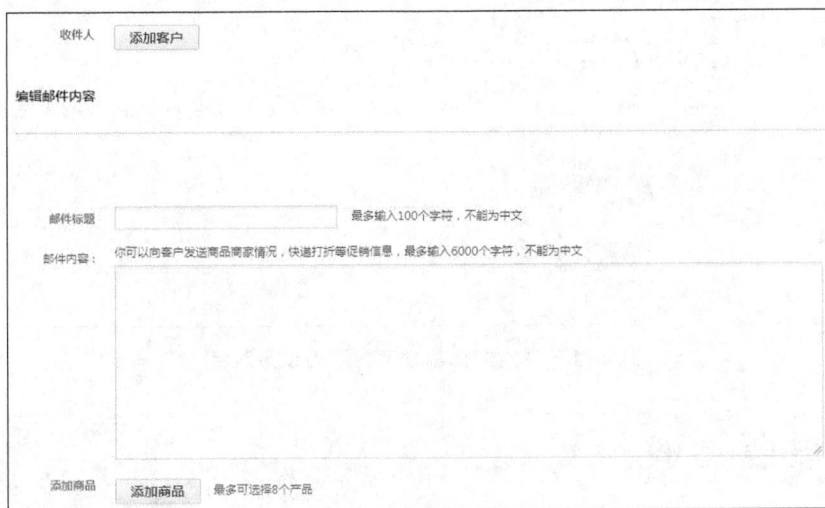

图 8-15 "邮件营销"的设置页面

内容输入完毕后，单击"添加商品"按钮，添加关联商品。添加关联商品要有针对性，以买家的偏好和需求为参考，可以在交易页面查询买家的历史购买记录（见图 8-16），以便精准营销。

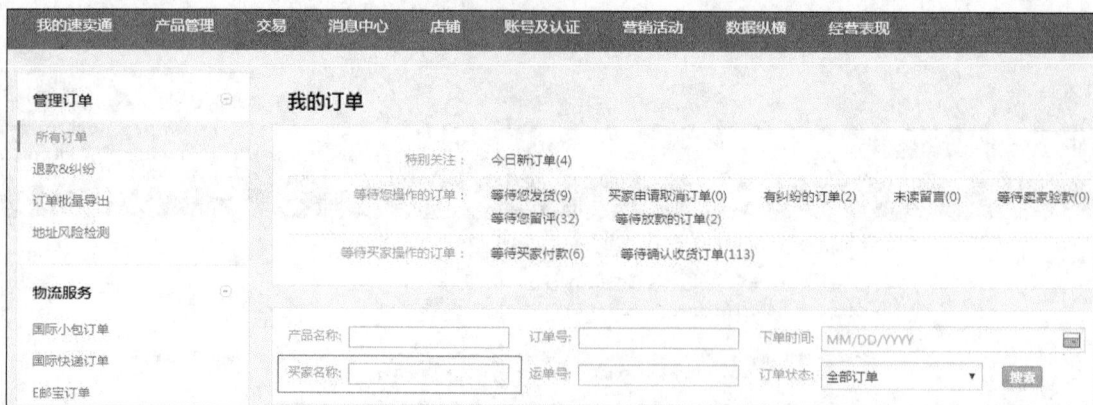

图 8-16　查询买家的历史购买记录

关联营销推荐的商品数量最多为 8 个，因此在推荐商品的时候，要有计划地去添加，通过数据观察来验证哪些商品比较适合买家需求，哪些商品可以带来订单。在推广营销中，尽量用平台营销邮件联系买家进行客户管理与营销，只有平台营销的邮件用完了，才考虑用第三方邮箱进行营销。

定向优惠券营销是速卖通在领取型店铺优惠券基础上新增的功能。凡是与卖家店铺有过交易、加过商品到购物车或者 Wish List 的买家，都可作为优惠券的定向发放对象。"定向优惠券营销"的设置路径如图 8-17 所示。

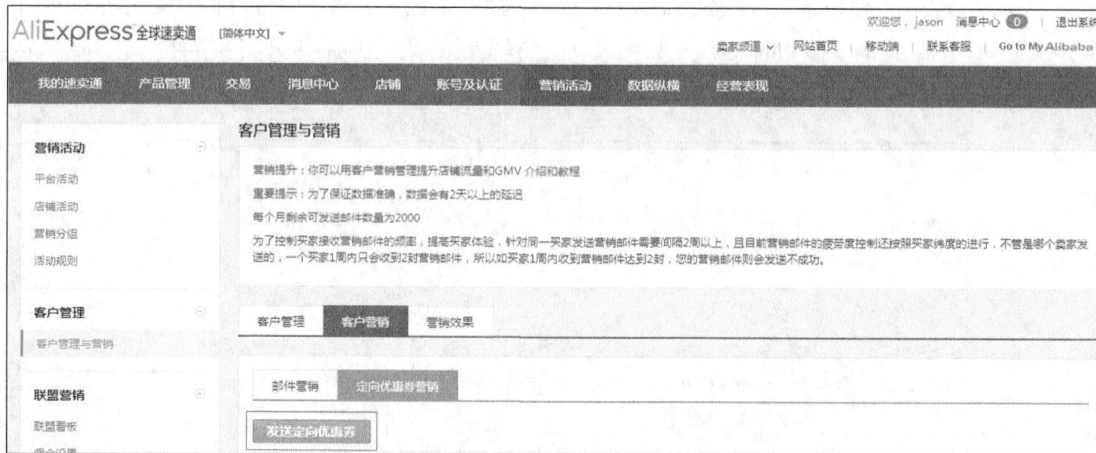

图 8-17　"定向优惠券营销"的设置路径

8.4　联盟营销

联盟营销是一种按效果付费的网络营销方式。卖家若通过联盟营销渠道收到订单，需按照事先设定的比例支付佣金。通过"卖家后台"—"营销活动"—"联盟营销"—"联盟看板"路径进入"联盟看板"页面，勾选"我已阅读并同意此协议"，单击"下一步"按钮，进入设置联盟佣金比例页面，设置完佣金比例后，单击"加入联盟计划"按钮，就可以正式加入联盟营销了。买家单击过的推广链接在 30 天内继续有效，仍然计算佣金，从卖家处扣除，卖家退出联盟营销后，15 天内不能再加入。

8.4.1 联盟看板

联盟看板模块的访问路径为"营销活动"—"联盟营销"—"联盟看板"，如图 8-18所示。

图 8-18 "联盟看板"的访问路径

通过联盟看板，卖家能查看近 6 个月的营销情况。从图 8-18 可以看到，店铺加入联盟的时间为 2017 年 10 月 30 日，到 2017 年 12 月 5 日，1 个多月的时间，联盟带来的订单金额为 2 516.29 美元，预计佣金为 128.56 美元，其中订单金额为统计时间段内联盟渠道支付成功的订单金额，不包含运费。

8.4.2 佣金设置

佣金设置模块的访问路径为"营销活动"—"联盟营销"—"佣金设置"，如图 8-19所示。

图 8-19 "佣金设置"的访问路径

加入联盟营销是店铺所有的产品都加入，所以设置的佣金比例要从产品的利润度及推广的目标出发，如主推产品一般是卖家需要重点推广的产品，佣金设置也会相对高些，所以在联盟页面能够得到额外的曝光。

8.4.3 爆品

爆品模块的访问路径为"营销活动"—"联盟营销"—"我的曝品"及"营销活动"—"联盟营销"—"我的爆品报表"。

爆品是商家想要重点提高销量的商品，除了联盟渠道的社交、导购等网站进行海外推广外，特别要考虑使用"网红"推广策略；选择爆品要从商品信息质量、海外市场匹配度、竞争力等方面来做综合考量，建议可以多设置几个不同类型的商品用作潜力爆品进行打造。"我的爆品"页面如图 8-20 所示。

图 8-20 "我的爆品"页面

爆品报表可以反映爆品设置后的一定时期内的用户访问情况，包括爆品浏览量、爆品访客数、支付金额、支付订单数，卖家可以根据这些数据了解爆品设计效果，以便及时调整不当的策略。"爆品报表"页面如图 8-21 所示。

图 8-21 "爆品报表"页面

8.4.4　主推产品

主推产品模块的访问路径为"营销活动"—"联盟营销"—"我的主推产品"及"营销活动"—"联盟营销"—"我的主推产品报表",如图 8-22 所示。

图 8-22 "主推产品"的设置路径

联盟营销可以设置 60 个主推产品。为了保证主推商品有好的推广效果,建议选取店铺优质商品进行添加(即商品品质好、有销量、好评率高、商品描述质量高等),同时设置具备竞争力的佣金率。

主推产品报表可以反映主推产品设置后在一定时期内的用户访问情况,包括主推产品浏览量、主推产品访客数、支付金额、支付订单数,如图 8-23 所示。卖家可以根据这些数据了解主推产品的营销效果,以便及时调整策略。

图 8-23 主推产品报表

8.4.5　数据报表

流量报表、订单报表、退款报表、成交详情报表是联盟营销提供的数据报表。通过这些报表，卖家可以了解联盟营销近 6 个月内每天的流量、订单、退款和成交状况，以便根据情况及时调整策略。卖家要养成每天看联盟流量报表的习惯，只有这样才能更好地做好联盟营销。

【思考与练习】

1. 假设你的店铺销售男装，是新开设的店铺，你如何设置营销工具？
2. 为你的店铺设计"11·11"大促方案。

Chapter 9

第9章
店铺推广

学习目标

　　理解速卖通直通车店铺推广的意义；了解速卖通直通车的规则，能够使用速卖通直通车进行商品推广；理解SEO优化的内涵，能够在速卖通平台进行产品搜索排序优化；理解SNS营销推广的意义；能够根据商品制定社交推广策略。

案例导入

　　2012年8月22日，俄罗斯正式成为WTO（World Trade Organization，世界贸易组织）的一员，成为WTO的第156个成员。入世后的俄罗斯市场，已被众多中国出口企业看成是新的"聚宝盆"。

　　谁都能看出俄罗斯市场是个"香饽饽"，但该如何吃上这个"香饽饽"却让很多企业深思。互联网创新营销研究者汪晟向C周刊分享了一个不错的进入途径，那就是俄罗斯的社交平台VKontakte能分享和标记图片、视频，还可以玩游戏。VKontakte是俄罗斯众多网站中访问量排第四的网站，而Facebook在俄罗斯的排名也不过是第八。

　　据介绍，VKontakte的大多数用户是年龄在18~24岁的年轻男性和女性，有点类似于中国的人人网、开心网。

　　80%以上的俄罗斯人在使用社交网站，而VKontakte是俄罗斯最大的社交平台，对于外贸企业来说，VKontakte所蕴藏的巨大商机显而易见。

（资料来源：C周刊）

9.1　直通车推广

9.1.1　直通车概述

　　速卖通的直通车又叫竞价排名、P4P（Pay for Performance），是速卖通平台的全球在线推广服务，其本质是速卖通平台的广告位争夺工具，可以让卖家的产品在对应关键词的黄金位置优先排名显示，买家进行有效点击后系统进行扣费。速卖通的直通车能够增加商品的曝光机会，提升商品销售概率，是速卖通卖家普遍采用的推广策略。

1. 展示位置

速卖通直通车推广的展示位置有两个区域：商品页面推广区、底部推广区。

（1）商品页面推广区

第一页主搜第 12、20、28、36 位共 4 位，目前仅供中国好卖家竞价；第二页起的第 8、16、24、32、40 位共 5 位，所有卖家均可竞价。直通车商品有"sponsored"标识。速卖通直通车商品页面推广区的商品如图 9-1 所示。

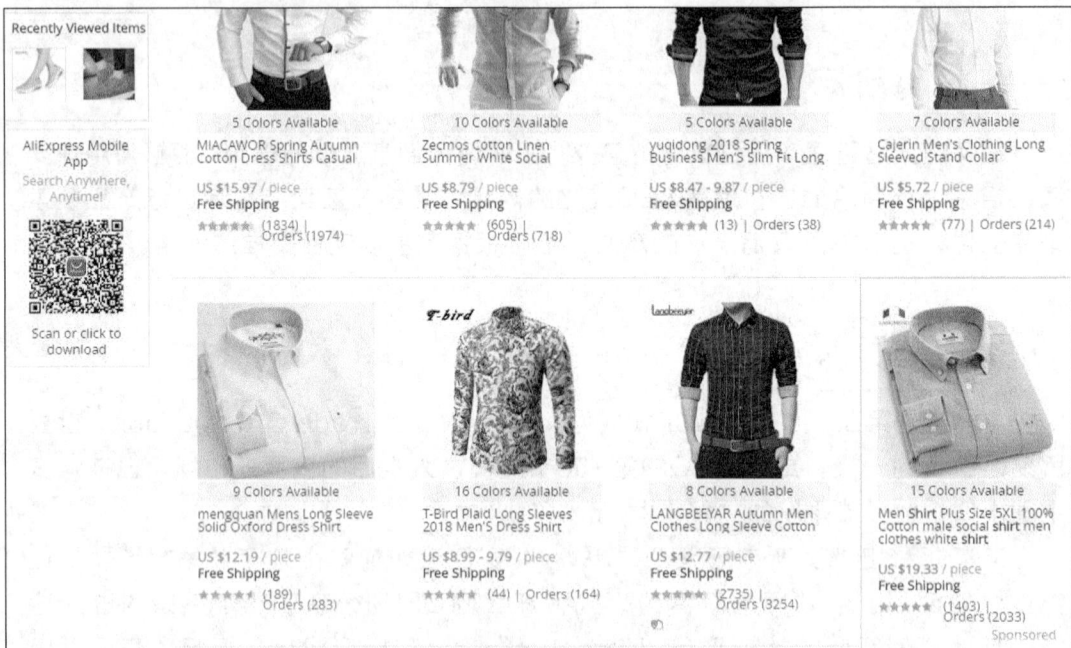

图 9-1 速卖通直通车商品页面推广区的商品

（2）底部推广区

在买家搜索或浏览类目时，每一页结果列表的底部区域可同时展示最多 4 个直通车商品。速卖通直通车的底部推广区如图 9-2 所示。

相对于底部推广区来说，商品页面推广区具有更好的展示位置和曝光印象，往往能获得更好的点击率。只有推广评分为优且出价更有竞争力的商品，才会获得展现在搜索结果首页和类目浏览结果首页上的机会。

在速卖通直通车推广商品需要同时满足如下条件才能正常展示在买家面前。

① 账户状态正常且当前账户的余额（现金+红包）大于 0。

② 账户当日的实际花费在每日推广预算额之内。

③ 推广商品本身及商品所属推广计划为"已激活"状态。

④ 推广商品和关键词的推广评分满足要求，即推广评分至少达到"良"或"优"。

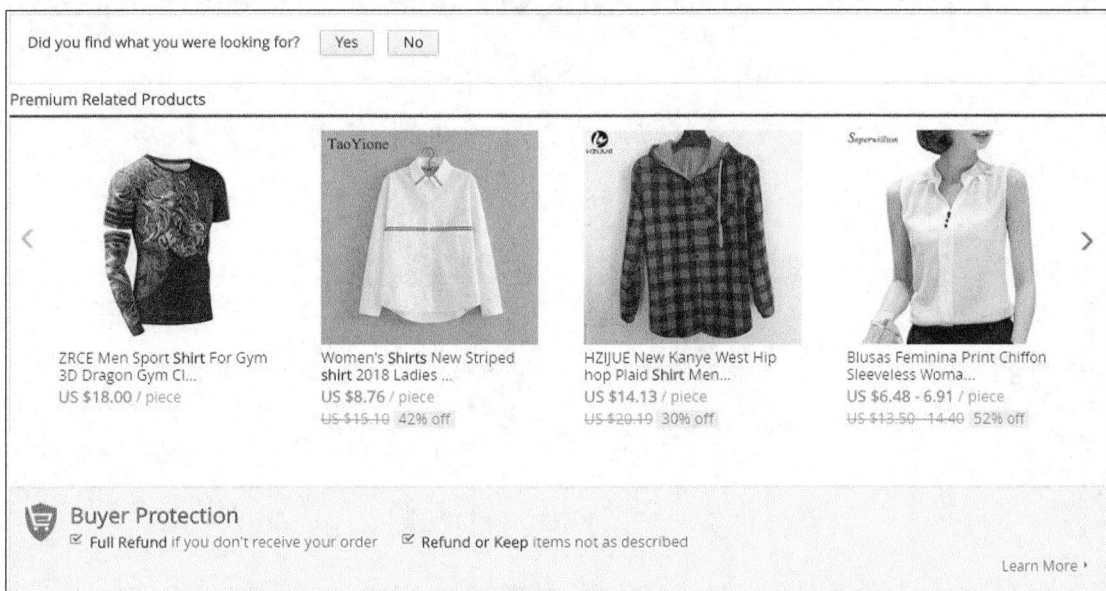

图 9-2 速卖通直通车的底部推广区

2. 相关规则

（1）排名规则

速卖通直通车综合得分=关键词出价×推广评分。

在直通车后台能看到的推广评分有"优""良""—"三个等级：推广评分为"优"，表示有资格进入搜索结果的右侧位置，但是否进入还要取决于出价人数和出价情况；推广评分为"良"，说明没有资格进入搜索结果的右侧位置；推广评分为"—"，表明推广评分很低，无法正常参与，卖家需要为这样的词添加相关的商品，或者需要删除这些低推广评分的词。

推广评分可以理解为系统判断某个关键词是否适合于推广这个商品。推广评分的主要影响因素包括商品信息的质量、关键词与推广商品的相关程度、买家喜好度、商家的账户质量等。为了更好地保证推广效果，卖家应该定期对推广商品信息进行优化，同时设置具有竞争力的出价。

（2）扣费规则

速卖通扣费=下一名卖家的出价×下一名卖家的推广评分/本人推广评分+0.01元。

大多数情况下，实际点击扣费会低于出价。每次发生扣费时，系统会根据对应展示所监控到的关键词、出价人数等情况，自动算出保持关键词排名所需的最低价格。

9.1.2 直通车操作流程

速卖通直通车的应用路径为"卖家后台"—"营销活动"—"店铺活动"—"速卖通直通车"。速卖通直通车的入口如图 9-3 所示。

图 9-3　速卖通直通车的入口

进入"速卖通直通车"页面，可以进行充值，然后单击"我要推广"按钮，进行下一步的设置，如图 9-4 所示。

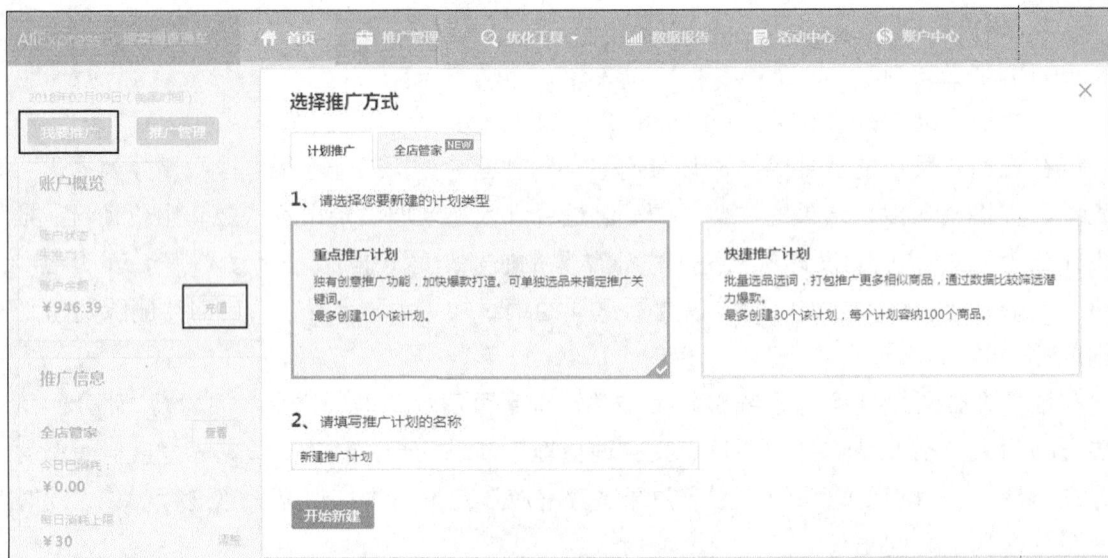

图 9-4　速卖通直通车推广类型

快捷推广计划适用于普通商品的批量推广，卖家最多可建 30 个快捷推广计划，每个计划最多容纳 100 个商品 20 000 个关键词；重点推广计划适用于重点商品的推广，一般用于爆款的打造，卖家最多可以建 10 个重点推广计划，每个重点计划最多包含 100 个单元，每个单元内可以选择一个商品。

下面以新建重点推广计划为例讲解相关操作。

如图 9-4 所示，选择重点推广计划，填写推广计划的名称，单击"开始新建"按钮，进入"选择商品"页面，如图 9-5 所示。

图 9-5 "选择商品"页面

在"选择商品"页面中，系统会列出卖家的店铺中所有可以推广的商品，重点推广计划每个单元只允许添加一个商品。卖家的商品需要满足 3 个条件才会被展示在列表中：已通过网站审核的商品；未过期的商品；未在其他推广计划中添加过的商品。

选定商品后，单击"下一步"按钮可继续选择关键词操作，如图 9-6 所示。

图 9-6 单击"下一步"按钮

系统会自动为卖家推荐一批适合推广的关键词，根据词的推广评分、30 天搜索热度、竞争度作为挑选关键词的依据，单击"添加"按钮即可添加所选关键词，然后参考市场平均价格设置价格，单击"下一步"按钮，即可完成新建重点推广计划。

9.1.3　直通车应用技巧

1. 数据报告

卖家在开通直通车后要及时查看相应的数据报告，据此调整自己的直通车策略，使其发挥最大的效用。

在速卖通直通车首页单击"数据报告"按钮，进入"数据报告"页面，如图 9-7 所示。

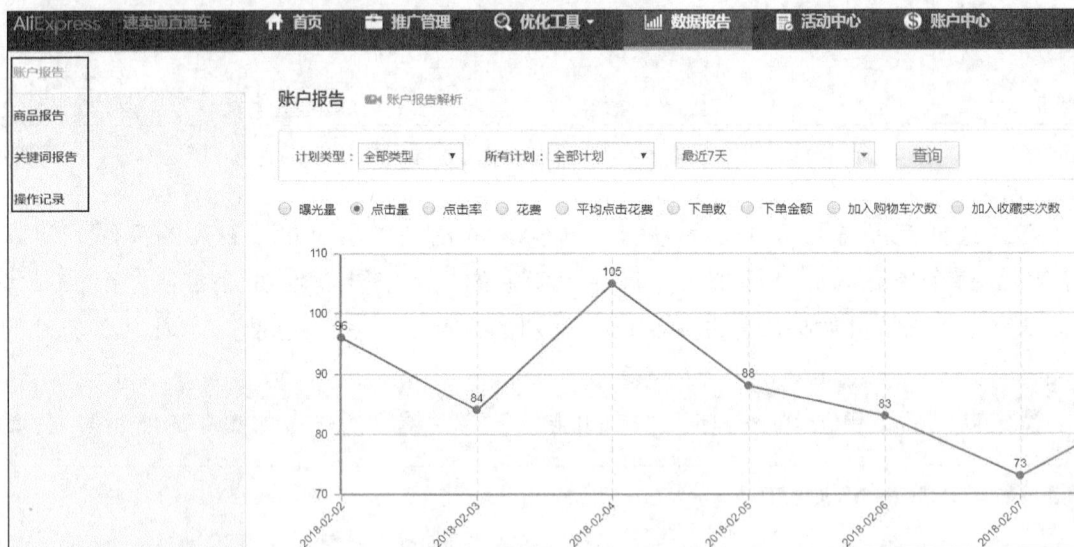

图 9-7　速卖通直通车的"数据报告"页面

（1）账户报告

账户报告是针对直通车账户的整体营销状况提供的效果统计分析报告。账户报告包括曝光量、点击量、花费等多项数据指标，如图 9-7 所示。

曝光量是指卖家所选择的时间区间段内，商品在买家的搜索过程中获得的展现次数。点击量是指卖家所选择的时间区间段内，商品在买家的搜索过程中获得的买家进一步点击查看的次数。点击率=点击量/曝光量，是反映商品是否满足买家的采购需求、是否令买家感兴趣的重要指标。平均点击花费是指在一段时间内，卖家为速卖通直通车推广所带来的点击所支付的平均点击扣费金额，代表通过速卖通直通车引入一个潜在买家的平均成本。

（2）商品报告

商品报告是对推广商品的横向比较，据此，卖家可以了解到在所有商品或某个推广计划中推广商品的效果怎么样。系统会将多个商品的效果放在一起比较，并从高到低排列出前 10 名的商品，排在 10 名以外的商品被加总显示为"Other"。通过比较这 11 项的曝光量、点击量、点击率、花费等，卖家可以判断对相关商品的推广策略是否符合自己的预期，作为加大或减小投放力度的依据。速卖通直通车的"商品报告"页面如图 9-8 所示。

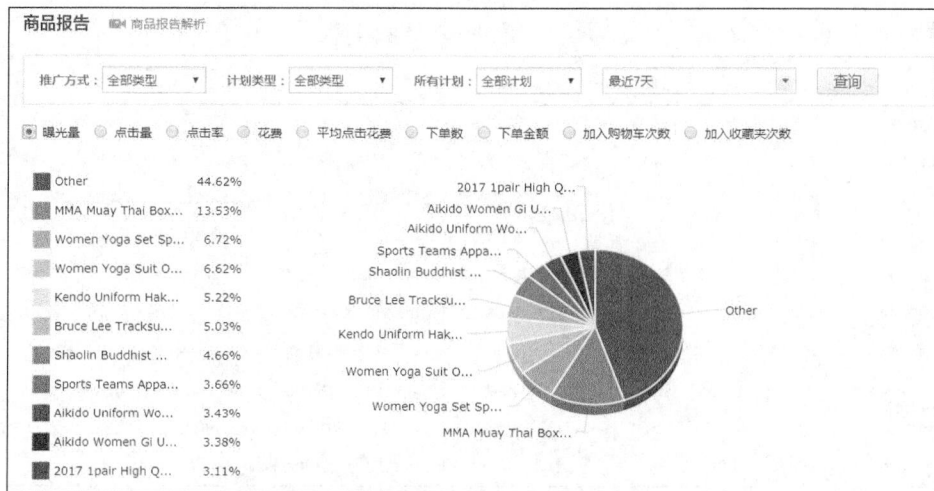

图 9-8　速卖通直通车的"商品报告"页面

（3）关键词报告

关键词是速卖通推广的重要因素，卖家可以在关键词报告中了解关键词的数据效果，包括曝光量、点击量、点击率、花费、平均点击花费、下单数、下单金额、加入购物车次数等，卖家可以据此调整下一步优化策略。速卖通直通车的"关键词报告"页面如图 9-9 所示。

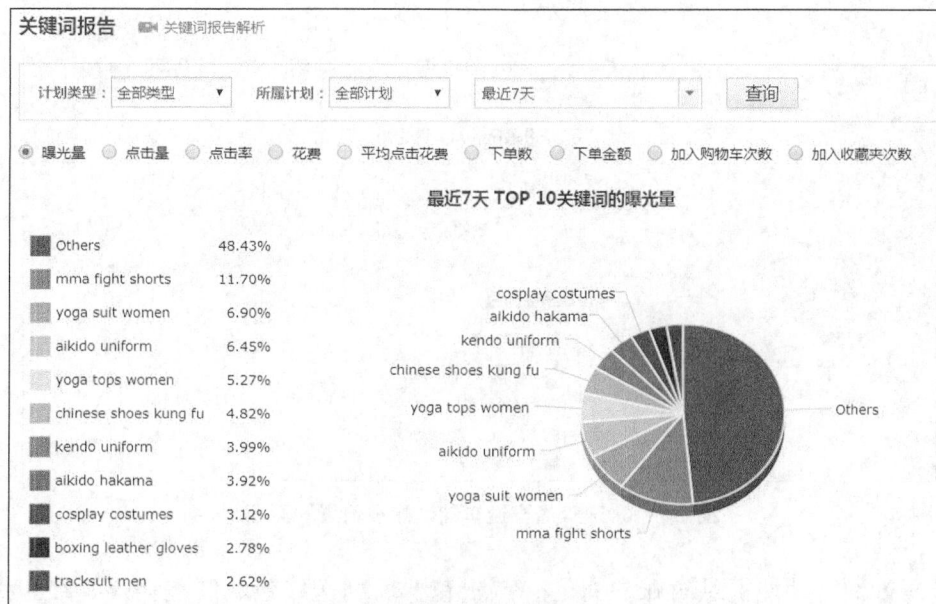

图 9-9　速卖通直通车的"关键词报告"页面

（4）操作记录

操作记录模块可以显示过去最多 30 天内，卖家对推广信息及账户的操作管理。速卖通直通车的"操作记录"页面如图 9-10 所示。

操作记录			
操作者： 所有操作者 ∨ 操作类型： 全部类型 ∨ 日期范围： 2018-02-04至2018-02-10 🗓 🔍 搜索			
时间 ⑦ ↓↑	操作者	操作类型	详情
2018-02-08 20:03:43	客户	出价	将快捷推广计划"儿童武术服"的关键词"kids costumes boys"的出价"1.99"调整为"0.68"
2018-02-08 20:01:42	客户	出价	将快捷推广计划"功夫武术服"的关键词"womens exercise clothes"的出价"1.71"调整为"0.71"
2018-02-08 20:01:31	客户	出价	将快捷推广计划"功夫武术服"的关键词"kung fu suit"的出价"1.05"调整为"0.85"
2018-02-08 20:01:25	客户	出价	将快捷推广计划"功夫武术服"的关键词"kung fu suit"的出价"3.05"调整为"1.05"
2018-02-08 20:01:14	客户	出价	将快捷推广计划"功夫武术服"的关键词"mens trousers pants"的出价"0.80"调整为"0.70"
2018-02-08 20:01:04	客户	出价	将快捷推广计划"功夫武术服"的关键词"costumes for women"的出价"1.08"调整为"0.38"
2018-02-08 20:00:54	客户	出价	将快捷推广计划"功夫武术服"的关键词"women costume"的出价"0.71"调整为"0.23"
2018-02-08 20:00:44	客户	出价	将快捷推广计划"功夫武术服"的关键词"sport pants"的出价"0.80"调整为"0.32"
2018-02-08 20:00:37	客户	出价	将快捷推广计划"功夫武术服"的关键词"men pants"的出价"1.16"调整为"0.52"
2018-02-08 20:00:29	客户	出价	将快捷推广计划"功夫武术服"的关键词"casual pants"的出价"0.86"调整为"0.36"

图 9-10　速卖通直通车的"操作记录"页面

2. 账户中心

账户中心包括"账户设置"和"账户查询"功能。

"账户设置"功能包括对账户余额、每日消耗上限、余额提醒的设置，如图 9-11 所示。

我的等级	账户余额
账户设置	账户余额：¥**939.40** [红包：¥**22.90** 现金：¥**916.50** 充值 ⑦]
账户查询	**设置账户每日消耗上限** ⑦
	全店管家每日消耗上限：¥**30** 元 / 天　修改
	计划推广每日消耗上限：¥**70** 元 / 天　修改
	设置余额提醒 ⑦　修改
	已启用余额提醒
	账户余额低于 ¥100.00 元时，
	提醒到手机：
	提醒到邮箱：

图 9-11　速卖通直通车的"账户设置"页面

"账户查询"功能提供对账户充值、点击花费、赠送红包、红包补偿、红包到期、现金退款、红包扣减等情况的查询，如图 9-12 所示。

跨境电子商务实操教程

我的等级			
账户设置	**账户余额**		
账户查询	账户余额：￥**938.67** [红包：￥**22.88** | 现金：￥**915.79** 充值 ⑦]		

余额提醒设置：已启用

当账户余额小于 ￥100.00 元时，提醒到邮箱： 　　　　　　　修改设置

账户历史明细

最近7天 ▾	搜索		
日期 ⑦	支出（元）	收入（元）	类型 ▾
2018-02-09	68.30	0.00	现金花费
2018-02-09	1.70	0.00	红包花费
2018-02-08	68.30	0.00	现金花费
2018-02-08	1.70	0.00	红包花费
2018-02-08	0.00	1000.00	现金充值

图 9-12　速卖通直通车的"账户查询"页面

3. 转化率提高技巧

（1）关键词选择

关键词是直通车推广的基石。直通车的运营效果很大程度上依赖于所选关键词的数量与质量。对于推广的商品来说，买家搜索的关键词是在不断变化的，因此选择合适的关键词并及时调整策略至关重要。

直通车运营之初，卖家可以在速卖通买家页面根据自己商品的行业和类目搜索相关产品，分析排名靠前的商品，参考它们的标题和产品属性设置，设置关键词。关键词可以多储备一些。然后每天都要观察分析，看各个词的推广效果，坚决删除与商品关系不大而且点击量过少的关键词，减少点击量不少但和商品关系不大的关键词，经过反复筛选，最终得出最准确反映商品特征、最吸引潜在买家的关键词。

我们也可以利用直通车提供的关键词工具进行选词。关键词工具的调用路径为"直通车首页"—"优化工具"—"关键词工具"。速卖通的关键词工具如图 9-13 所示。

运用速卖通关键词工具的"关键指标行业相关度""30 天热搜热度""竞争度"等，选择适合自己的关键词，可以按"30 天搜索热度"从上至下进行排序，然后逐一选择与商品匹配的关键词，并放入左边的"加词清单中"（加词清单最多可添加 200 个词），或者也可以按照"竞争度"从低到高进行选择。一般对于新店而言，往往是这两种方式结合起来使用，同时在推广进行过程中不断调整推广关键词，最终找到适合自己商品的关键词。

（2）图片优化

直通车使用的过程中，图片是用户浏览页面时第一眼看到的，它最直观地显示了商品的特征。一般而言，用户的视线在直通车位置上停留的时间不会超过 3 秒，因此只有使人眼前一亮、引人注目的图片才能吸引用户注意。因此，图片的设置至关重要。

图 9-13　速卖通关键词工具

① 图片要尽量充分地表达出商品的主要属性信息，同时图片要完整，充分展示出商品的细节。

② 图片一定要清晰，背景颜色为了烘托主图，要简单适当，并且与主图颜色有所区别。

③ 商品占图片的比例要尽量大，要让浏览者能够看清商品的大致款式和效果。

9.2　SEO 推广

9.2.1　SEO 概述

SEO（Search Engine Optimization，搜索引擎优化）是一种利用搜索引擎的搜索规则来提高网站自然排名的方式。最早期的 SEO 诞生于 20 世纪 90 年代初。Yahoo 的诞生给网民提供了访问网站的新的入口方式，随后，Google 的飞速发展使网民通过搜索引擎进入网站的习惯培养起来，在中文搜索引擎领域，中国的起步其实并不晚。1996年 8 月成立的搜狐公司是最早参与做类似 Yahoo 的管理信息分类导航的网站，2000 年成立的百度更是成为中文搜索引擎领域的佼佼者。作为搜索引擎发展的伴随者，SEO 也逐渐进入网站推广人员的视线，成为网站引流的重要手段。

对于使用者而言，SEO 包括对商品销售区域潜在买家惯用的搜索引擎进行优化，一般来说主要是 Google 和 Yahoo，但对于速卖通而言，SEO 引申为一个狭义的理解，即产品搜索排序优化，目的为在既定的速卖通网站搜索规则下，让目标产品在其搜索

跨境电子商务实操教程

关键词下能够被系统抓取，并能在用户搜索相关关键词时产品在结果页面展示，实现自然引流。

9.2.2 流量入口分析

速卖通网站大致有 5 个流量导向：顶部的关键词搜索、左侧的类目搜索、平台的活动栏、购物车和收藏、平台推广的商家及商品。速卖通的流量入口如图 9-14 所示。

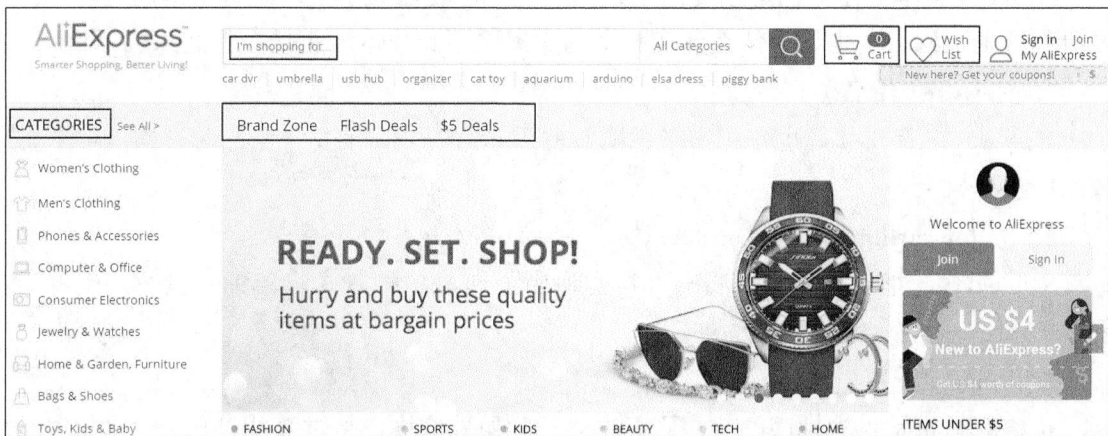

图 9-14 速卖通的流量入口

顶部的关键词搜索、左侧的类目搜索是 SEO 的主要着眼点。

此处以"women shoes"为例，讲解通过关键词搜索进入商品显示页面时的界面情景，如图 9-15 所示。

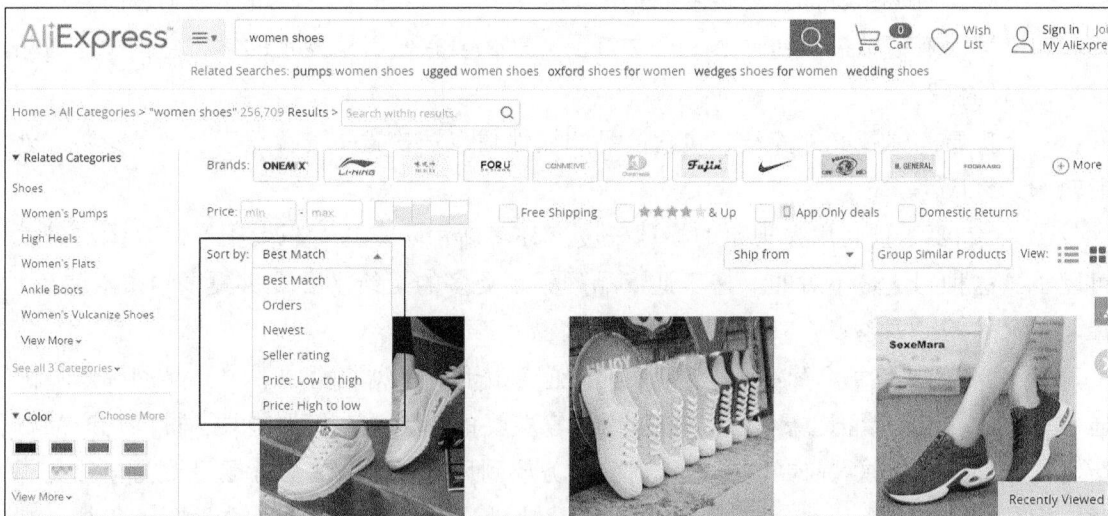

图 9-15 关键词搜索商品页面

图 9-15 中，标框中显示了几类排序条件，这些条件也是潜在买家用来权衡比较的考虑因素。

1. Best Match（最佳匹配）

Best Match 即最佳匹配，买家进行关键词搜索后所得到结果是默认的产品 listing（展示）方式。这是默认的最能够引导流量的入口。大部分买家会通过 Best Match 找到目标产品，所以这块是 SEO 的核心，SEO 优化对 Best Match 的最终提升是优化的最终目的。

2. Orders（订单排序）

Orders（订单排序）也是重要的搜索指标之一。潜在买家考虑是否下单购买时往往要参考这个指标，这也是为什么开店初期的卖家要不计成本地把销量做起来的原因。

3. Newest（新品）

Newest（新品）往往也是买家考虑购买的因素之一。店铺发布新品时通常能够获得较好的曝光机会。

4. Seller rating（店铺得分）

Seller rating 指卖家的店铺得分，这也说明了通过各种方式将店铺销量做起来的重要性。

5. Price（价格）

价格有时也是曝光排序的考虑因素之一，但如果价格设得过高或过低，严重偏离正常价格，则会被速卖通定义为作弊行为。

9.2.3 标题优化

速卖通的标题除了给用户提供产品对应的信息外，更重要的是承担着搜索排序的任务。一个速卖通的标题，英语站最多允许 128 个字符，俄语站、西班牙语站、葡萄牙语站和印度尼西亚语站最多允许 218 个字符。卖家必须有效利用规定的字符空间，为商品定义合适的标题。

一个优质的标题必须简洁，包含产品的属性信息、款式、流行元素、产品参数、外形轮廓、材质等。

① 卖家要尽量利用完规定的标题长度。许多新手卖家认为只要把产品介绍清楚就可以了。这种想法是不对的。速卖通商品的标题更多的是给平台提供更多的搜索信息。标题包含的关键词越多，其被曝光的机会就越大。

② 重要的属性、买家关注点、卖点前置。由于商品浏览页中一个商品的标题只能显示一部分，所以要把重要的、能够吸引买家关注的元素放在标题前端。可以把产品材质、特点、产品名称靠前展现，物流运费服务放到后面。注意，当标题设置为全球免邮时，标题可以有 "Free shipping" 字样；如果店铺只是对部分国家（或地区）免邮，则不建议填写免邮字样。

③ 标题中尽量包含商品的产品词、属性词。单词一定要拼写正确，否则用户无法搜索到商品。

④ 标题中要避免关键词堆砌，一些核心关键词不要重复出现，否则会适得其反，降低曝光量。

很多卖家想不到足够多合适的、高流量的标题词。对于任何卖家来说，这都是一个积累的过程。部分卖家将中文网站对应的产品标题通过翻译软件照搬过来，但中文网站和速卖通面对的买家是不一样的。国内买家热搜的关键词很多时候与国外买家并不匹配，也不适合速卖通卖家。一般来说，对于新品，卖家可以参考平台上同类并且销量较好的商品的关键词设置，另外可以使用"数据纵横"—"搜索词分析"工具，根据搜索人气、竞争指数、成交转化率等指标进行选词。速卖通的"搜索词分析"页面如图9-16所示。

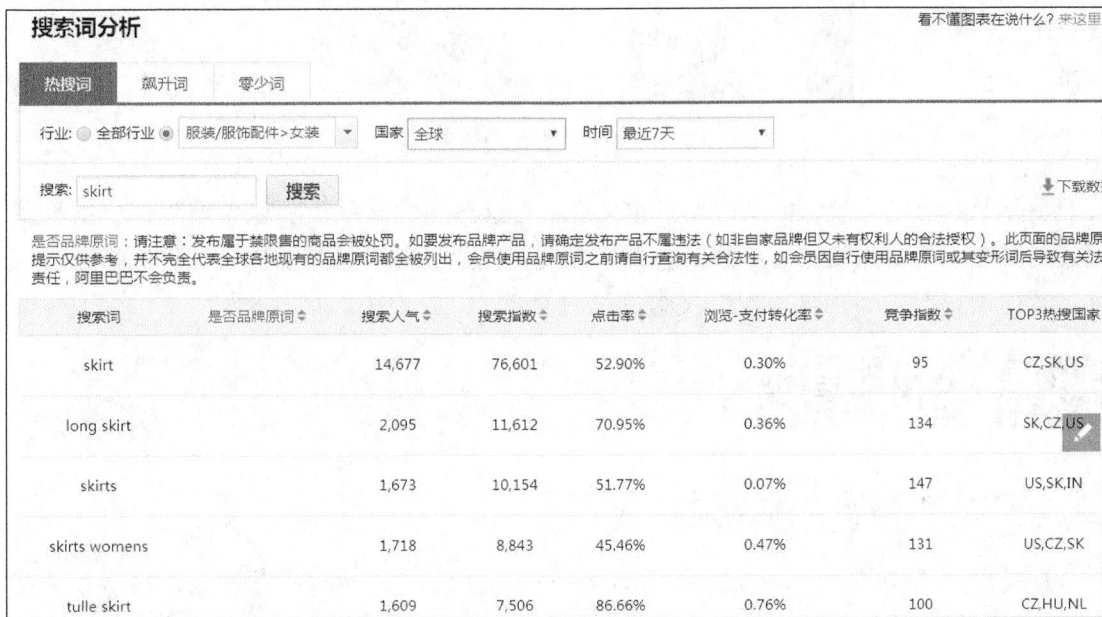

图 9-16　速卖通的"搜索词分析"页面

9.2.4　商品属性优化

商品属性也是潜在买家用来筛选商品、精准定位的因素，如图9-17所示。

从图9-17左边可以看到，商品被细分为各种属性，就图中搜索的关键词"women shoes"来说，对应的属性有"Color""Shoe Size""Closure Type""Upper Material""Season""Toe Shape""Teel Type""Pattern Type""Feature""Shoe Width""Less Refinement"等。买家通过对属性的选择，能够精准找到合适的商品。由此可见，对商品属性进行细致的填写是非常重要的。卖家在填写商品属性时，精准是第一位的。这样一方面能够避免因为属性填写失误导致买家在收到货物之后对货物不满意产生的纠纷，另一方面也能避免由于属性填写不准确导致买家在精准搜索到目标商品时却发现商品不是自己想要的，造成无效曝光，降低转化率。持续的低转化率会使系统判断该商品不具有推送价值，从而使商品的搜索排名无法得到提升。

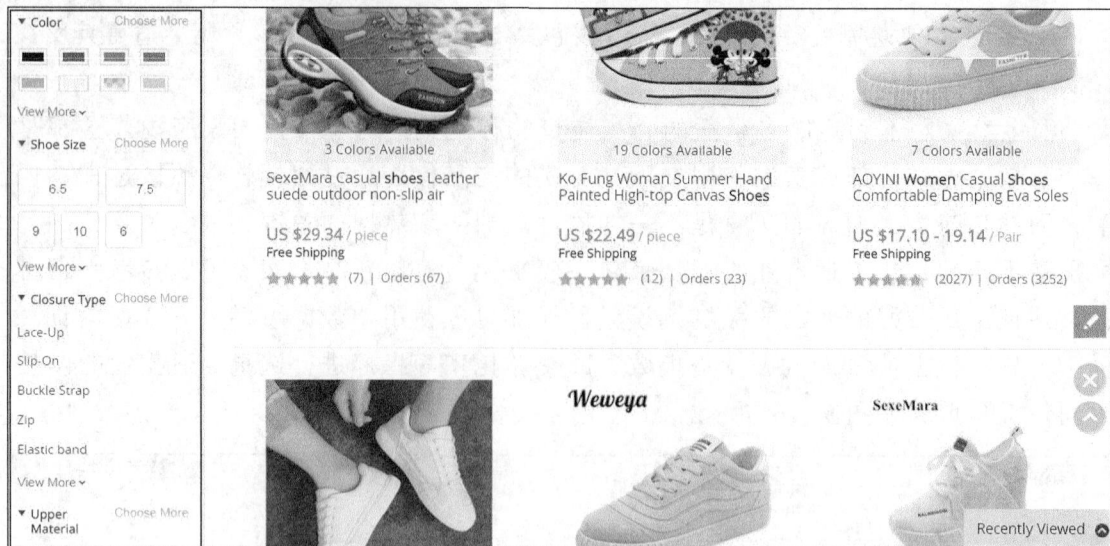

图 9-17　速卖通的商品展示页面

另外，商品发布时，可以添加自定义属性。这些自定义属性可以争取到部分有相关偏好的潜在买家，比如比较小众的色彩、大尺码的服装和鞋子等。这类词的选择可以通过"数据纵横"—"选品专家"来甄选。

9.3　SNS 营销推广

9.3.1　SNS 营销概述

社会性网络服务（Social Networking Services，SNS）专指旨在帮助人们建立社会性网络，并利用这些社会性网络建立产品和品牌的群组、举行活动、进行"病毒营销"之类的营销活动的互联网应用服务。

SNS 的核心价值在于它是更为快捷有效的社交行为。SNS 让个人拥有属于自己的空间，可以存储个人的数据，同时其也是朋友之间进行沟通的平台。SNS 让许多具体的应用具有社会化的特征，形成了网络的圈子。在 SNS 平台上分享、讨论、玩游戏的人往往具有相似的爱好，这就使在 SNS 平台上建立好友关系的人们除了共同娱乐、消磨时间之外，更有可能为自己实际工作和生活带来一些机会，可以通过 SNS 对自己的产品和业务进行网络营销和推广。

SNS 的理论基础主要为六度分隔理论（Six Degrees of Separation）。1967 年，哈佛大学的心理学教授 Stanley Milgram（1933—1984）提出了一个著名的社会领域的猜想，即六度分隔理论。该理论指出：任何两个人之间建立一种联系，最多需要 6 个人（不包括这两个人在内）。也就是说，最多通过 6 个人，你就能够认识任何一个陌生人。Stanley Milgram 在 1967 年做了一次连锁性试验，实验的结果证明了这一观点。六度分隔理论说明了社会中普遍存在一些"弱连接"关系。这一关系其实可以发挥非常强大的作用，很多人在找工作或托人办事时都可以体会到这种弱连接的能量。六度分隔理论过去只是一种理论，但互联网的出现和迅速发展，使这一理论的实现成为可能。

按照六度分隔理论，每个个体的社交圈都不断放大，最后成为一个大型网络。这是社会性网络的早期理解。后来有人根据这种理论，创立了面向社会性网络的互联网服务，通过"朋友的朋友"来进行网络社交拓展，比如 Friendster 等。但"朋友的朋友"只是社交拓展的一种方式，而并非社交拓展的全部。因此，现在一般所谓的 SNS，其含义已经远不止"朋友的朋友"这个层面。例如，根据相同话题进行凝聚（如贴吧），根据相同爱好进行凝聚（如各种游戏群），根据学习经历进行凝聚（如 Facebook）等，这些都属于 SNS 的范畴。

9.3.2　SNS 常见应用

1. Facebook

Facebook（脸书）是知名的社交网络服务平台，创立于 2004 年 2 月 4 日，是目前世界排名第一的照片分享站点。

Facebook 目前的用户群体主要来源于美国、印度、巴西、德国、英国、意大利等国家，使用人群中占比最大的是学生，使用 Facebook 的女性要比男性多，受过高等教育的人是使用 Facebook 的主流人群。

大部分用户是通过直接输入域名进入 Facebook 官方网站的，可见客户忠诚度非常高。Facebook 是当今唯一在流量上可以与 Google 并驾齐驱的互联网应用，所以从事外贸的商家要利用好 Facebook 进行商品推广。

2. Twitter

Twitter（推特）是一家提供社交网络及微博客服务的平台，是目前全球互联网访问量最大的十个平台之一。它可以让用户发布不超过 140 个字符的消息。这些消息也被称作"推文"（Tweet）。Twitter 在全世界都非常流行，被形容为"互联网的短信服务"。网站的非注册用户可以阅读公开的推文，而注册用户则可以通过 Twitter 网站、短信或者各种各样的应用软件来发布消息。

Twitter 访问人群的重要来源是美国，日本也有很高的占比，英国、土耳其和巴西这几年的流量也在逐渐增加。Twitter 的用户群体中，学生占比很高，主要以女性用户居多。Twitter 用户的忠诚度很高。

要想让海外营销快速见效，Twitter 是一个很好的选择。Twitter 允许用户不必拥有账号就可以浏览所有人的内容。如果用户需要 Twitter 传播的内容有组织，并且需要有固定的目标用户跟随，就需要建立账号。

3. VK

VK（VKontakte）是俄罗斯最大的社交平台。VKontakte 来自于俄语"ВКонтакте"，意思就是"保持联系"。该运用的主要用户分布在俄罗斯、乌克兰、白俄罗斯、阿塞拜疆、哈萨克斯坦、吉尔吉斯斯坦等地区。

VK 的用户大部分为男性，而且学历偏高，直接访问的用户达一半以上，用户忠诚度很高。

VK 允许用户公开或私下留言、创建社团、创建公共页面和活动，也可以分享和标记图像、音乐和视频等。VK 也有用于管理网络社团和名人的网页工具，允许用户上传、搜索新闻媒体内容。

4. Pinterest

Pinterest 堪称图片版的 Twitter。用户可以将感兴趣的图片保存在 Pinterest，其他用户可以关注，也可以转发图片。索尼等许多公司也在 Pinterest 建立了主页，用图片营销旗下的产品和服务。

有多家机构称，在移动互联网时代，用户在移动设备上更喜欢观看图片，因此 Pinterest、Snapchat、Instagram 等图片社交平台受到用户热捧，目前市场估值也明显高于其他"文本"社交网络。

Pinterest 采用的是瀑布流的形式展现图片内容，无须用户翻页，不断自动在页面底端加载新的图片。

Pinterest 的用户群体中，学生占比是非常大的，但受教育程度相比 Facebook 来说不高，以女性居多，访问深度高于 Facebook。

Pinterest 的大部分客户来自美国，超过 44%的美国女性使用 Pinterest，并且男性用户也在增加。和其他平台相比，Pinterest 的转化率更高，可以产生良好的营销效果，所以使用 Pinterest 针对美国用户的营销显得尤为重要。

9.3.3　SNS 营销策略

1. SNS 营销的基本原则

① 以对话交谈的形式沟通，而不是独白。这意味着社会化营销需要的是双向的讨论、交流和争辩。要想取得更好的营销效果，你的空间或评论需要向所有人开放。

② 诚实与透明才是核心价值。试图去扭曲并控制、操作甚至兜售垃圾信息，都会得不偿失。

③ 让用户主动来获取，不要硬塞给他们。相比于传统广告的推送式方式，社交媒体显示出了获取式系统的强大力量，大量的参与者便是最好的证明。当你在构思如何将商品进行社交营销推广时，你一定要重点考虑如何将推送式营销的影响弱化到最小，而将"用户主动获取"作为营销的核心价值。这样参与者会觉得自己掌控了交谈与沟通，当他们做出购买决定时会认为完全取决于自己，从而获得良好的购物体验。

2. AIDA 模式

AIDA 模式也称"爱达"公式，是国际推销专家海英兹·姆·戈得曼（Heinz M Goldmann）总结的推销模式，是西方推销学中一个重要的公式。它的具体含义是指一个成功的推销员必须把用户的注意力吸引或转变到产品上,使用户对推销人员所推销的产品产生兴趣。这样用户的购买欲望也就随之产生,然后再促使采取购买行为,达成交易。AIDA 是 4 个英文单词的首字母:A 为 Attention,即引起注意;I 为 Interest,即诱发兴趣;D 为 Desire,即刺激欲望;最后一个字母 A 为 Action,即促成购买。

（1）Attention（引起注意）

店铺进行自主营销后,要及时将活动分享到社交网站。速卖通中的营销活动分享页面如图 9-18 所示。

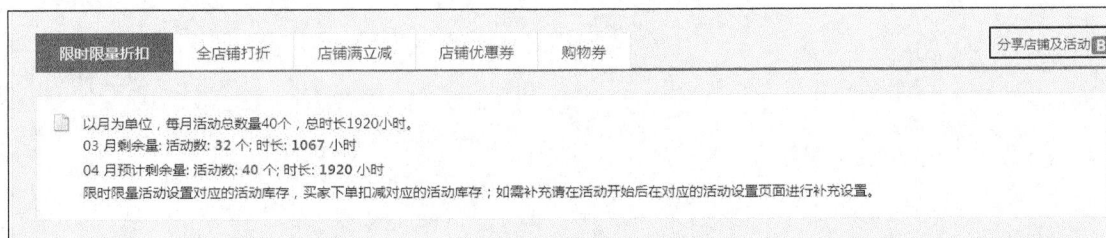

| 限时限量折扣 | 全店铺打折 | 店铺满立减 | 店铺优惠券 | 购物券 | | 分享店铺及活动 |

以月为单位,每月活动总数量40个,总时长1920小时。
03 月剩余量:活动数:32 个;时长:1067 小时
04 月预计剩余量:活动数:40 个;时长:1920 小时
限时限量活动设置对应的活动库存,买家下单扣减对应的活动库存;如需补充请在活动开始后在对应的活动设置页面进行补充设置。

图 9-18　速卖通中的营销活动分享页面

除了在社交网站上分享营销活动之外,也可把速卖通上的产品直接发布到社交网站上进行分享。例如,Pinterest 的使用人群主要是女性,对于以女性为主要购买对象的产品,可以选择优质的产品图片,发布到 Pinterest,精美的图片能直接刺激她们感官,特别对于比较感性的女性,往往能起到比较好的营销效果。

（2）Interest（诱发兴趣）

诱发兴趣的基础是对潜在用户的选择,不要盲目地增加好友。大部分社交网站都有群组功能,卖家要针对产品选择群组,比如卖家是卖女性时装的,那么就应该加入和服装、时尚、女性相关的群组,因为这里的主体是卖家的目标客户群。进入相关群组后,要在自己的主页上、照片里多放些大家感兴趣的内容,这样就能快速地积累好友,获取有价值的流量。

（3）Desire（刺激欲望）

传统营销是通过大众媒介单项地传播到小众和个体的,而社会化营销则是从小众和个体开始,再扩散到大众。社交平台上总会有些用户是比较受欢迎的,他们可谓是社交平台的红人,他们的消费行为会引起追随者效仿,卖家可以考虑和这些红人合作,利用他们的影响力和众多的追随者资源,推动营销。

（4）Action（促成购买）

要定期维护社区账号,查看文章和消息列表,特别是对一些网友的回帖和评论要积极响应、互动。对于一个或一类产品的营销,切忌没有连续性,用户需要一个阶段的积累和关注,才能够认知到某一产品,因此必须要有连续性的推广跟进操作,要不断地强化网友的认知,要让用户知道这种产品正是他需要的、他的购买动机是正确的、他的购买决定是明智的,这样才能产生购买行为。

3. 开设 SNS 账号

SNS 账号开设前，需要准备的材料有：公司相关信息、产品相关信息、公司和产品图片、公司和产品视频、活动策划书、分析整理出同行业组群和红人信息、付费预算和活动安排。

【思考与练习】

1. 有一个新开的速卖通店铺，产品主要为墙纸，请为该店铺制定店铺推广策略。

2. 假设你的店铺所卖的产品为女性 T 恤，请为你的产品进行搜索引擎优化。

Chapter 10

第10章
数据分析

学习目标

了解数据分析的含义；了解数据分析的不足；理解数据分析中各项指标的含义；掌握速卖通中店铺流量分析的基本思路；掌握速卖通中商品分析的基本思路；能够使用数据纵横工具进行速卖通具体店铺的流量分析，并提出初步整改策略；能够使用数据纵横工具进行速卖通具体店铺的商品分析，并提出初步整改策略。

案例导入

通过数据分析寻找目标客户，卖家可以更好地制定速卖通店铺的客户营销策略。目标客户的客单价、购买频次和来访时间是数据分析的重要指标。

例如"面膜"产品，首先查看"面膜"类目的成交数据，包括标价分布和客单价分布之间的对比。一个月内，面膜的成交商品标价分布最多的区间是5.5～7元，而成交人数的客单价（消费者累计购买金额）分布最多的区间是58～67元，就可算出平均一个客户会购买的面膜数量为10片。继续查看速卖通目标客户的购买频次分布，在该时段内购买一次的客户数量占8成，可得出大致的结论：一般购买面膜的客户通常在一个月内购买一次，并且一次购买的面膜数量大概是10片，搭配销售、组合销售时推出10片装优惠套装，或者关联其他不同类的面膜，就最符合客户的购物特性，只要套装组合不偏离太多，客户潜意识就更容易接受卖家的商品。再来看下客户来访时间：面膜类目客户的来访高峰时段是下午14:00—15:00，次高峰来访时段是上午10:00—11:00。成交高峰时段方面，针对面膜类目客户的来访时间，卖家就可以做出对应的限时打折或者定向促销，甚至可据此安排上下架时间。

目标客户数据其他的重要维度包括性别、年龄、地域分布，决定了目标客户群体的人口统计属性。

以iPhone 4s和Samsung Galaxy 3手机为例：三星的男性用户比例比苹果的高；苹果的主力购买人群是18～24岁，和三星的25岁以上的人群相比更年轻；江浙沪和珠三角地区对苹果的钟爱度更高,而偏爱三星的人群更多地分布在北方和西南等地区的城市,地域的差异性也是非常大的。

最后我们看目标客户的爱好,其实这部分数据就是通过该客户的关联收藏、购买的信息多维度定义客户的兴趣点。通过打标签,帮助卖家更好地理解客户形象,如搜"爱情公寓"一词的人是爱美女生(会买很多女装、女鞋等)。

根据以上针对目标客户的数据分析,就可制定相应的营销策略。

(资料来源:卖家网)

10.1 数据分析概述

10.1.1 数据分析定义

数据分析是指用适当的统计分析方法对收集来的大量数据进行分析,为提取有用信息和形成结论而对数据加以详细研究和概括总结的过程。速卖通的卖家通过数据分析,能将整个店铺的运营建立在科学分析的基础之上,将各种指标定性、定量地分析出来,从而为卖家提供制定营销策略的参考依据。

数据分析的步骤有以下 4 步。

① 数据集合:卖家通过各种方法收集网店经营相关的数据,收集途径包括在速卖通买家平台收集数据、通过"数据纵横"工具收集数据、通过其他网站平台收集数据、利用调查问卷收集数据。

② 数据梳理:通过上一步骤收集到的数据比较杂乱,很难看出问题所在,这时就必须对这些数据进行梳理。数据梳理包括去重处理(删除重复的数据)、排序、分组等处理方法。

③ 具体分析:对数据进行梳理后,就进入到分析阶段了。对于普通卖家来说,除了可以用专门的分析工具外,一般可以使用 Excel 制成图表,以将数据进行直观呈现。

④ 得出结论:根据分析结果结合自身经验,得出店铺运营效果的结论,并据此调整运营策略。

10.1.2 数据分析指标

① 页面浏览量(Page View,PV):指店铺各页面被打开的次数。

② 页面访客数(Unique Visitor,UV):访问商品详情页的人数,同一用户在统计时间分内访问多次只记为一次。

③ 搜索曝光量:店铺商品在网站搜索结果页面中的曝光次数。

④ 商品页浏览量:所有商品在详情页面被访问的次数,同一用户在统计时间内访问多次记为多次。

⑤ 访问深度：用户在一次访问内访问店铺内页面的次数。

⑥ 跳失率：只访问了一个页面就离开的访问次数占该页面总访问次数的百分比。跳失率越大，代表页面对用户的吸引越小，页面越是需要改进。

⑦ 浏览–下单转化率：等于（统计时间内下单的去重买家数÷店铺访客数）×100%。

⑧ 客单价：等于成交金额÷成交用户数。

⑨ 成交指数：所选行业、所选时间范围内累计成交订单数经过数据处理后得到的对应指数。成交指数不等于成交量，但成交指数越大，成交量越大。

⑩ 购买率排名：所选行业所选时间范围内，该关键词购买率排名。

⑪ 竞争指数：供需比经过指数化处理的结果。供需比等于所选时间段内每天关键词曝光出来的最大商品数除以所选时间段内每天平均搜索人气。该值越大，竞争越激烈。

⑫ 搜索指数：所选行业、所选时间内，搜索该关键词的次数经过数据处理后得到的对应指数。搜索指数不等于搜索次数，但指数越大，搜索量越大。

⑬ 搜索人气：所选行业、所选时间内，搜索该关键词的人数经过数据处理后得到的对应指数。搜索人气不等搜索人数，但搜索人气越高，搜索人数越多。

10.2　流量分析

10.2.1　流量来源

速卖通中的店铺流量来源分为站外流量和站内流量。

1. 站外流量

站外流量主要是通过社交平台或其他工具引流，如通过论坛、邮件、Facebook、Twitter 等工具引入的。这种流量的转化率往往比较低，而且对于新手卖家来说，刚开始如果过多地依赖这种流量，低转化率会影响店铺的综合评分，导致商品的搜索权重下降，反而得不偿失。

2. 站内流量

站内流量包括免费流量、付费流量、自主访问流量。

① 免费流量是由买家主动搜索产生的流量。例如，买家在速卖通首页通过搜索关键词找到需要的商品，然后单击该商品进入详情页，或买家在速卖通首页通过单击类目页进入商品详情页，这两种方式所带来的流量都是免费流量。

② 付费流量是卖家通过付费方式得来的流量，比如投放直通车，买家点击一次带来一个流量，但卖家需要为这次点击付费。同样，营销活动带来的流量也需要卖家付费。

③ 自主访问流量是买家从自己的购物车、收藏夹或已买宝贝等途径点击打开商品详情页而产生的流量，也属于免费流量。这时，由于买家具有较高的主动性，所以自主访问流量的转化率通常会比较高，是比较优质的流量来源。

上述几种流量来源对卖家而言意义是不同的：免费流量大，说明店铺的 SEO 做得不错，在商品标题优化、图片优化、商品属性优化等上面下了功夫，使得店铺的评分、商品的排名都很好，这种流量是卖家一定要把握的，不容有失。自主访问流量越大，代表店铺的老客户越多，说明卖家的店铺具有一定的品牌效应。正因为如此，许多卖家都会鼓励买家收藏自己的店铺或店铺中的商品。如果自主访问流量下降，卖家就要好好找原因，分析店铺的经营策略及售后服务是否导致了老客户的流失。付费流量是新手卖家经常采取的策略，这种策略可以帮助新店铺比较容易地进入买家视野，从而打开销路，但付费流量要以店铺实力及具体经营目标为依据，量力而行。

10.2.2　借助工具分析流量

具体的流量分析可以借助于速卖通提供的"数据纵横"工具来完成。

进入速卖通后台，单击"数据纵横"模块，页面如图 10-1 所示。

图 10-1　速卖通中的"数据纵横"页面

1. 流量概况

单击"流量分析"模块下的"流量概况"。"流量概况"给出了流量概览、流量趋势、国家流量分布、行业流量分布、买家特征等五个分析图表。

（1）流量概览

流量概览如图 10-2 所示。

从图 10-2 可以看出，此图对应的店铺最近 7 天的浏览量、访客数、加购物车人数、下单转化率、客单价、支付转化率、加收藏次数等指标，与最近 30 天的相比明显有差距，但人均浏览量最近 7 天比最近 30 天要高，新买家占比最近 7 天竟然是 100%，回顾最近 30 天，发现速卖通举办了"3.28 大促"活动。这就不难解释这两个时间段的区别，最近 30 天的数据无疑是参加"3.28 大促"后的结果呈现，说明参加活动是有效果的，最近 7 天大部分指标的回落也是和大促相比的正常体现。

（2）流量趋势

流量趋势如图 10-3 所示。

图 10-2 流量概览图

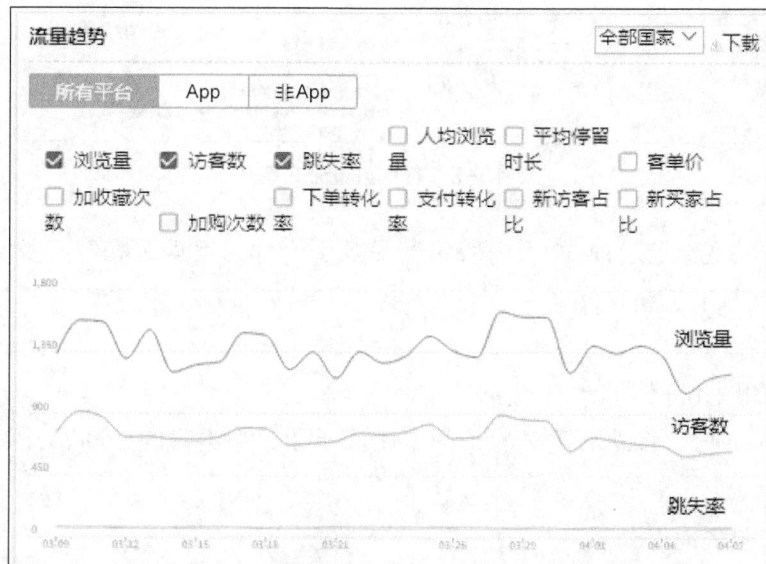

图 10-3 流量趋势图

图 10-3 显示了相关店铺近 30 天的浏览量、访客数和跳失率，从图中可见，除了 3.29 前后一两天浏览量和访客数有所上升，最近 7 天的浏览量和访客数呈下降趋势，说明平台或店铺活动会透支一段时期的消费需求，所以"3.28 大促"后的浏览量和访客数下降是可以接受的。

（3）国家流量分布

国家流量分布如图 10-4 所示。

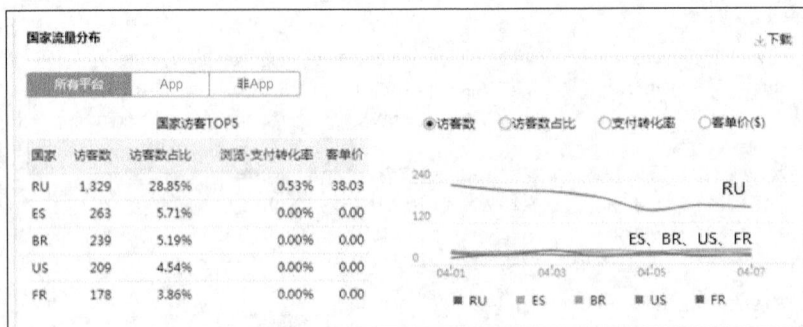

图 10-4　国家流量分布图

从图 10-4 可见，俄罗斯是该店铺的主要购买地域。

（4）行业流量分布

行业流量分布如图 10-5 所示。

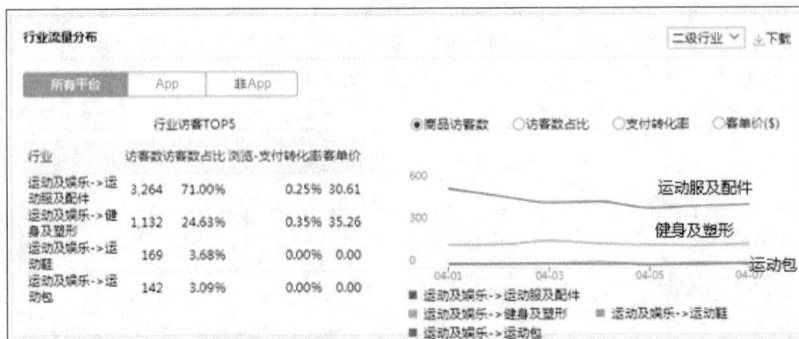

图 10-5　行业流量分布图

由图 10-5 可见，该店铺 30 天内所售产品几乎全部为运动服和健身及塑形产品，而运动鞋及运动包没有销量。

（5）买家特征

买家特征如图 10-6 所示。

由图 10-6 可见，移动端卖家的访问占比高于 PC 端卖家的访问，并且买家都为新买家。

2. 流量来源去向

流量分析重要的一环是分析流量来源。数据纵横流量来源包括搜索、买家后台、购物车、平台首页、直接访问、活动等。流量来源分析如图 10-7 所示。

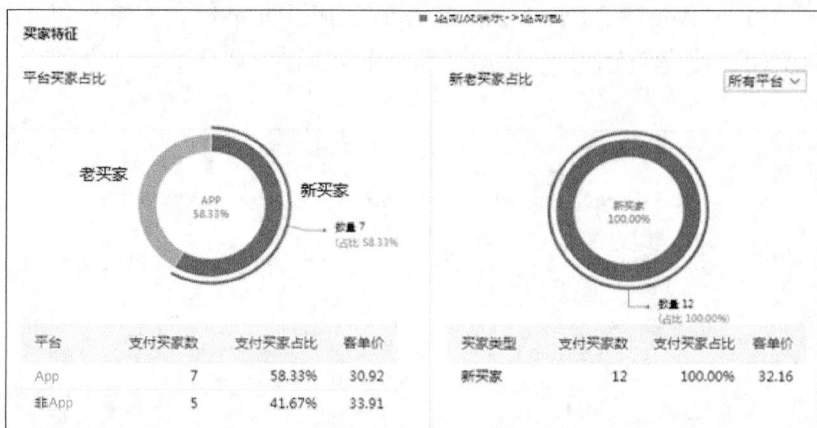

图 10-6　买家特征图

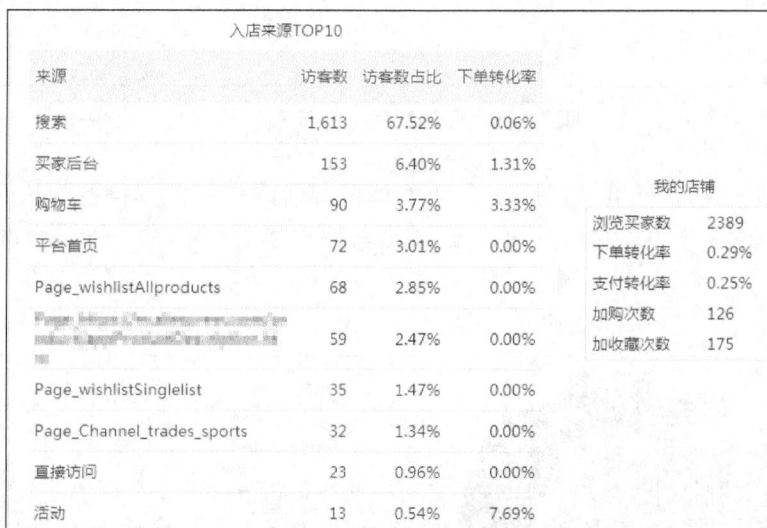

图 10-7　流量来源

由图 10-7 可以看出，流量来源主要为搜索、买家后台和购物车，但通过搜索引流的流量转化率非常低，只有 0.06%，而活动带来的流量转化率最高，购物车其次。

进一步分析受访页面排行，其中，受访页面排行 App 部分如图 10-8 所示。

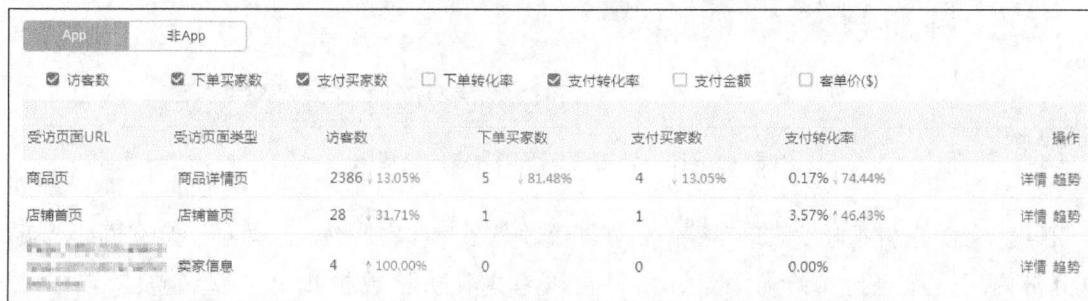

图 10-8　受访页面排行 App 图

由图 10-8 可以看出，主要访问者和下单买家数为访问详情页的浏览者。

受访页面排行非 App 部分显示更为具体的详情页面链接，卖家可以了解具体商品的访问和下单情况。受访页面排行非 App 部分如图 10-9 所示。

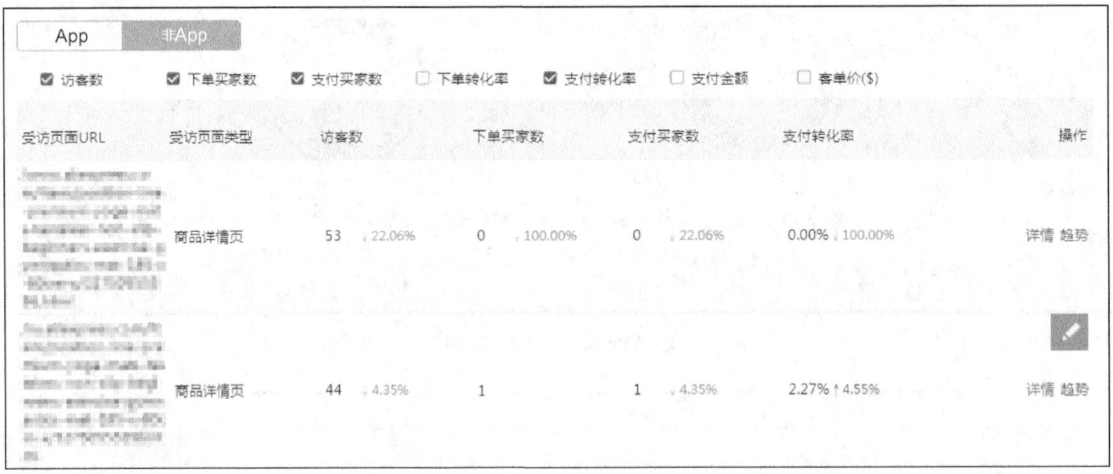

图 10-9　受访页面排行非 App 图

打开详细页面链接，可以了解访客和下单情况所对应的具体商品，从而有针对性地进行调整。例如，访问图 10-9 中的访客数最多但下单买家数为 0 的受访页面 URL，具体页面如图 10-10 所示。

图 10-10　访客最多下单为零的详情图

经过综合分析得出，该产品和前期热销款款式类似，比较受欢迎，但在同类产品中价格偏高，而且折扣给得不大，所以可以考虑在价格或折扣上予以调整。

10.3　商品分析

"数据纵横"模块提供了商品分析功能，卖家可以对具体的商品进行分析。

10.3.1　商品效果排行

从搜索曝光量、商品页浏览量、下单订单数、浏览–下单转化率、加购物车人数等方面对商品的营销效果进行排序，卖家可以更直观地了解店铺商品的销售情况，如图10–11所示。

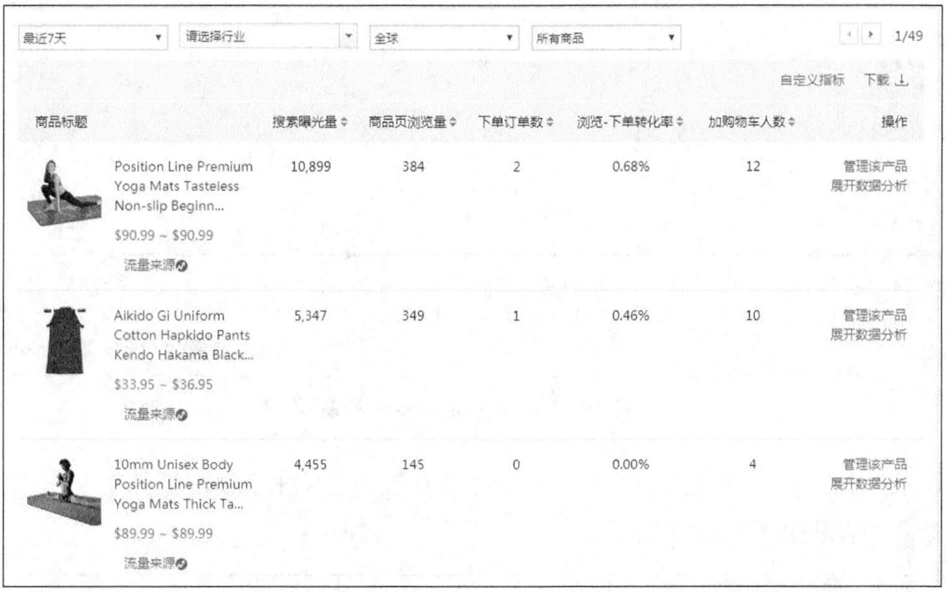

图 10-11　商品营销效果排行图（最近 7 天）

图 10-11 显示了示例店铺近 7 天的商品营销效果排行，排名前两位的商品最近 7 天之内有订单，但从第三位开始最近 7 天都没有订单。这需要分析原因。一般而言，数据分析是持续性的工作，应该建立专门的数据表（如 Excel 表格），每天都要进行数据统计，这样分析得到的结果才有意义。例如，本例中排名第三的产品最近 7 天没有订单，但把时间拉到最近 30 天，发现有一单订单。最近 30 天的商品营销效果如图 10-12 所示。

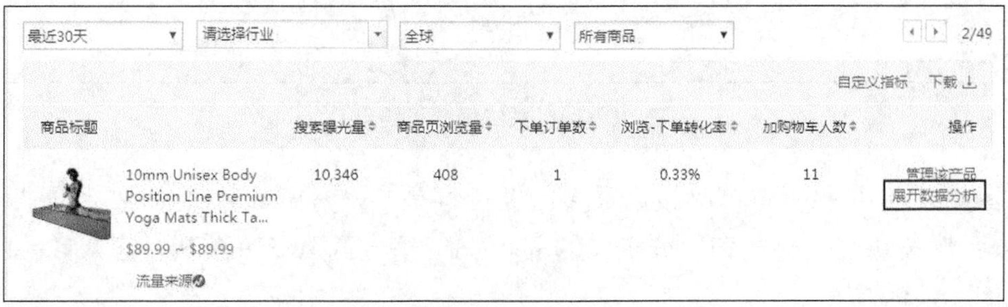

图 10-12　商品营销效果（最近 30 天）

单击"展开数据分析"，可以进一步细化分析，发现图 10-12 所示的商品订单是 3 月 24 日产生的，展开的数据分析如图 10-13 所示。

核心指标	☑支付金额	☐搜索曝光量	☐商品页浏览量	☐搜索点击率❓
	45.00 ↓ -47%	9401 ↑107%	368 ↑80%	2.76%
	☐下单订单数	☐浏览-下单转化率❓	☐加购物车人物	
	1 ↓ -50%	0.37%	11 ↑175%	显示全部

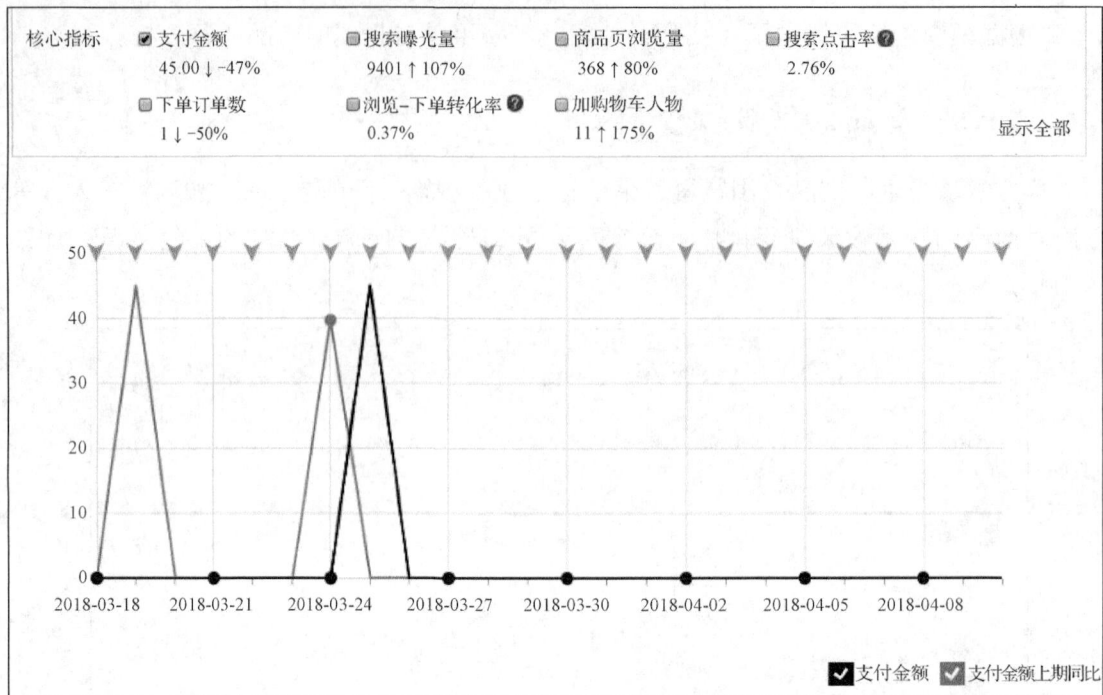

图 10-13　展开的数据分析图

由图 10-13 可知，3 月 25 日至 4 月 8 日没有订单，单击"展开数据分析"中的"关键词分析"，结果如图 10-14 所示。

全店铺	App	**关键词分析**				
曝光关键词分析				**浏览关键词分析**		
关键词		搜索曝光量		关键词		浏览次数
① yoga mat		1035		① yoga mat		14
② коврик для йоги		559		② yoga		7
③ yoga		450		③ коврик для йоги		3
④ коврик		89		④ yoga mat 10mm		2
⑤ mat		84		⑤ непромокаемый наматрасник		2
⑥ йога		81		⑥ ватные диски		2
⑦ yoga mats		79		⑦ position line yoga mat		1
⑧ коврик для фитнеса		72		⑧ 10mm yoga mat		1
⑨ коврик для мыши		70		⑨ mat		1
⑩ yoga mat 10mm		58		⑩ для йоги		1

图 10-14　关键词分析结果

由图 10-14 可见，该产品搜索最多的关键词是"yoga mat"，而从"数据纵横"——"选品专家"模块的"热销词"分析，"yoga mat"销量低但竞争激烈。进入商品的详情页，如图 10-15 所示。

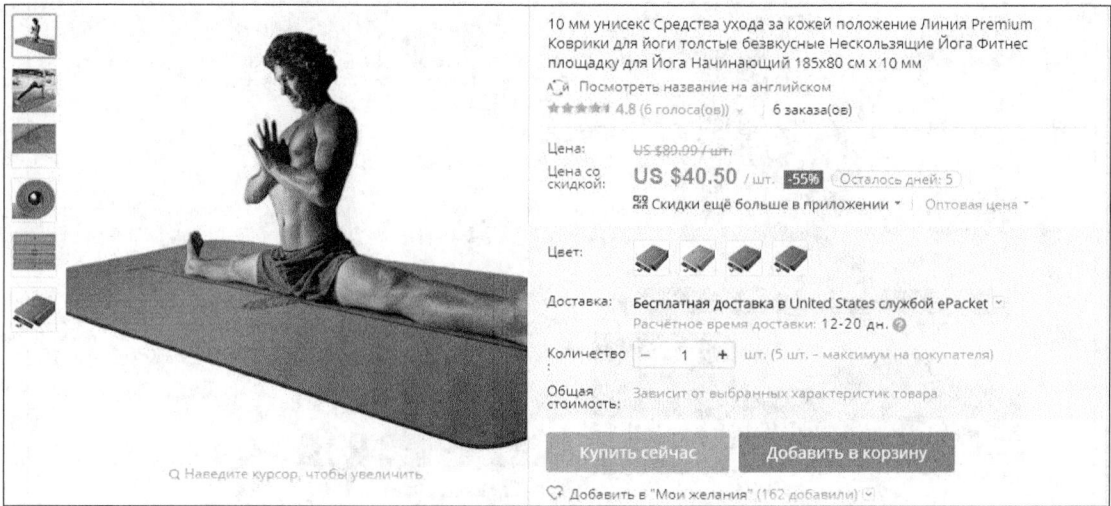

图 10-15　瑜伽垫商品详情页

从图 10-15 可以看出，该商品的折扣达到 45%。在速卖通主页输入"yoga mat"，得到的搜索结果首页如图 10-16 所示。

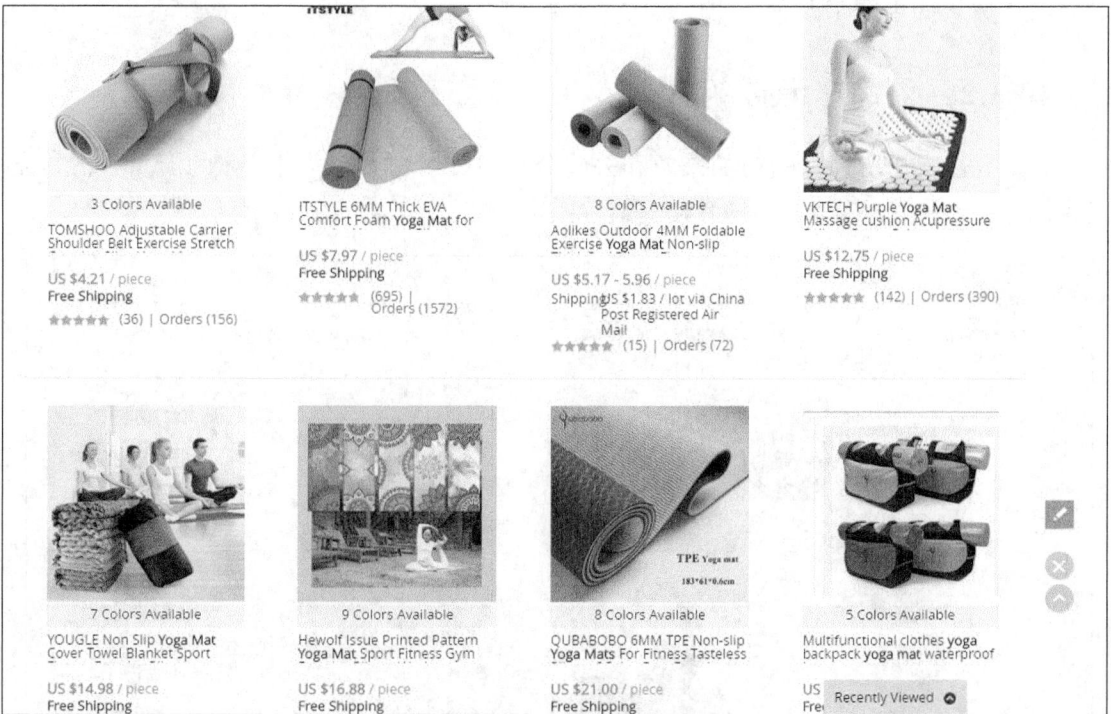

图 10-16　瑜伽垫搜索结果首页

分析可知，速卖通的瑜伽垫销售价格区间为 4.21～48.99 美元，销量靠前的价格大部分低于 30 美元，示例商品的价格为 40.50 美元，价格略高，可以考虑调低价格。进一步分析搜索页首页价格较高但有一定销量的同类商品，发现其主图更生动，给人深刻的印象，如图 10-17 所示。

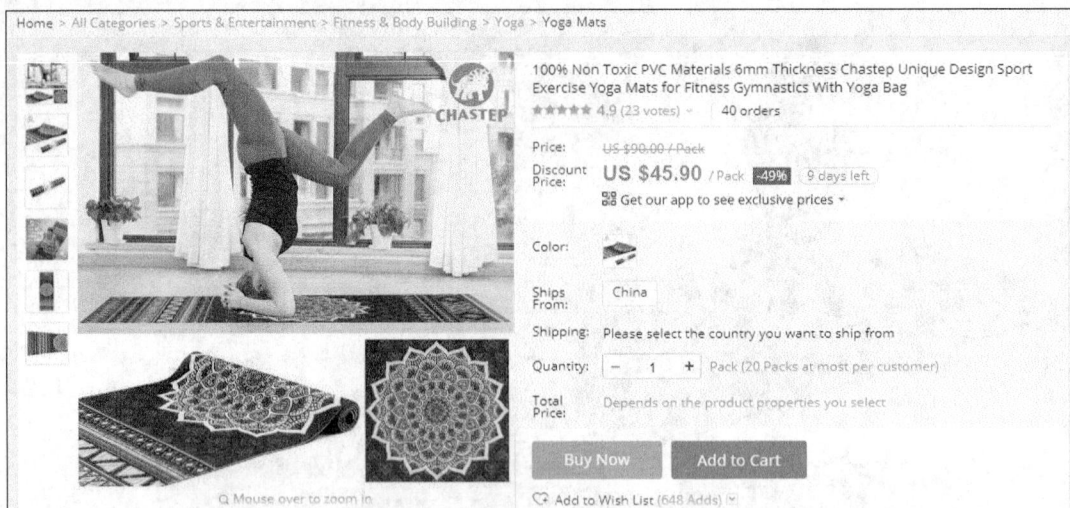

图 10-17　销量较好的瑜伽垫详情页

对比图 10-15 和图 10-17 会发现，图 10-17 较好地突出了产品的材质和画面，并且配以环境舒适的背景，使买家容易产生购买欲望，可见示例商品的销量不佳也可以通过修改详情页的主图来改善。

10.3.2　商品来源分析

目前，速卖通所提供的商品来源和去向分析只针对非 App，对具体的商品分析其流量来源与去向，能够更加有针对性。商品来源去向分析如图 10-18 所示。

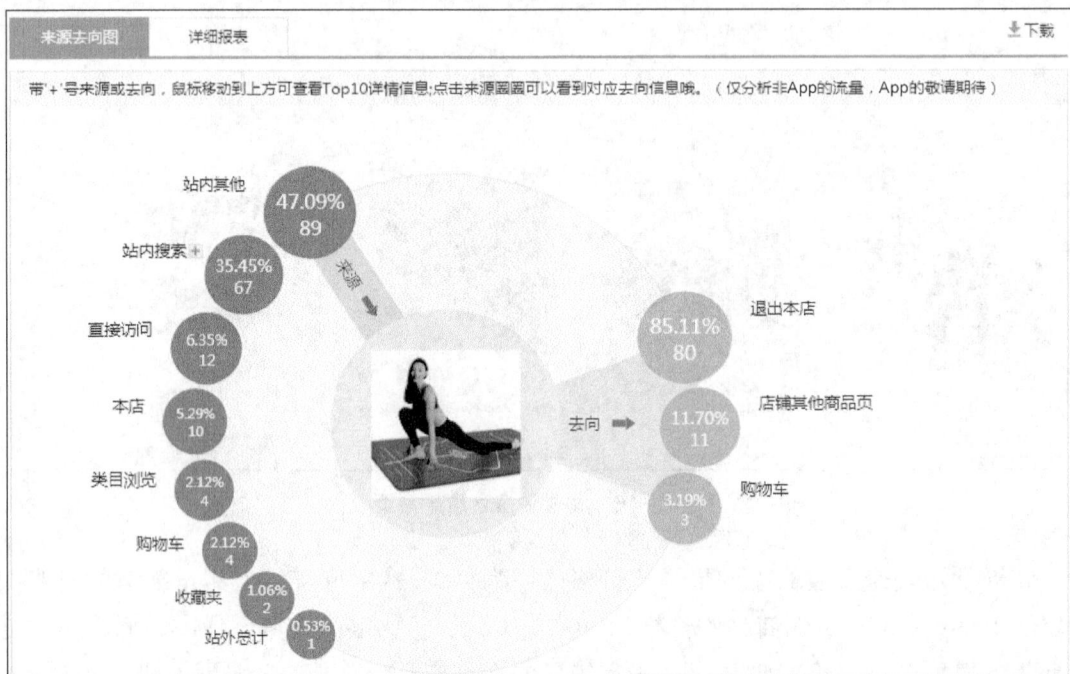

图 10-18　商品来源去向图

从图 10-18 可以看出，示例商品的主要流量来源为站内其他与站内搜索，代表着高转化率的购物车、收藏夹以及直接访问占比略低，但其去向为购物车的比例比来源为购物车的高，说明该商品详情页的展示效果比较好，结合效果排行（图 10-11）进一步分析，发现该产品浏览-下单转化率为 0.68%，低于商品去向为购物车 3.19% 的比率。这时可以通过和买家沟通的方式了解买家不下单的原因，一方面可以提醒把商品放入购物车的买家下单，另一方面可以了解买家的顾虑，以便调整。

商品来源分析提供了访客地区分析功能，如图 10-19 所示。

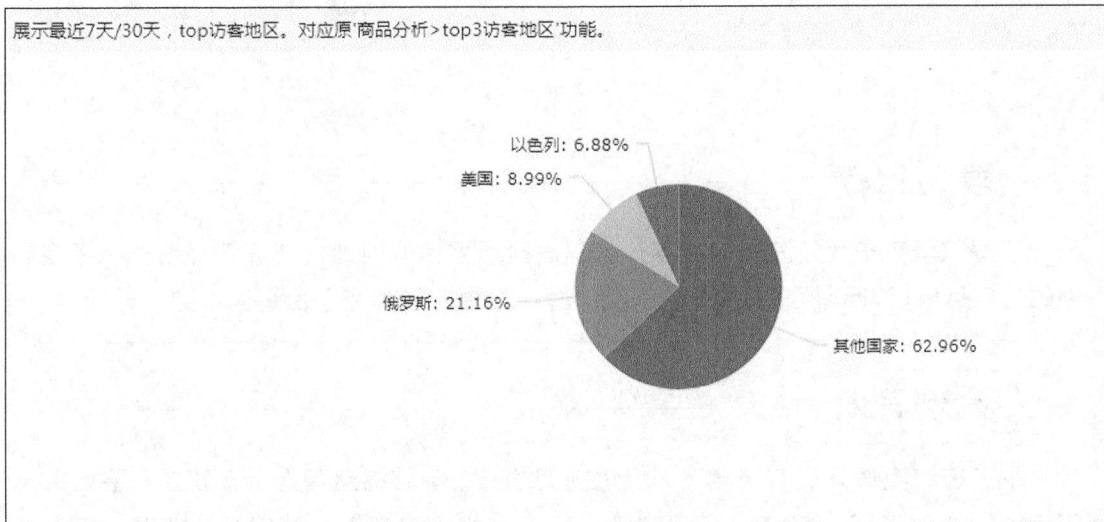

展示最近7天/30天，top访客地区。对应原'商品分析>top3访客地区'功能。

以色列: 6.88%
美国: 8.99%
俄罗斯: 21.16%
其他国家: 62.96%

图 10-19　访客地区分析图

由图 10-19 可知，示例产品的主要访客地区为俄罗斯和美国，可以针对这些国家进行 SNS 推广，同时详情页设计时要更多地考虑这些国家的文化和偏好。

【思考与练习】

1. 为速卖通的店铺分析流量来源，并形成 Excel 报表，画出趋势图，提出整改建议。

2. 分析店铺商品的销售情况，分别选择销售最好和销售最差的各两款商品，分析搜索曝光量、商品页浏览量、下单订单数、浏览-下单转化率、加购物车人数等指标，并进行比较，找出销量有较大差别的原因。

第11章
客户服务

了解跨境电子商务沟通的特点；了解速卖通平台的规则；理解跨境电子商务客服的工作目标；掌握询盘的基本技巧；能够解决跨境电子商务平台销售中的常见问题。

案例导入

小王在速卖通开店有半年了，经过前期的打磨，店铺运营走上了正轨，平均每天订单量达到了20～30单，但是接连几个无来由的差评混杂着纠纷，搞得小王有些措手不及。有些纠纷是有来由的，有些差评却是莫名其妙的，小王定下心来仔细分析原因，得出如下结论。

① 客户期望值过高，商品没有达到他们的期望值是纠纷和差评的根源。

② 物流速度是造成客户满意度下降的元凶。

③ 沟通不够让不满演变成纠纷或差评。

④ 商品质量不过关，包装破损。

⑤ 运输过程中导致的产品破坏。

弄清了原因，小王有针对性地提出了如下解决方案。

第一，不要一味地美化商品图片。如果有瑕疵和不足，要在图片中体现，商品描述应清晰、简洁。接连收到的差评都是因为客户没有注意到尺寸想当然地买了下来，结果货到了觉得大小不符合要求，于是不经过任何沟通，直接差评。遇到这样的客户，先站内信和邮件沟通，请求修改评价，一部分客户会直接修改评价，而一部分客户没有任何回应，对于没有回应的客户，可以给他们发邮件，说明原因，同时给予一定的补偿，比如返现或下次购买打折，这样一般客户都会同意修改评价。

第二，从两个方面解决物流所存在的问题。在发布商品的时候以表格的形式注明各个国家（或地区）各种运输方式大致到达的时间，让客户有清楚的认识；发货后要及时告知客户跟踪信息及预计到达时间。做到以上两点，当物流有短暂延迟时，客户也会表示理解的。

第三，及时地沟通。首先是主动沟通，比如发货后提醒，然后是被动沟通，成交客户站内信和留言的回复要及时，最后每个周六做总结，并对发出去的货物进行跟进，有异常的记录并及时告知客户，以避免纠纷。

第四，使用包装辅助材料，如塑料袋、泡泡袋、泡泡膜、质量好一点的封箱胶、硬度好的纸箱，可以有效降低货物的破损率。

采取了以上措施以后，小王店铺客户差评和纠纷明显减少，销量也进一步得到了提升。

11.1 跨境电子商务沟通的特点

"与客户沟通不畅是在线访客流量不能转化为订单的关键因素。"这是大多数跨境电子商务从业者最直接的体会。作为电子商务企业营销的"临门一脚"，沟通环节在交易达成之前发挥着重要的作用——前面的工作做得再好，流量和线索再多，在与客户沟通不畅的情况下也很难转化订单。

速卖通平台的优势决定了我们在交易中要采用与以往传统贸易不同的沟通方式。

11.1.1 跨境电子商务与传统贸易沟通的异同点

1. 都注重时效性和完整性

这里说的时效性是指无论是传统贸易中的商业谈判，还是速卖通的旺旺询盘、站内信，只要把握客户的节奏和时间并做出回应，就可以抓住先机。完整性是指在沟通时尊重客户，简单来讲，如果客户只是问了产品的价格，那么你就要做好一切准备，提供包括产品质量、用户回馈、关联产品、售后服务等在内的信息。只有做到以上附带信息的完整性，我们才算做到真正的完整沟通。

虽然速卖通站内信询盘的标准是 24 小时内回复，但如果卖家迟迟没有对发出的询盘进行回复，短至几分钟之内，客户就可能已经离开或转到别的卖家处购买产品了；反之，如果能够及时回复客户的询盘，并能保持顺畅、专业的回复节奏，带来的直接结果可能是客户顺利下单并且成为忠实客户。

2. 跨境电子商务沟通时无法预知竞争

在传统贸易中，我们可以和自己的对手做更多的交流，与对方进行比较，能够清楚地看到自己的不足和对手的实力。但是在跨境电子商务交易平台上，每天都有成千上万的卖家在自己的店铺里进行着大小动作，我们往往无法及时对新出现的商情做出反应。当卖家在效仿或跟风的时候，已经说明其慢人一步。

3. 跨境电子商务平台的终端消费者居多

终端消费者居多是由电子商务零售平台的特点决定的。我们的客户是有网上购物经验，或愿意尝试网购的广大消费者，他们在产品的质量和价格上与传统贸易的客户的要求会有不同，在询盘沟通中应该抓住客户的群体特征。

4. 跨境电子商务沟通时更加注重人性化服务

以人为本是电子商务交易沟通的"生命线"。随着竞争的日益激烈，我们往往不仅是在拼价格、拼质量，更多的是在拼服务。所以要提供最人性化的服务，从客户最初的询盘到最后下单，我们每一步都时刻关注着客户的心情、要求及顾虑。

11.1.2　跨境电子商务客服和传统外贸业务员

在跨境行业中，"客户服务"（简称客服）不仅仅是服务客户，其职责更多地会涉及并影响"销售""成本控制""团队管理"等各个方面。要做好跨境电子商务客服，首先要了解以下工作性质和工作范畴。

1. 跨境电子商务客服是传统外贸业务员的升级版

跨境电子商务平台的在线客服，除了会经常接触在线 C 类（Coustom，个人）客户外，也经常会接触到小 B 类（Bussiness，企业）甚至在线的 B 类客户。跨境电子商务的本质上还是传统外贸的一个升级版。做好跨境电子商务很多的原理和规则实际上与传统外贸是相通的。

2. 跨境电子商务客服与普通电子商务客服的区别

因为电子商务在国内已经成为成熟主流的购物模式，国内电子商务客服，如淘宝、天猫，其服务对象以年轻群体居多，因为都是中国人，有着相似的思维模式，沟通起来相对容易。而跨境电子商务服务的对象理论上是全球的客户，有着不同的文化背景、思维方式、价值观、宗教信仰等，碎片化和在线化让客户的需求和标准变得多层次。很多时候，海外客户更多的是通过页面描述、站内信甚至完全不交流的方式完成下单，由此产生的售后问题多与文化背景等有关，会考验跨境电子商务客服人员处理问题的能力。

3. 跨境电子商务客服的工作范畴和工作目标

跨境电子商务客服与普通电子商务客服相比，有以下不同的工作范畴。

（1）处理询盘

跨境电子商务客服的工作同时包括解答客户关于产品和服务的咨询。在涉及产品的询盘中，由于海外客户对于"店铺"的概念非常薄弱，所以跨境电子商务卖家销售的产品往往涉及多个行业、多种品类，这就要求客服掌握多种专业知识。

（2）促进销售

销售与促销往往被认为是业务销售人员的工作，但实际上，在跨境电子商务领域中，客服如果能够充分发挥主观能动性，也能够为企业和团队创造巨大的销售成绩。

（3）解决售后问题

据速卖通官方统计，跨境电子商务卖家每天收到的邮件中有将近 7 成都是关于产品和服务的投诉。也就是说，跨境电子商务客服人员在日常工作中处理的最主要的问题就是处理售后。售后服务是影响客户满意度的重要方面。因此，做好售后服务非常重要。

跨境电子商务的售后需要做到以下几点。

首先，要及时与买家沟通。交易过程中最好多主动联系买家，买家付款后，还有发货、物流、收货和评价等诸多过程，卖家需要将发货及物流信息及时告知买家，提醒买家注意收货，出现问题及纠纷时也可以妥善处理。

其次，做好产品品质、货运质量。发货前要严密把好产品质量关，在上传产品的时候，可以根据市场变化调整产品，剔除供货不太稳定、质量无法保证的产品。从源头上控制产品质量，同时在发货前注意产品质检，尽可能避免残次产品的寄出。优质的产品质量是维系客户的前提。

再次，发货后，要及时跟踪发货状态，并不断告知买家物流状态。

最后，主动化解纠纷。纠纷是大家都不愿意碰到的，另一方面，我们要与买家及时沟通。

① 承诺的售后服务一定要兑现。

② 预先考虑，主动为买家着想。

③ 当纠纷出现，应积极主动地沟通并努力消除误会，争取给出令人满意的结果。

④ 对不良的评价及时做出解释。如果被买家打了差评，首先要客观地应对买家的批评。

（4）管理监控职能

跨境电子商务由于其跨境交易、订单零碎的属性，在日常的团队管理中往往容易出现混乱的情况。无论是在产品开发、采购、包装、仓储、物流或是海关清关等环节，可能出现问题的概率都会比国内的电子商务更大。而在某个环节出现问题之后，由于环节非常多，责任无法确认到位，导致问题进一步扩张与恶化。如果整个团队工作流程中的缺陷在导致几次问题之后仍然不能被有效地发现和解决，那么对团队来讲无异于一个长期的定时炸弹。环节上的缺陷随时有可能爆发，并引起更加严重的损失。因此，对任何一个团队来讲，团队的管理者都必须建立一套完整的问题发现与问责机制，以便在问题出现后，及时弥补导致问题的流程性缺陷。而在跨境电子商务行业中，有一个岗位先天就适合充当这一角色，这就是客服岗位。首先需要明确的是，客服人员并不一定直接参与团队的管理中，但是作为整个团队中每天直接面对所有客户的一个岗位，客服人员需聆听并解决所有客户提出的问题。客服人员作为广大客户的直接接触人，是团队中最先接收到所有问题的接触点。

11.1.3　跨境电子商务客服人员的工作目标

1. 保障账号安全

由于面向多国（或地区）经营，各国（或地区）法律要求和标准制定不一，跨境零售电子商务对卖家的信誉及服务能力的要求要高于普通电子商务。以阿里巴巴速卖通平台为例,为了清楚地衡量每一个卖家不同的服务水平和信誉水平,速卖通平台设置了"卖家服务等级"这一概念。"卖家服务等级"本质上属于一套针对卖家服务水平的评级机制,共有4个层级,分别是优秀、良好、及格和不及格。在此机制中,评级越高的卖家,得到的产品曝光机会越多;平台在对其推广资源进行配置时,也会更多地向高等级卖家倾斜。当某个卖家的"卖家服务等级"处于低位水平,特别是"不及格"层级时,卖家的曝光机会及参加各种平台活动的资格都会受到极大的负面影响。卖家要做到的就是通过提高产品的质量和服务水平,不断提升卖家服务等级,以便在平台销售过程中获得更多的资源优势与曝光机会。想要在其他因素相对稳定的前提下达到更高的卖家服务等级,就需要客服人员通过各种沟通技巧,维持各项指标。也就是说,指标越好,账号的安全度越高,这也就是我们所说的跨境电子商务客服人员的"保障账号安全"目标。

2. 降低售后成本

相对普通电子商务来讲,跨境电子商务店铺的售后成本较高。由于运输距离远、时间长、退货成本高,跨境电子商务的卖家会比普通电子商务的卖家更多地使用到"免费重发"或者"买家不退货、卖家退款"的"高成本"处理方式。但如果是一个富有经验且精于沟通的客服人员在处理买家投诉时使用多元化的解决方案,通过合理、巧妙地搭配各种售后服务方式,针对不同的情况因地制宜地进行处理,则最终能达到将售后服务的成本指标控制在合理范围内的目的。比如,一些消费类电子产品或近年来比较热门的智能家居产品,往往由于国产产品缺少详细的英文说明书,客户缺乏相关产品的操作经验,导致客户使用难。该产品的投诉会比较集中在使用方法的不明确上,某些缺乏耐心的客户可能会提起纠纷,甚至要求退款。

3. 促进再次交易

跨境电子商务的客服人员一方面可以通过交流与沟通,促成潜在批发客户批发订单成交,另一方面也可以有效地帮助零散客户再次与店铺进行交易,让这些客户成为具有"黏性"的老客户。这个目标可以通过以下途径解决:首先,客服帮助客户完美解决各类问题,客户往往对卖家的信任会显著增强,逐渐转变成忠实客户;其次,跨境零售电子商务行业中有大量的国外批发买家搜寻合适的中国供应商,无论是售前还是售后的咨询,这种客户更关注的是卖家在产品种类的丰富度上、产线的开发拓展速度、物流与清关的服务水平和批发订单的折扣力度与供货能力等方面的信息,发现这种客户,如果客服人员能够积极跟进,不断地解决客户的所有疑虑,则最终将会促成批发订单的成交;最后,客服人员与营销业务人员配合,巧妙使用邮件群发工具形成"客户俱乐部"制,通过有效且精致的营销邮件群发,一方面可以增强客户的黏性,另一方面也可以通过优惠券的发放促使客户参与店铺的各种促销活动,促进他们回店再次下单。

4. 管理监控职能

除了应该了解自己的工作范畴外,跨境电子商务客服人员还应深入了解自己的工作目标,也就是超越工作岗位的考核标准,这样有利于改进自己的工作。

11.2 速卖通询盘回复技巧

11.2.1 询盘时沟通的重要性

在整个电子商务事业的发展过程中,在每天的具体业务操作过程中,自始至终都离不开沟通,所以沟通技巧是电子商务的重要课题。掌握熟练的沟通技巧,就能使问题迎刃而解,顺利地通往成功之路,否则将寸步难行。

11.2.2 沟通的概念

所谓沟通,就是交流双方的思想、观念、观点,达成共识。沟通的灵魂不是你想说什么,而是别人想听什么。顺畅的沟通、真诚的语言,会让你赢得更多的订单和买家。

11.2.3 速卖通询盘回复中的沟通模板

1. 催促下单,库存不多

Dear ×,

Thank you for your inquiry.

Yes, we have this item in stock. How many do you want? Right now, we only have × lots of the × color left. Since it is very popular, the product has a high risk of selling out soon. Please place your order as soon as possible. Thank you!

Best regards.

(Your name)

2. 回应买家砍价

Dear ×,

Thank you for your interest in my item.

I am sorry but we can't offer you that low price you asked for. We feel that the price listed is reasonable and has been carefully calculated and leaves me limited profit already. However, we'd like to offer you some discounts on bulk purchases. If your order is more pieces, we will give you a discount of ××% off.

Please let me know for any further questions. Thanks.

Sincerely.

(Your name)

3. 断货(out of stock)

Dear ×,

We are sorry to inform you that this item is out of stock at the moment. We will contact

the factory to see when they will be available again. Also，we would like to recommend to you some other items which are of the same style. We hope you like them as well. You can click the following link to check them out http://www.aliexpress.com/××××.

Please let me know for any further questions. Thanks.

Best regards.

(Your name)

若因周末导致回复不够及时，则应先表示歉意，因为错过了最佳的 24 小时回复时间，可以通过主动打折的方式赢取客户。

Dear ×,

I am sorry for the delayed response due to the weekend. Yes, we have this item in stock And to show apology for our delayed response, we will offer you 10% off. Please place your order before Friday to enjoy this discount. Thank you!

Please let me know if you have any further questions. Thanks.

Best regards.

(Your name)

4. 关于支付（选择 Escrow，提醒折扣快结束了）

Hello ×,

Thank you for the message. Please note that there are only 3 days left to get 10% off by making payments with Escrow (credit card, Visa, Master Card, Money Bookers or Western Union). Please make the payment as soon as possible. I will also send you an additional gift to show our appreciation.

Please let me know for any further questions. Thanks.

Best regards.

(Your name)

5. 合并支付及修改价格

If you would like to place one order for many items, please first click "add to cart"，then "buy now", and check your address and order details carefully before clicking 'submit'.After that, please inform me, and I will cut down the price to US$××. You can refresh the page to continue your payment. Thank you.

If you have any further question，please feel free to contact me.

Best regards.

(Your name)

6. 提醒买家尽快付款

Dear ×,

We appreciated your purchase from us. However, we noticed you that haven't made the payment yet. This is a friendly reminder to you to complete the payment transaction as soon as possible. Instant payments are very important; the earlier you pay, the sooner you will get the item. If you have any problems making the payment, or if you don't want to go through with the order. Please let us know. We can help you to resolve the payment problems or cancel the order. Thanks again! Looking forward to hearing from you soon.

Best regards.

(Your name)

Dear ✕,

We appreciate your order from us. You have chosen one of the bestsellers in our store, it's very popular for its good quality and competitive price. Right now, we only have ✕ lots of the ✕ colors left. We would like to inform you that this product has a high risk of selling out soon.

We noticed that you hadn't finished the payment process for the order. We'd like to offer you a 10% discount on your order, if you purchase now. We will ship your order within 24 hours once your payment is confirmed. If you need any help or have any questions, please let us know.

Best Regards.

(Your name)

PS: We are one of the biggest suppliers on AliExpress. With more than 3 years' experience in world trade, we are able to provide the best price, the highest quality and the superior service. We inspect our product before shipping them out and provide a one-year warranty for all products. We promise to give you a full refund if the products are not as described.

If you have any questions, please contact us, we are happy to help you.

7. 订单超重导致无法使用小包免邮的回复

Dear ✕,

Unfortunately, free shipping for this item is unavailable, I am sorry for the confusion. Free shipping is only for packages weighing less than 2kg, which can be shipped via China Post Air Mail However, the item you would like to purchase weighs more than 2kg. You can either choose another express carrier, such as UPS or DHL(which will include shipping fees, but are much faster).You can place the orders separately, making sure each order weighs less than 2kg to take advantage of free nipping If you have any further questions, please feel free to contact me.

Best regard.

(Your name)

8. 海关税

Dear ×,

Thank you for your inquiry and I am happy to contact you. I understand that you are wormed about any Possible extra cost for this item Base on past experience, import taxes falls into two situations First, in most countries, It did not involve any extra expense on the buyer side for similar small or low-cost items Second, in some individual cases, buyers might need to pay some import taxes or customs charges even when their purchase is small. As to specific rates, please consult your local customs I appreciate for your understanding!

Sincerely.

(Your name)

9. 因为物流风险，无法向买家国家（或地区）发货时给出的回复

Dear ×,

Thank you for your inquiry. I am sorry to inform you that our store is not able to provide shipping service to your county. However, if you plan to ship your production, please let me know; hopefully we can accommodate future orders.

I appreciate for your understanding.

Sincerely.

(Your name)

10. 已发货并告知买家

Dear ×,

Thank you for shopping with us.

We have shipped out your order (order ID：×××)on Feb. 10th by EMS. The tracking number is ×××. It will take 5~10 workdays to reach your destination, but please check the tracking number for updated information. Thank you for your patience!

If you have any further questions, please feel free to contact me.

Best regards.

(Your name)

11. 物流遇到问题

Dear ×,

Thank you for your inquiry; I am happy to contact you.

We would like to confirm that we sent the package on 16 Jan, 2012. However, we were informed package did not arrive due to shipping problems with the delivery company. We have resent your order by EMS; the new tracking number is ×××. It usually takes 7 days to arrive to your destination. We are very sorry for the inconvenience. Thank you for your patience.

If you have any further questions, please feel free to contact me.

Best regards.

(Your name)

如果买家希望提供样品，而贵公司不能提供，则可以做如下回复。

Dear ×,

Thank you for your inquiry, I am happy to contact you regarding your request, I am very sorry to inform you that we are not able to offer free sample. To check out our products we recommend ordering just one unit of the product(the price may be a little bit higher than ordering a lot). Otherwise, you can order the full quantity. We can assure the quality because every piece of our product is carefully examined by our working staff. We believe trustworthiness is the key to a successful business. If you have any further questions, please feel free to contact me.

Best regard.

(Your name)

11.3 境外客户视角的问题及解答

下面来看看速卖通客户在平台上可能会遇到的常见问题。

11.3.1 速卖通的销售对象

速卖通这样的 B2C 零售平台主要针对的是一些终端消费者，其次是一些小型的零售商。一般而言，众多终端消费者中以年轻人为主，也不乏一些愿意尝试跨境网购的中年人。那么我们就面临一个问题：怎么才能了解客户在使用速卖通购物平台中遇到的困难呢？帮助他们去了解、熟悉这个平台，也是体现良好的客户服务，并且和客户建立起信任的重要阶段。

11.3.2 客户操作平台和卖家后台的区别

有的人说，国外的 B2C 网站比国内的成熟太多，客户大部分都有网购经历，我们还要跟客户讨论和研究操作平台吗？事实上，速卖通卖家每天可能都会接触到很多新客户，这些客户可能并不了解平台操作，用英文向他们解释如何解决这些问题就显得非常重要了。

卖家进入自己的账户后将会看到 5 个部分的内容。

第 1 部分：My AliExpress，包括基本个人信息、订单信息总览、通知等项目。

第 2 部分：Transcation，显示的是客户订单的状态、品种、价格等具体信息。

第 3 部分：Message Center，这个是客户的站内信版块。这里需要注意的是，对于那些遇到我们无法解决的问题的客户，可以推荐他们去使用海外的客服中心Eva。

第4部分：My Lists，在这个部分可以提醒客户"Wish List"（心愿清单）里面的一些产品可能会过了支付期。如果客户把产品放入购物车是因为有折扣，那么我们可以添加邮件提醒，帮助客户回头购买。

第5部分：Account，在这里，客户可以修改地址、账户密码等信息。

以上是速卖通境外客户的操作页面信息，在这个部分，客户可能会遇到以下问题。

问题1：I have placed my order, but I was out of the payment page, what should I do now? I cannot find my order, do I need to replace a new one?

问题2：How to confirm the delivery?

问题3：Where is my order? I had paid already.

下面给出问题1的回复，大家对类似问题就知道该如何回答了。

回复1：Don't need, my friend. You had placed your order, please go back to your account, and find the button "my Aliexpress", then click it, you will see the button "payment required", your unpaid order is in it.

了解了客户的账户平台，我们才能流畅地解决客户的问题。因此，我们在做客服培训的时候，应该充分了解这些后台操作，同时规范用语的准确性和指引性，以便给客户留下好印象。

11.3.3　解决客户可能遇到的问题

1. 无法完成下单

比如客户进入产品选购页面，选择好产品，但是无法单击"Buy Now"按钮，也无法单击"Add to Cart"按钮。部分客户用手机客户端登录选购产品，所以有些提示是看不到的，这个时候就应该想到是否是因为这个原因导致客户无法完成下单。

2. 没有需要的尺寸或颜色，怎么下单

客户选择完产品后，有的客户会问这样的问题："I want light color, but there is no option there, what should I do?"再比如，客户提出一些特殊的小要求，如要更改尺寸、颜色，可以告诉他们利用"Message box to seller"功能。

对客户的这种需求，我们通常会说："Friend, you can go ahead to place your order and leave the message In the box like: I want one more of, then I will adjust the price for you, after I change the price, you can make payment then."

大部分卖家认为客户会明白该如何操作，实际上还是会有客户在说："Sorry, I am confused what should I do?"这个时候要进一步解释说明："Place the order but stay at the payment page, after I tell you pay it and you see the price has changed to the price I told, then put your bank information on the payment page."这样说明后，客户就知道如何操作了，也不会对修改价格有任何疑问。这里需要提醒的是，在修改价格之前，一定要和客户沟

通好；否则会有提价销售的嫌疑，客户不理解你的行为，后期可能会去投诉。

3．付款问题

（1）速卖通的付款方式

目前平台支持买家通过信用卡（分人民币通道和美元通道）、WebMoney（简称 WM）、T/T 汇款、西联汇款、QIwIWallet、巴西 Boleto 这几种方式。

（2）买家付款不成功，该如何解决

先要询问一下付款不成功的原因，常见情况如下。

① 买家用 Business Card（商务卡）支付。商务卡目前在速卖通是无法支付成功的，所以可以建议买家换卡。

② 买家信用卡未开通 3D 密码。建议买家联系发卡行开通 3D 密码。偶尔碰到发卡行不支持这种 3D 密码服务或者没听说过 3D 密码的，建议更换支付方式（VisaCard 的 3D 密码叫 Verified By Visa，即 VBV，MasterCard 的 3D 密码叫 MasterCard Secure Code）。

（3）线下交易需谨慎

在上述问题解决之后，如果客户还是无法成功付款，有些买家可能会想使用 PayPal 这样的线下交易，因为它的使用人群广且快捷。这时需要谨慎处理，因为 PayPal 更多地照顾买家的利益，所以不是在万不得已的情况下，尽量不要使用。若使用的话，要注意几点：不可使用除 PayPal 注册地址之外的地址发货；不可使用 Money Requested（主动收款请求），而要用 Invoice（付款通知）方式收款；不可与未注册的账户交易。

（4）订单的关闭问题

为了保证交易的安全性，保障卖家的利益，降低后期因为盗卡等原因引起的买家拒付风险，速卖通会在 24 小时内对每一笔买家支付的订单（信用卡支付的）进行风险审核。如果监测到买家的资金来源有风险（如存在盗卡支付等风险）的情况下，支付信息将无法通过审核，订单会被关闭。若订单资金审核未通过，不会影响卖家的账户。订单关闭后，无法重新开启。速卖通会通知买家申诉，如果买家提供的证明审核通过，可以让买家重新下单付款。

11.4　速卖通信用评价体系

对于电子商务平台，建立信任是很重要的。大多数电子商务平台的信用评价体系都很严格、很完善，只有更多的客户回头给予好的评价，卖家店铺的转化率才能更高。

11.4.1　速卖通信用评价规则

全球速卖通平台的评价分为信用评价及卖家分项评分两类。

信用评价是指交易的双方在订单交易结束后对对方信用状况的评价。信用评价包括五分制评分和评论两部分。卖家分项评分是指买家在订单交易结束后以匿名的方式对卖家在交易中提供的商品描述的准确性（Item as Described）、沟通质量及回应速度（Communication）、物品运送时间合理性（Shipping Speed）等 3 方面服务做出的评价，是买家对卖家的单向评分。

对于信用评价，买卖双方可以进行互评，但卖家分项评分只能由买家对卖家做出。商品卖家好评率（Positive Feedback Ratings）和卖家信用积分（Feedback Score）的计算方式如下。

① 相同买家在同一个自然旬（自然月）内对同一个卖家只做出一个评价的，该买家订单的评价星级则为当笔评价的星级（自然旬统计的是美国时间）。

② 相同买家在同一个自然旬内对同一个卖家做出多个评价，按照评价类型（好评、中评、差评）分别汇总计算，即好、中、差评数都只各计一次（包括一个订单里有多个产品的情况）。

③ 在卖家分项评分中，同一买家在一个自然旬内对同一卖家的商品描述的准确性、沟通质量及回应速度、物品运送时间合理性等 3 项中的某一项的多次评分只算一个。买家在该自然旬对某一项的评分计算方法如下：平均评分=买家对该分项评分总和÷评价次数（四舍五入）。

11.4.2 可能导致中差评的因素

1. 商品图片与实物存在差异

有时候为了使商品看起来更吸引人，会对其图片进行一些美化处理，这样会给买家一个美好的心理预期，提高商品的期望值。然而，买家一旦收到货与图片进行对比，发现差别过大，就会非常失望，可能会来质问为何颜色或性状上有差别。对于这类投诉，卖家要积极向买家解释，并提供原有图片。如果只是因小部分图片处理造成的色差等问题，合理的解释还是可以赢得买家信任的。在这个过程中，卖家要多表现对买家的重视，可以适当地给予下次订单的优惠和折扣。

另外，卖家在上传图片的时候可以放一些多角度的细节图，或者使用一张没有处理过的图片，避免不必要的投诉和差评。

2. 标题写"Free shipping"，收货后却要收费

为了吸引买家下单，很多卖家会写上"Free shipping"，实际上对多数买家也能做到免邮，但是，这里可能忽略了一些国家的进口政策。比如，美国对于大于 500 美元的货物要收取关税；英国和德国等欧洲国家货物的申报价值必须是 20～25 美元，一旦超出将会产生很多的关税。

3. 信用卡账户有额外的扣款显示：AliExpress Charge

速卖通平台针对买家的支付不收取费用，但建议买家联系银行，询问是否需要支付手续费。如买家通过 T/T 转账，买家的银行客户端一般需要收取一定的手续费。

11.4.3　解决差评

1. 由于质量问题产生的差评

对于单纯由于质量问题产生的差评是比较好解决的。首先，收到差评之后及时和买家联系，询问不满意的具体原因。在此基础上，让买家提供相应的照片。此外，我们要到自己的出货记录中查找相同时间范围内其他产品的反馈，分析库存中的产品质量。如果确实存在买家反映的问题，则应及时积极解决。通过退款或换货的方式，让买家满意并且修改评价。

2. 由于买家个人使用不当产生的差评

如果在沟通当中发现是由于买家个人使用不当产生的差评，有两种解决方案：第一，如果以消除差评为主要目的，应该和买家仔细解释为什么会出现这样的问题，在操作过程中存在哪些不正确的地方，最后和买家商量以何种方式可以使其满意并修改差评；第二，如果是由于买家个人原因导致的质量问题，我们可以选择差评回复并附上产品的使用说明及事项，这种方法可能是大多数卖家在无法解决差评时不得不采取的方法。

3. 买家在下单前的细节要求没有得到满足产生的差评

有很多买家下单时在订单里留言说"这是为了我的婚礼准备的，请你不要让我失望"等信息。遇到这样的订单时，首先应该交代出货人员特别注意该订单的质量和包装；其次，如果这个买家买了一个非常便宜的产品，但是从询盘的态度上又可以看出他很期待，在这种情况下，为了避免差评，应该告知产品的某些缺陷或不足。为了满足买家的各种细节要求，在发货之前稍微揣摩一下买家的心理，是完全可以避免一些不必要的差评的。

11.5　卖家服务等级

卖家服务等级每月月末评定一次，考核过去 90 天内卖家的经营能力，包括买家不良体验订单率、卖家责任裁决率、好评率等，其中，重点考核的是体现卖家交易及服务能力的一项新指标——买家不良体验订单率（Order Defect Rate，ODR），即买家不良体验订单占所有考核订单的比例。根据考核结果将卖家划分为优秀、良好、及格和不及格卖家，不同等级的卖家将获得不同的平台资源。买家不良体验订单率 ODR＝买家不良体验订单数所有考核订单数。这里涉及两个概念：买家不良体验订单和所有考核订单。

买家不良体验订单是指考核期内满足以下任一条件的订单，如表 11-1 所示。

表 11-1　买家不良体验指标

买家不良体验	指标详解
成交不卖	买家对订单付款后卖家逾期未发货或由于卖家原因导致付款订单未发货的行为

买家不良体验	指标详解
仲裁提起	买卖双方对于买家提起的纠纷处理无法达成一致，最终提交至速卖通进行裁决的行为
5 天不回应纠纷	买家提起或修改纠纷后，卖家在 5 天之内未对纠纷订单做出回应导致纠纷结束的行为
中差评	在订单交易结束后，买家对卖家该笔订单总评给予 3 星及以下的评价
DSR 商品描述中低分	在订单交易结束后，买家匿名给予分项评价——商品描述的准确性（Item as Described）3 星及以下的评价
DSR 卖家海通中低分	在订单交易结束后，买家匿名给予分项评价——沟通质量及回应速度（Communication）3 星及以下的评价
DSR 物流服务 1 分	在订单交易结束后，买家匿名给予分项评价——物品运送时间合理性（Shipping Speed）1 星评价

考核订单指以下任一时间点发生在考核期内的订单：卖家发货超时时间、买家选择卖家原因并成功取消订单的时间、卖家完成发货时间、买家确认收货或确认收货超时时间、买家提起/修改纠纷时间、仲裁提起/结束时间、评价生效超时时间。

总结来说，就是订单从开始到结束，每一个环节里出现的问题都会对卖家服务等级造成影响。

11.5.1 卖家服务等级评定标准

历史累计结束的已支付订单数≥30 笔的卖家，将根据卖家在考核期内的表现分为优秀、良好、及格和不及格 4 个等级，具体评定标准如表 11-2 所示。

表 11-2 卖家服务等级评定标准

评价	优秀	良好	及格	不及格
评定标准	符合以下所有条件： （1）考核订单量≥90 笔 （2）ODR<3.5% （3）卖家责任裁决率<0.8%（手机、平板类目为<1%） （4）90 天好评率≥97%	符合以下所有条件： （1）考核订单量≥30 笔 （2）ODR<6% （3）卖家责任裁决率<0.8%（手机、平板类目为<1%） （4）90 天好评率≥95%	符合以下所有条件： （1）ODR<12% （2）卖家责任裁决率<0.8%（手机、平板类目为<1%） （4）90 天好评率≥90%	符合以下所有条件： （1）ODR≥12% （2）卖家责任裁决率≥0.8%（手机、平板类目为≥1%）

11.5.2 不同等级的卖家的资源情况

不同等级的卖家将在橱窗推荐数量、搜索排序曝光、提前放款、平台活动、店铺活动等方面享有不同的资源。等级越高的卖家享受的资源奖励越多，优秀卖家将获得"Top-rated Seller"标志，买家可以在搜索商品时快速发现优秀卖家并选择商品下单。

指标表现较差的卖家将无法报名参加平台活动，且在搜索排序上会受到不同程度的影响，如表 11-3 所示。

表 11-3　卖家奖励资源

奖励资源	优秀	良好	及格	不及格	成长期
橱窗推荐数	10 个	5 个	2 个	无	2 个
搜索排序曝光	曝光优先+特殊标识	曝光优先	正常	曝光靠前	正常
提前放款特权	有机会享受最高放款比例	无法享受最高放款比例	无法享受最高放款比例	无法享受最高放款比例	无法享受最高放款比例
平台活动	优先参加	允许参加	允许参加	不允许参加	允许参加
店铺活动	正常	正常	正常	活动时间和数量大幅收缩	正常
营销邮件数	500	200	100	无	100

11.5.3　提升卖家服务等级

在解决这个问题前，我们不妨先问一个问题：为什么速卖通平台要把卖家服务等级作为考核一个店铺的标准，甚至变成了影响曝光的原因呢？

因为卖家的商品质量及服务能力对于买家的购买决策有着决定性的影响，特别是商品的描述及评价、沟通效率、纠纷处理效率和态度等方面，买家希望在选择商品时能快速识别商品和服务表现皆好的卖家。

所以，ODR 的上限就显得理所当然了，那么具体该如何提升服务等级呢？

首先我们要学会分析自己的店铺等级指标，查看当月服务等级是属于不及格、及格、良好和优秀中的哪个档次，以及在买家不良体验订单率、考核期结束的已支付订单数、90 天好评率、卖家责任裁决率等指标上的具体数字。单击每一个数字可以更进一步查看详细指标。

这里我们要注意到，提升卖家服务等级中有一个重要因素，即 DSR（Detailed Seller Rating，卖家分项评分）。DSR 指买家在订单交易完成后以匿名的方式对卖家在交易中提供的商品描述的准确性、沟通质量和回应速度、物品运送时间和合理性等 3 方面服务做出的评价，是买家对卖家的单项评分。因此，DSR 是评价系统中的一个环节，是评定一个商品、一个卖家的标尺之一。

买卖双方可以相互进行信用评价，但卖家分项评分只能由买家对卖家做出。为了提升卖家分项评分，卖家应该做到以下几点。

1. 提高商品描述的准确性

在商品详情页和店铺装修中，凡是可能会影响买家购物判断的图片、描述、物流运达时间等因素都应该及时修改。

2. 提升客服人员的素质和沟通回复效率

在这一项上，很多卖家都不过关。这与客服人员的专业能力和反应速度以及沟通技巧有非常重要的关系。要提高服务质量，应该做到以下几点。

① 24 小时旺旺在线。

② 及时回复买家询盘并耐心解答。

③ 注意引导买家正确理解产品性能。

3. 物流速度

卖家没有办法控制由物流速度引发的问题，也是很多卖家头痛的问题。如果选择线上发货的话，这个部分的问题可以不用担心。如果是自己发货，一定要做到以下几点。

① 货物发出时，要给买家留言。

② 货物有清关问题时，要及时和买家联系。

③ 在遇到一些不可抗力因素导致物流缓慢时，要提前告知买家。

做好以上工作，能够有效提升服务等级。

【思考与练习】

1. 请给你的店铺设置发货后、询问是否到货、已收款、未付款、订单完成、提醒买家给自己留评价等回复模板。

2. 分析买家收到货后提起退货的原因。

Chapter 12

第12章
跨境电子商务移动端简介

学习目标

了解移动电子商务发展状况；掌握电子商务App的下载与使用方法；能开设速卖通移动端店铺。

案例导入

在速卖通中国好卖家年会上，速卖通移动运营经理思萱指出，在2016年，速卖通移动端将关注"千人千面"功能，通过分析买家的行为、习惯和偏好，把买家关注的内容推送给他们，使得商品在移动端有更好的浏览和转化效果。

实际上从2015年开始，速卖通就已经开始根据买家之前的收藏及喜好的行为做出个性化推算的结果，让商品可以更加精准地出现在买家面前，借此进行"千人千面"的尝试。

此外，在数据基础搜集方面，速卖通在移动端上同步了品牌闪购Featured Brands等许多原先在PC端的热门渠道，同时也与部分行业共建了运动馆等行业渠道，并根据移动端用户多频次访问的特点，速卖通专门建立了无线抢购、"有好货"等频道，以更加精准地个性化推送商品。

思萱表示，在2016年，速卖通移动端将延续此前的大方向，上线以下3类频道。

第一，买家互动类频道。首先是金币频道。在频道中，用户可以通过签到获得金币，再通过金币兑换卖家的商品。对卖家来说，想要参与到金币频道中，可以提供商家的商品和优惠券，或者提供一部分商品价值的抵扣，用于金币的兑换。其次是晒图频道，平台会把买家精选的一些图片放到频道中，并且引导大家进行互动。

第二，内容导购频道。其中包括试用频道和新品频道。

第三，买家偏好类频道。该频道着重体现了在大数据基础之上的内容展现。当买家与店铺产生收藏、加购的关系后，系统就会将包括店铺的上新、新的优惠活动及新的活动内容等店铺更新信息通过买家偏好频道推送给买家，让买家在移动端能够通过最短的路径看到关注店铺的最新信息。

　　实际上，速卖通移动端方向有点类似于2015年在跨境出口领域备受关注的北美跨境移动电子商务Wish。Wish为技术驱动的电子商务平台，主要利用全自动推荐技术，给美国商品予以匹配的流量导入。而Wish在跨境电子商务蹿红后，很多国内外电子商务平台都纷纷开始了Wish式的移动端推荐模式，如欧美女性购物App创业企业Chic Me，唯品会投资的东南亚电子商务平台Ensogo。

（资料来源：站长之家）

12.1　移动电子商务的崛起

　　移动电子商务（Mobile Electronic Commerce，M-Commerce)是利用手机、掌上电脑等移动终端进行的 B2B、B2C、C2C 或 O2O 电子商务。它是由电子商务（E-Commerce）这个概念衍生而来的。过去，电子商务以 PC 端为主要界面，是有线的电子商务；而移动电子商务，则将因特网、移动通信技术、短距离通信技术及其他信息处理技术完美结合，通过手机等可以装在口袋里的终端，使人们可以在任何时间、任何地点进行各种商贸活动。

　　随着移动互联网的发展和普及，智能手机、平板电脑等智能移动设备已经渗透到人们的生活中，智能移动终端的持有量不断增长，从交流沟通、交友、购物等多方面极大地改变了人们的生活方式。我国手机上网用户、手机网购用户、手机网上支付用户规模已经接近甚至超过 PC 端，手机网购已经成为网民的一种消费习惯，未来手机网购的规模还将持续增大，移动电子商务的发展潜力巨大。

　　2017 年对移动电子商务来说是发展迅速的一年。市场调研公司 eMarketer 预测，在欧洲市场，尽管公投退欧后的经济前景黯淡，但 2016—2020 年间，英国电子商务零售市场仍将在西欧市场占据最大份额。在英国，14 岁以上的网上消费者中，有 58.6%通过智能手机进行网购（不包括购买旅游和活动门票），达 2 517 万人。2017 年，英国手机端电子商务销售额达到 164.2 亿英镑，占移动电子商务零售总额的 46.5%。随着英国消费者越来越习惯用移动设备购物，据 eMarketer 预测，到 2021 年，英国移动电子商务销售额将达 585 亿英镑，占据电子商务总销售额的 51.7%。eMarketer 资深分析师 Bill Fisher说："英国消费者越来越热衷于使用智能手机购物，移动支付的缓慢发展进一步促进了移动电子商务的发展。人们越来越习惯用手机支付，网购更多产品了。"2016—2020 年间，德国电子商务将继续保持排名第二。德国电子商务的收益很大程度上归功于移动电子商务的强劲发展。2016 年，德国来自移动设备的零售销售额达到 191.4 亿美元，比2015 年提高 40.8%，在德国电子商务零售总额中占据 33.2%的比例。"我们确信，2016—2019 年间，德国电子商务零售销售额将继续保持强劲稳定增长，"eMarketer 高级分析师Karin Von Abrams 说。在美国市场，美国 Tech Crunch 市场调查显示，2016 年感恩节期间，移动购物消费额达 7.71 亿美元。

作为亚洲第三大电子商务市场、亚洲乃至全世界发展最快的网上零售市场之一的韩国，移动电子商务正以前所未有的速度发展。报告称，智能手机的迅速普及促进了韩国移动电子商务市场的急速增长。据全球移动通信系统协会数据显示，截至 2017 年年底，韩国智能手机普及率达到 94%，位列世界第 1 位。由于发达的网络基础设施和亚洲最高的互联网普及率，2017 年韩国电子商务的销售额已占零售总额的近 20%，超过半数的网民在网上购买产品。其中，2/3 的人每月都会进行网购。韩国的年轻消费者是移动购物的主力军，这是因为他们的经济并不宽裕，而电子商务卖家可以直接向消费者销售商品，这样减少成本后的价格更符合年轻人的消费水平。另外，年轻人使用智能手机和平板电脑的频率较高，由此产生消费的可能性也更大。

2017 年对东南亚市场移动电子商务来说也是迅速发展的一年。eMarketer 的数据显示，东南亚移动设备广告支出预计在 2017—2021 年翻倍。到 2021 年，该地区移动设备广告支出总额将超过 22 亿美元，占整体电子商务广告支出近 69%。2017 年，东南亚地区移动设备 App 蓬勃发展，预计未来将继续增长。以泰国市场为例。东南亚主导电子商务平台 Shopee 的首席运营官 Terence Pang 表示："泰国在线购物者将不可避免地通过移动设备购买产品，因为泰国是一个移动优先的国家。"Shopee 于 2015 年 12 月在新加坡成立，目前在泰国创造了 500 万的 App 下载量，占 7 个市场总下载量的 1/5。Shopee 运营的国家和地区包括：新加坡、马来西亚、印度尼西亚、泰国、越南、菲律宾及中国的台湾地区。Shopee 泰国在 2016 年实现了每月超过 100 万订单。"泰国与越南一起被归为快速增长的、潜力巨大的移动电子商务市场，因为泰国的电子商务生态系统非常强大，智能手机普及率高，移动消费者多，16～25 岁的年轻人（网购主力军）购物力强。"Terence Pang 称。据预计，Shopee 泰国站将保持强劲的双位数增长态势，因为该平台致力于巩固其在泰国移动电子商务市场上的领导地位。在南非，2015 年至 2016 年，移动设备（包括智能手机和平板电脑）网购支出增长了 65%，达 95 亿兰特，并继续保持增长。

在中国，在国家政策支持、资本涌入、用户倍增、上网资费持续下降、上网速度不断加快的大趋势下，移动电子商务成为新一轮产业"黄金"。2017 年，移动 App 将成为电子商务企业的必争之地，有人预言"做电子商务或者做跨境电子商务，得移动者得天下"。

12.2 跨境电子商务类 App

App 是智能手机中应用程序的简称，即手机客户端。App 安装便捷，使用简单，已经成为移动互联网营销的主流入口。企业开发 App 的根本目标就是利用 App 进行营销。App 营销的前景主要体现在适应性更广、体验感更好、规模更大、支付更方便。在跨境电子商务行业中发挥着重要作用的电子商务平台正在发生微妙的变化,独立站点和几大平台向移动端大幅迁移的现象成为一道靓丽的风景,原生移动端也不断涌现。下面介绍几个跨境电子商务移动端应用。

12.2.1　Wish

Wish 作为移动端电子商务平台的领跑者,已经是跨境出口行业熟知的移动端应用了,其成长速度惊人。Wish 成立于 2011 年的 Wish 集团,2013 年正式进军外贸电子商务领域后,目前已成为北美最大的移动电子商务平台和全球第六大电子商务平台。Wish于 2014 年在中国上海成立了全资子公司及中国总部。

Wish 在各国移动端的排名均居购物类前列。截至 2017 年 9 月,该平台拥有的注册买家用户达到 2 亿人,每天有超过 700 万的用户活跃在平台上浏览商品。同时,该平台每天仍有超 20 万新用户涌入,并销售超过 200 万的商品数量。

两个特点总结 Wish:便宜和中国制造。Wish 提出 "shopping made fun" "以最亲民的价格提供给消费者最优质的产品,让消费者在移动端便捷购物的同时享受购物的乐趣。" Wish 移动端如图 12-1 所示。

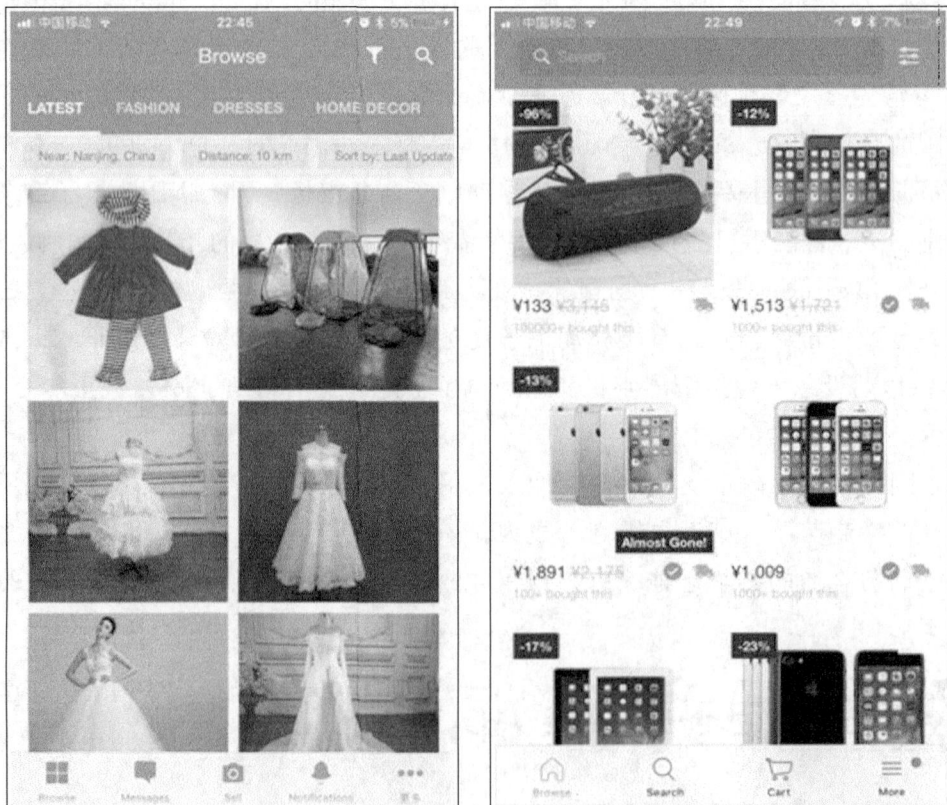

图 12-1　Wish 移动端

目前 Wish 旗下拥有的移动端 App 如图 12-2 所示。

跨境电子商务实操教程

图 12-2　Wish 旗下拥有的移动端 App

12.2.2　速卖通 App

速卖通移动端起步比 PC 端晚，在 2013 年 10 月正式运营，但从 2013 年到现在，移动端的成交额一直在增长，而且在成交总金额中的占比也一直在增长。移动端增长节奏很大程度上快于整体增长节奏。App 市场调查公司 App Annie 调查发现，2016—2017 年，速卖通 App 下载量增长了 80%。根据月度活跃用户量，速卖通被列入英国、澳大利亚、法国和德国市场上的 Top 5 App，并扩展进入印度、俄罗斯、巴西和土耳其这些新兴市场。2017 年，速卖通 App 在美国市场取得了重大进展，手机月度活跃用户年比增长近 25%。2017 年，美国 iOS 和 Google Play 应用商店中，速卖通 App 的下载量突破 270 万次，在以电子商务为主的购物 App 中排名第四，仅落后于亚马逊、Wish 和 Etsy。速卖通的卖家移动端如图 12-3 所示。

图 12-3　速卖通的卖家移动端

速卖通的买家移动端如图 12-4 所示。

AliExpress HD1.5.2 全球速卖通 AliExpress 是阿里巴巴为帮助中小企业接触海外终端、拓展利润空间而全力打造的融合订单、支付、物流于一体的外贸在线交易平台。速卖通平台通过互联网的方式缩短优化外贸产业供应链，帮助中国商家获得更高的利润。通过近年来的发展，速卖通已经成长为全球最大的在线外贸交易平台。

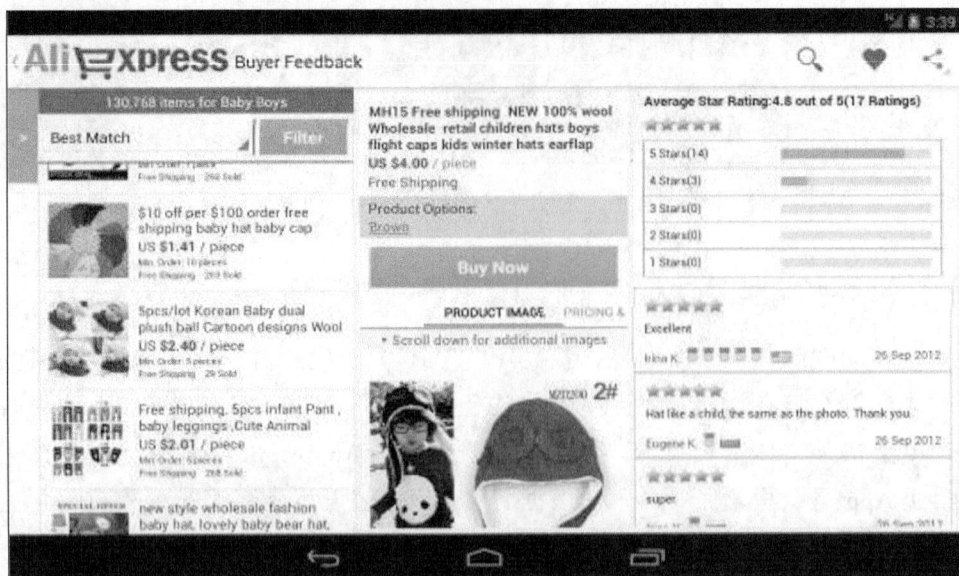

图 12-4　速卖通的买家移动端

12.2.3　亚马逊 App

亚马逊在移动端的投入和对 App 功能的打磨也让移动端的购物体验变得越来越好。用户可直接在安卓或 iOS 应用商店搜索"亚马逊"下载官方 App，如图 12-5 所示，包括美国亚马逊、日本亚马逊、中国亚马逊等全球亚马逊站点，都可以通过 App 内的设置进行切换。

图 12-5　亚马逊官方 App 下载

亚马逊 App 屏幕快照如图 12-6 所示。

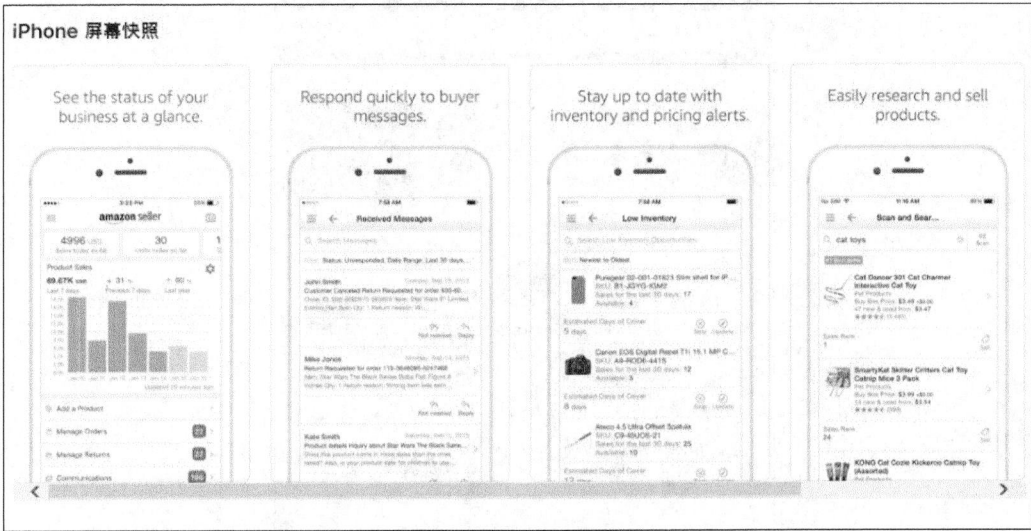

图 12-6　亚马逊屏幕快照

亚马逊的卖家移动端如图 12-7 所示。

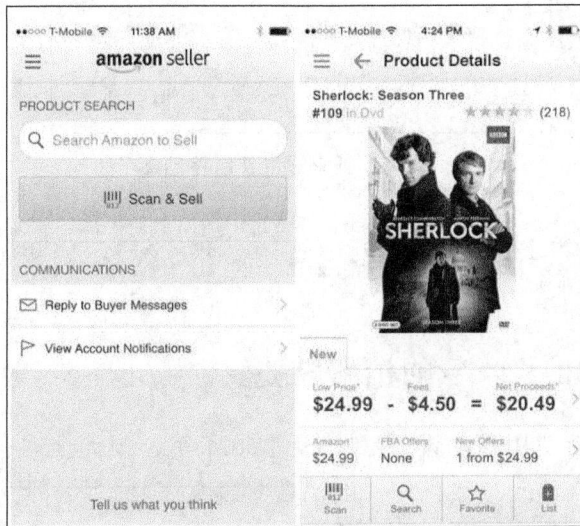

图 12-7　亚马逊的卖家（Amazon Seller）移动端

亚马逊的买家移动端如图 12-8 所示。

IDC（International Data Corporation，国际数据公司）认为，移动电子商务市场的发展不仅是一场 PC 端向移动端迁移的过程。移动 App 的到来帮助传统企业进行了消费产业链的重构，也帮助企业解决了产品展示、推进、收藏、在线支付等一系列问题，既满足了用户的需求，还帮助传统企业提升了市场竞争力，随之而来的是 App 的竞争也越来越激烈。在这种情况下，如何运用 App 抢占移动电子商务市场就成为电子商务卖家必须考虑的问题。

图 12-8　亚马逊的买家移动端

12.3　移动电子商务营销

12.3.1　移动电子商务的消费特点

越来越多的消费者使用移动设备网购，到 2021 年，预计全球有 45% 的电子商务销售额将来自移动设备。移动互联网用户的消费呈现以下特点：碎片化、移动化、消费需求个性化、消费入口多元化、消费决策理性化。

目前已经看到，由于移动电子商务的兴起，像 Facebook 等社交平台正在适应并改变他们的商业模式。那么移动电子商务市场的消费趋势是怎样的呢？

1. 年终旺季将被移动电子商务主导

年终旺季中，越来越多的消费者使用移动设备浏览购物清单。年终购物季时，消费者可能很忙，没时间打开 PC 端购物，而移动设备允许消费者在空暇时间购物。

2. 小卖家将加入移动电子商务大潮

小卖家需要利用每一个资源，而移动电子商务是未来趋势。如果卖家要在平台上开店，那么也要确保平台有进行移动电子商务的优化。

3. 通过手机提供 AR 购物体验

一些企业已经开始添加 AR（Augmented Reality，增强现实技术）购物体验，并已经看到很好的成效了。AR 是零售商帮助买家购物的一种工具，能让买家看到某些产品在家里的摆设情况和效果。

4. 重新将广告重点放在社交媒体和再营销上

社交媒体是移动电子商务及其营销的一个重要组成部分。借助 Facebook 广告、Twitter 广告和 Google Adwords 等自助式广告平台，以及"再营销"手段，电子商务卖家将能更准确地瞄准受众。例如，当有消费者初次访问店铺没有购买产品就离开，之后当他们在网上浏览各种其他网站时，就会看到相关产品的广告。此类广告非常有效、有针对性，有很高的投资回报率。

5. 移动设备购物、PC 端结账

现在有几个电子商务平台可以让消费者在移动设备上浏览并挑选产品放进购物车，但在 PC 端上付款。对于不喜欢在手机上存储付款信息的消费者，支持 PC 端付款将能提高转化率。消费者可以在移动设备上做好选择，然后在其他设备上直接查看购物车付款了。

12.3.2 App 营销模式

App 的营销既有传统营销中的方式，也有互联网时代新型的营销模式。下面介绍几种营销模式。

1. 活动营销

活动营销是指整合相关资源、策划相关活动，以期卖出产品，提升企业形象和品牌的一种营销方式。App 的活动营销分为两种：一种是线上 App 推出的相关营销活动，直接面向 App 用户；另一种是通过线下的活动界面引流进行营销。常见的活动营销种类有签到营销活动、抽奖营销活动、红包营销活动、打折营销活动、预订营销活动、团购营销活动等。在 App 客户端推出的营销活动，能够提升客户的依赖度和忠诚度，更利于培养核心用户。

2. 广告营销

广告营销是企业营销的一个重要组成部分，可以说在目前的市场环境下，没有广告营销，企业就无法达成目标。在 App 上投放广告，效果极快。在投入成本较低的情况下，产生的效果十分迅速。App 上的广告，要体现创意，要用创意吸引用户的注意力，并持续产生影响；形式可以为文字介绍、声音、音乐、图像、影像等多种形式。在 App 上可以根据用户确定目标市场，实现广告的定向发送。

3. 精准营销

精准营销主要是借助大数据的分析能力，将用户群体按照一定的分类方式进行分类，从而使产品更有针对性。从 App 的角度而言，移动客户端主要就是需要用户流量，

而用户流量的网络表现就是数据。

4. Wi-Fi 营销

Wi-Fi 营销的主要局限在于只能单个企业或者商家的店铺开展；也有 App 与 Wi-Fi 相结合，将大众引流至 App，打造线上线下的 O2O 模式，如伊宅购通过公交车免费 Wi-Fi 的形式推广企业 App。

12.3.3 移动支付

对于用户而言，可以在移动端 App 中使用在线支付的方式来完成相关款项的支付。目前，App 支持的支付产品有很多种，其中影响比较广泛的有支付宝、微信支付、财付通、PayPal、百度钱包、快钱、网银在线、中汇支付、融宝、盛付通等。移动支付的支付类型如图 12-9 所示。

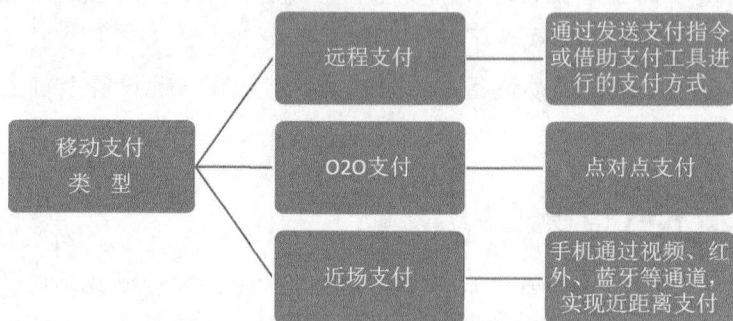

图 12-9 移动支付的支付类型

【思考与练习】

1. 为你在 PC 端的速卖通店铺设计基于移动端的主页、详情页，并上传产品。
2. 为移动端速卖通店铺制定推广策略。

PART 3

第 3 篇

跨境电子商务
风险防范与纠纷处理

本篇主要讲解实施跨境电子商务过程中遇到的各种风险和防范措施，以及纠纷处理办法。

第13章
跨境电子商务的
风险及防范

学习目标

　　了解跨境电子商务活动中最常见的3种风险：跨境支付风险、跨境物流风险及知识产权风险；掌握风险发生的原因，以及相应的防范措施。

案例导入

　　2015年到2016年年初，跨境出口电子商务领域已经发生了几起规模、影响都比较大的跨境电子商务支付纠纷。一件是跨境电子商务平台Wish和中国卖家账户纠纷事件。深圳的张先生经营一家平衡车的工厂，长期以来都是接受定牌生产（Original Equipment/Entrusted Manufacture，OEM）的海外订单生产。张先生在Wish平台上经营了两年多，一直非常顺畅，每次物流显示投妥就正常收汇，虽然有时候也会有一定的收款延迟，但是总体合作非常愉快。但是2015年因为销售平衡车，整个Wish资金账户都被全部冻结，之后里面的款项全部被退回，而且款项没有具体的说明，至今下落不明，经过跟Wish总部反复沟通，最终得到的答复是海外买家就知识产权和消费欺诈对他的店铺进行投诉，所以Wish最终判定支持海外买家的利益。

　　另外一件倍受关注的事件是贝宝（PayPal）支付账户冻结中国跨境电子商务卖家。在宁波做皮具箱包跨境电子商务的王老板，一直以来生意不错，2015年5月，王老板发现他们公司的PayPal账户被冻结，里面的资金全部不能使用，大概有超过6万美元的货款，之后他收到了PayPal的官方邮件解释：因为美国的一个客户在美国当地法院起诉他销售的产品侵犯美国公司知识产权商标专利。后经打听，王老板发现这件事是波及面很广的跨境电子商务知识产权诉讼事件。涉案企业为此还专门建立了一个维和权QQ群，但是大家最终还是选择了沉默，因为如果要解决案件，需要涉案企业去美国应诉，美国诉讼费用高昂，所以大部分跨境电子商务卖家没有积极响应，最终他们的账户资金被冻结甚至被直接清零。

13.1　跨境支付风险及防范

中国电子商务研究中心发布的《2017 年最新跨境电子商务数据报告》显示，2017 年，我国跨境电子商务交易额达到了 7.5 万亿元，增长速度为 19%。与传统外贸不同的是，跨境电子商务的多边化，即贸易过程中的信息流、货物流、资金流等已经由双边走向多边。跨境电子商务支付是以互联网为载体、交易双方为主体的一种支付结算手段，其伴随着电子商务和互联网的蓬勃发展而发展。近些年来，电子商务日益发展壮大，支付方式也随之多样化。目前，跨境电子商务的支付方式主要分为线上支付和线下支付两种。

跨境 B2B 是跨境贸易的主要交易模式，目前占整个跨境交易额的 85%以上。目前，跨境电子商务 B2B 的支付环节主要采取电汇（T/T）、信用证（L/C）、托收（D/P）、西联汇款等线下支付方式，即传统外贸支付方式。而近年来，发展迅速的跨境 B2C 主要采用国际信用卡和第三方支付平台进行支付。而我国中小外贸企业使用较多的支付平台有 PayPal、Cashpay、Moneybookers、Payoneer、ClickandBuy、Paysafecard、WebMoney、CashU、LiqPay、QiwiWallet、NETELLER 等。总体来说，信用卡和 PayPal 是目前使用最广泛的国际网购支付方式。而俄罗斯的 WebMoney、Qiwi Wallet，中东和北非的 CashU 是一些有地域特色的支付方式。

13.1.1　跨境 B2B 支付种类及其风险

1. 电汇（T/T）

T/T 作为一种国际贸易付款方式，一般存在两种方式。一种是 30%（或 20%等）预付 T/T，即订单确定后由买家电汇 30%的货款给卖家，其余货款在货物运走后，卖家拿到海运提单后发传真给买家，证明货已运走，再由买家电汇余下的货款。这种付款方式又称为前 T/T，对买家和卖家都有一定的风险。另一种付款方式是后 T/T，即买家在收到货物后，才付全部货款。后 T/T 的风险全部由卖家承担，买家基本没有风险。预付T/T 已经是一种国际贸易惯例，相对于信用证等其他线下支付方式来说，费用低很多，且速度快，因此在传统外贸中使用较为广泛。

2. 信用证（L/C）

信用证（L/C）是指由银行（开证行）依照（申请人的）要求和指示或自己主动，在符合信用证条款的条件下，凭规定单据向第三者（受益人）或其指定方进行付款的书面文件，即信用证是一种银行开立的有条件的承诺付款的书面文件。

在国际贸易活动，买卖双方可能互不信任，买方担心预付款后，卖方不按合同要求发货；卖方也担心在发货或提交货运单据后买方不付款，因此需要两家银行作为买卖双方的保证人，代为收款交单，以银行信用代替商业信用。银行在这一活动中所使用的工具就是信用证。由于货款的支付以取得符合信用证规定的货运单据为条件，避免了预付货款的风险，所以信用证支付方式在很大程度上解决了买卖双方在付款和交货问题上的矛盾。它已成为国际贸易中的一种主要付款方式。

虽然信用证解决了买卖双方的在货、款上的矛盾，但是信用证的潜在风险依然存在。对卖方来说，信用证必须注意以下几方面的风险防范：开证行的资信情况；信用证的真伪；信用证的索汇路线；信用证的"软条款"陷阱；信用证的开证日期、有效期及开船日期等时间问题。而对买方来说，主要需要注意单据不符的问题。

3. 付款交单（D/P）

付款交单（Documents against Payment, D/P）是指代收行必须在进口商付清货款后，才可将商业（货运）单据交给进口方的一种结算方式。

在 D/P 业务中，银行并不审核单据的内容，也不承担付款义务，它提供转交单据、代为提示单据、代为收款转账等服务。在 D/P 出口业务中，卖方承担了主要的风险。因此，卖方必须注意以下几方面的风险：买方的支付能力和商业信誉带来的风险；在买方付款之前，单据已交付带来的风险。

4. 西联汇款

西联汇款是国际汇款公司（Western Union）的简称，是世界上领先的特快汇款公司。与普通国际汇款相比，西联汇款的优点是：不需开立银行账户，1 万美元以下的业务不需要提供外汇监管部门的审批文件；简便快捷，汇款 10 分钟之内就可以到账。而普通国际汇款需要 3～7 天才能到账，2 000 美元以上还须外汇监管部门审批。西联汇款对卖方最有利、安全，因为先收钱后发货，但可能由于买方对卖方的不信任导致交易失败。

13.1.2 跨境 B2C 支付种类及其风险

1. 国际信用卡

国际信用卡收款通常指的是国际信用卡在线支付，一般用于外贸中 1 000 美元以下的小额收款。目前，国际信用卡收款是通过第三方信用卡支付公司提供的支付通道达到收款目的的。这种支付方式可以拒付，可以保护消费者的利益，而且操作方便快捷，所以深受外国朋友的钟爱。当前，国际五大信用卡品牌是：Visa、MasterCard、America Express、JCB、Diners club，其中 Visa 和 MasterCard 是目前使用最广泛的国际信用卡种类。

信用卡消费是当今国际流行的一种消费方式，尤其是在欧美地区，信用体系早已很完善。跨境 B2C 交易中使用信用卡支付的优点很明显：迎合海外买家的消费习惯，支付方便；买家不能轻易拒付；客户群巨大，国际 Visa、Master Card 用户量超过 20 亿，特别是欧美地区，使用率很高；如果买卖双方的交易存在争议，只会冻结该笔交易金额，不会影响卖方账户。因此，在线购物时使用信用卡付款，已成为跨境 B2C 的重要支付方式。

但是，在信用卡使用过程中，跨境电子商务的卖方要特别注意信用卡有 180 天的拒付期（个别信用卡甚至 180 天后还可以拒付），拒付行为可能导致卖方钱货两空。拒付是指信用卡持卡人本人（即买方）主动要求把钱退回去的行为。当前，卖方应防范的拒付原因主要存在以下几方面：买方没有收到货；货不对版；货物质量问题；黑卡、盗卡、商务卡交易；诈骗分子。

2. 第三方支付平台

在跨境电子商务贸易的支付环节中，大额交易收汇可以使用传统贸易结汇方式，而小额交易额由于交易小且分散，传统贸易结汇方式的费用太高，因此催生了第三方支付平台。

跨境电子商务第三方支付平台的特殊性，使得交易的真实性难以确定，并且虚拟化的交易带来了一系列单据审核的困难。跨境电子商务支付结算的风险主要体现于信用风险、信息安全风险、资金监管风险、法律风险以及流动性风险等方面。

（1）信用风险

由于跨境贸易经常存在款项已付而货物未收到，或者货物已发而款项未收到等现象，第三方支付平台的监管也只是停留在虚拟层面上，很难确定交易的实际情况。所以对于交易双方而言，都存在着一定的信用风险，可能都需要承担对方违约的风险来进行交易。

（2）信息安全风险

有别于传统贸易下买卖双方通过银行直接进行结算的方式，跨境电子商务需要通过互联网渠道，即第三方支付平台来进行货款支付。因此，在转账过程中容易产生一系列网络安全问题，比如遭受黑客攻击、数据系统遭到损害，使得大量内部数据被泄露或者篡改。此外，由于银行是按照第三方支付平台的指令，将货款划入目标账户，银行无法对交易的真实性进行审核。同时，由于支付的虚拟化，缺乏传统贸易的纸质单据，还会造成银行对交易单据审核困难。

（3）资金监管风险

由于第三方支付平台不是金融机构，往往是与境外的银行合作，通过账号共享等方式实现跨境支付，而目前还没有相关配套的法律、法规及一些合适的措施对其进行监督和管理。因此，存在第三方支付企业利用监管漏洞进行违规操作的问题，实现跨境资金的流动，给跨境电子商务的健康发展造成了一定的影响。此外，虚拟货币的广泛使用使有关部门和第三方跨境支付平台对交易双方资金来源的监管更加困难。

在我国，第三方支付机构在资金清算、支付结算方面和金融机构有着同样的职能，但是却不属于金融机构。在电子支付服务监管问题上，中国人民银行是支付体系的法定监管机构。在跨境支付问题上，外汇管理局及其分支机构是法定监管者。由于第三方支付机构提供的支付服务属于非金融机构支付范畴，所以第三方跨境支付机构受多个部门的同时监管，因此相关法律法规的不完善可能会导致监管出现混乱的状况。

（4）法律风险

由于跨境电子商务的多边性，跨境支付至少涉及两个国家（或地区），所以在支付过程中所产生的矛盾和纠纷在不同的法律制度和监管体系中会增加其跨境支付的法律风险。在跨境电子商务的相关纠纷中，往往各国（或地区）的法律和相关机构会有所偏向，可能会造成交易中的某一方损失，使企业在跨境贸易中极容易面临经济纠纷及信用风险。

（5）流动性风险

跨境的支付结算过程会产生资金到账时间的问题，一般资金不能立即到账，需要经过结算银行购汇或结汇支付，一般支付平台完成交易资金清算常需要7～10天，可能会导致企业的资金周转出现问题。比如，企业需要交易所得的货款来支付职工工资、生产产品、购买原材料等，但是由于资金在支付过程中停滞了一段时间，产生经营周转问题，造成企业经营的流动性风险。

13.1.3　跨境支付风险防范

国家外汇管理局于2015年正式发布《国家外汇管理局关于开展支付机构跨境外汇支付业务试点的通知》和《支付机构跨境外汇支付业务试点指导意见》，指出支付机构跨境外汇支付业务试点开始在国内运行，满足以下条件的支付机构可以为跨境电子商务所进行的交易产生的外汇资金收付与结算提供服务：拥有支付牌照；互联网支付在其经营范围之内。上述政策的出台，大大推动了我国跨境电子商务的发展。跨境外汇支付的许可拓宽了我国第三方支付的服务贸易领域，使我国第三方支付公司能够更好地参与到国际竞争中去，为我国支付公司开辟了更广阔的发展空间。

针对跨境电子商务支付的一系列风险，企业及第三方支付平台可以采取以下措施来防范风险：建立信用机制，将失信的交易方纳入信用黑名单中，限制其跨境交易范围；加强网络系统的维护，对交易数据进行加密，配置网络安全漏洞扫描系统，对关键的网络服务器采取容灭（允许毁灭）的技术手段；对于法律风险，各国（或地区）尽快完善跨境电子商务的法律法规，有效解决跨境电子商务支付结算中所产生的纠纷；对于流动性风险，企业可以参加各类信保计划等，来抵御资金流动性风险，如阿里巴巴的信用保障计划和一些外贸综合服务平台，除了为中小跨境电子商务企业提供报关、结汇、退税的便利外，还能提供资金的便利。

对于跨境电子商务，尤其是跨境B2C，大力发展"一站式"跨境支付综合服务尤其重要。比如，最受欧美地区客户欢迎的PayPal，除了开展互联网支付、移动支付、信用支付、线下支付等核心业务外，还为消费者提供便捷、安全的支付选择，并为客户提供更多的延伸服务：代收代付、跨境电子商务、资金归集、咨询服务、线上对线下（Online

To Offline，O2O）服务等。

面对我国跨境电子商务零售企业的诸多不便，我国跨境支付机构，尤其是第三方支付机构未来将在政策支持下，如果能加强与电子商务平台的合作，从商户商品展示、贸易撮合，到在线签约及电子单证的拟定、资金托管，以及最终的支付结算、通关交付、出口退税等全程参与，提供一体化解决方案，实现全程无纸的纯电子化交易，缩短交易周期，提升结算效率，其发展前景将十分广阔。

13.2 跨境物流风险及防范

随着跨境电子商务的蓬勃发展，跨境电子商务物流也随之迅速成长。跨境 B2B 贸易由于交易量大，班轮运输在货物运输中仍最为广泛，约占国际贸易总运量的 2/3 以上。班轮运输是跨境电子商务 B2B 交易中最为常见的物流方式之一。跨境 B2C 贸易交易小且分散，多采用航空小包。当前，我国从事跨境电子商务物流的企业可以分为以下几类：传统邮政、快递公司、运输业发展起来的跨境电子商务物流企业，如 DHL、UPS、TNT、FedEx 四大国际快递公司及顺丰等；传统零售业或者大型制造业组建的跨境电子商务物流企业，如苏宁物流、海尔物流、沃尔玛物流等；电子商务企业自建的跨境电子商务物流企业，如亚马逊物流、阿里巴巴物流、京东物流等；跨境电子商务物流联盟企业，如菜鸟网络等；新兴跨境电子商务物流企业，如出口易、递四方等。

与传统国际物流相比，跨境电子商务物流是集产品、物流、信息流、资金流于一体的自主服务，有着更高的敏捷性和柔性，其运作涉及货币结算、报关手续、国际多式联运和物流保险等多项复杂内容。

跨境电子商务的发展离不开物流的支持，但物流却一直是制约跨境电子商务发展的一大瓶颈。目前，我国在发展跨境电子商务物流方面还存在着诸多尚需解决的困难。

13.2.1 跨境物流风险

1. 国际环境风险

跨境电子商务物流涉及多国（或地区）运输，各国（或地区）差异较大，目的国（或地区）的政治、社会环境等因素对跨境物流的影响颇深。首先是特定因素影响，例如政局不稳可能使跨境包裹延误，直接影响后续物流的配送效率。除此之外，自然灾害、各国（或地区）对于跨境电子商务包裹的海关通关政策的改变及各国（或地区）宏观经济的波动也会在一定程度上影响物流成本。

2. 海外仓风险

企业采取海外仓物流模式是当前跨境电子商务物流发展的热点，但是企业对市场份额的预测不准确也会给海外仓规模及库存带来风险；目的国（或地区）市场需求波动也会导致企业在仓储、运输上加重物流成本。此外，在海外仓管理、报税、通关等方面，如文化差异、产品退换货率升高、产品的生命周期波动都会带来一定的风险。

3. 通关风险

在海关通关流程中，各国（或地区）海关清关速度、商检标准、各国（或地区）海关政策、产品特性都要会造成跨境物流风险。通过一般贸易流程进出口的货物，通关流程规范，查验较为严格。通过邮递和快递进出口的货物，受到海关行邮处的人力资源紧缺的影响，存在灰色清关的可能，在结汇、出口退税和物品退换货存在一定的困难，增大了交易风险。

4. 国际运输风险

跨境商品运输往往涉及多种运输方式，其运输对接、转运过程中的不确定性因素（如人工分拣出错、多语言操作误区、货物破损、丢失和延迟投递等问题）较境内运输风险高很多。跨境电子商务的运输风险还存在于跨境物流信息的传递上。首先，在运输地址上就存在着根源性的风险。由于跨境电子商务的多语言和各国（或地区）消费者习惯的不同，境外消费者配送地址容易出现错误或误读，给跨境电子商务卖家造成很大的物流损失。其次，境外物流信息常常无法追踪或严重滞后，容易造成客户投诉或取消订单，不仅影响用户体验，还会因退货而导致物流成本的增加。

13.2.2　跨境物流风险存在的原因

1. 物流基础设施不健全

我国跨境电子商务行业兴起于 20 世纪末，跨境电子商务物流作为配套性行业随之开始发展。2013 年至今，我国跨境电子商务行业进入转折期，呈现爆发性增长，跨境电子商务物流作为跨境电子商务行业发展的关键性瓶颈，受到越来越多的重视。与欧美发达国家相比，我国物流产业发展起步晚，但发展迅速，整体物流环境还比较混乱，交通运输模式不全面、运输方式利用率低，其基本配套设施还存在不足，如运输、仓储、配送、报关等。物流基础设施建设的薄弱，制约着跨境电子商务物流产业的高效运行。

2. 物流成本较高

在社会总成本中，物流成本一直占有 30% 左右的比重。跨境电子商务物流相比境内物流更复杂、风险更大、环节更多，还需要考虑跨境商品的进出口关税、商检、仓储、跨境快递等一系列的费用，因此，跨境电子商务的物流成本高于境内的物流成本。除此之外，如果跨境双方完成交易后，买方由于种种问题需要退换货，更使得交易的时间和金钱成本增加。

3. 运输周期长

跨境物流的环节相对较长，包括境内物流、境内海关、国际运输、境外物流、境外商检、境外海关等较多环节。各境海关清关和商检的时间和要求不同，这使得跨境电子商务物流所需的时间要远多于境内交易。尤其是春节、圣诞节等购物旺季，跨境电子商务物流所需的时间更长。物流慢也成了跨境电子商务交易中卖家被投诉的主要原因，因此物流周期长已成为制约跨境电子商务发展的一大障碍。

4. 物流信息化发展滞后

跨境 B2C 交易中，物流主要采用邮政小包，存在着物流信息无法及时追踪的情况。在小包运输中，往往涉及境内和境外等几段运输，货物所处的环节、所在地点、是否入仓等信息往往无法及时追踪并反馈给买家，使买家对于跨境电子商务的满意度和忠诚度不高。

5. 跨境电子商务物流退换货问题

电子商务贸易的自身特点导致退换货的比重大。引发跨境电子商务物流退换货的原因众多，如产品质量、运输周期、货品丢失、配送地点有误、商检及海关风险等。此外，西方国家的消费习俗使退换货现象较为常见，这也使我国跨境电子商务物流中退换货频率大幅提高，由此带来的成本损失，会给我国跨境电子商务物流企业的持续发展施加不利影响。

13.2.3 跨境物流风险防范

1. 健全跨境电子商务物流相关配套政策

我国政府在 2012 年跨境电子商务开始试点后，就陆续在海关、商检、税收、仓储、外汇等方面出台了一系列的指导意见和支持政策。比如，国务院办公厅在 2013 年 7 月的《关于促进进出口稳增长、调结构的若干意见》；2013 年 8 月的《关于实施支持跨境电子商务零售出口有关政策意见》等，但是有关跨境物流的相关政策却鲜少出台。现阶段，虽然我国在发展跨境电子商务方面处于世界领先地位，但是在物流运作模式中还处于探索阶段，关于业内操作规范、通关流程、税收、仓储管理、相关企业管理等内容法律化约束相对匮乏。跨境电子商务的运作模式不断创新，应借助法律法规条文来约束跨境物流企业的相关行为，以保证跨境电子商务运作的规范性与合理性。

由于跨境电子商务交易的商品种类越来越复杂，物流的类型也趋于多样，如生鲜产品不适宜采取先行配送入仓存储的配送方式。原有的产品运输、清关及商检环节由于手续及程序复杂，也容易对产品的价值构成损害。因此，需要创新海关、商检和物流等方面的配套措施，以有效解决此类产品在跨境电子商务贸易中的特殊处境。

跨境电子商务物流在通关时较多采用传统的报关方式，由于清关手续和检验检疫手续复杂，所以跨境电子商务物流效率低下。近年来，我国一直在积极探索海关、商检、等方面的政策创新，并积极倡导"海外仓"和"一体化"的跨境电子商务综合服务平台，提高清关效率，进而提高跨境电子商务物流的效率。

2. 构建跨境物流信息系统

就当前跨境电子商务物流的发展而言，建立跨境物流信息系统、解决跨境物流中的信息不对称问题显得极为迫切。2017 年 9 月 20 日的国务院常务会议决定，要在全国复制推广跨境电子商务线上综合服务和线下产业园区"两平台"及信息共享、金融服务、智能物流、风险防控等监管和服务"六体系"的成熟做法，积极探索新经验，在制定跨境电子商务国际标准中发挥更大作用，其中，建设智能物流是主要内容之一。伴随着大数据、物联网、智慧物流等相关技术的成熟，构建智能化的跨境物流信息平台成为趋势。

我国政府应顺应跨境电子商务和互联网技术发展的潮流，积极引导跨境物流企业、各类电子商务平台、国内外物流企业等利用大数据、云计算、"互联网+物流"等建立集成电子商务、跨境仓储、物流实时信息、金融政策、市场营销等所有服务环节的"一体化"跨境综合信息服务平台，开拓新的电子商务模式，有效解决不同应用系统、数据格式、通信协议等层面的数据对接，多平台协作以及数据交换问题。由政府引导的具有大数据分析优势的阿里巴巴、在云计算领域领先的亚马逊以及京东、eBay 等电子商务企业积极探索能实现支付对接的信息系统，推动跨境物流的智能化建设。

3. 合理选择跨境物流模式

传统跨境电子商务物流模式主要是以邮政包裹、快递、物流专线为主，近几年随着跨境电子商务的飞速发展，海外仓模式也快速发展，成为重要的跨境物流模式。我国政府早在 2014 年 5 月发布的《关于支持外贸稳定增长的若干意见》中，就提出了"鼓励企业在海外设立批发展示中心、商品市场、专卖店、海外仓等各类国际营销网络"。接着，又在《关于加快培育外贸竞争新优势的若干意见》《关于促进外贸回稳向好的若干意见》等报告中，多次提到"支持企业建设一批出口产品海外仓和海外运营中心"。

海外仓作为跨境电子商务发展的新型模式，为包裹物流向仓储物流的转型升级提供了重要支撑，具有高效率、低成本等优势，成为电子商务业界新的关注热点。目前，我国跨境物流海外仓具有自建模式、租用模式与合作建设模式等 3 种模式。此 3 种模式的特点、属性不同，可满足各种商家的不同需求。然而，目前我国海外仓在支付渠道、资金成本、法律监管与企业管理方面，仍存在一定的发展障碍。

4. 培养高素质的专业跨境物流人才

人才的培养对于企业的发展至关重要，具备外贸知识、电子商务、外语、法律及计算机操作能力的物流人员是跨境物流企业高效运行的重要保障。为了保证人才培养能适应跨境电子商务行业的快速发展，应强化物流企业与高校建立合作关系，实施校企合作人才培养模式。目前，高校中设置的国际贸易实务专业、电子商务专业、物流专业都存在一定的专业局限性，不能紧跟行业的发展步伐。加强企业与高校的衔接，让教师深入企业学习及从企业聘请专业人员授课，是培养专业型人才的有效途径。此外，还需要保证学生实践的专业性，可以把企业的实际项目运作融入学生的实践环节，以实现校企合作培养人才的深度融合。

13.3 知识产权风险及防范

知识产权已经成为制约中国跨境电子商务企业的阻碍之一。早前，境外跨境电子商务巨头亚马逊对可能涉嫌知识产权争议的中国跨境出口商品（如平衡车）采取严格的强制下架处理。

伴随着跨境电子商务的迅速发展，跨境电子商务涉及的知识产权问题呈现出错综复杂的趋势。从内容上看，跨境电子商务涉及的知识产权问题越来越广泛，包括专利、版权、商标、商业秘密、地理标志等各种类型，并引发数据库、计算机软件、网络域名、不正当竞争等问题；从服务形式上看，跨境电子商务中的知识产权问题涉及各行业，不仅触及服务贸易，更牵扯到货物贸易，既可以在有形货物贸易中存在，也涉及无形商品交易；从跨境法律扩张力上看，既有因出口而导致境内知识产权的域外冲突，也涉及因进口而出现境外知识产权的域内冲突；从主体关系上看，不仅跨境电子商务供应方（卖方）和需求方（买方）之间或直接或通过中介平台间接发生交易关系，而且其交易主体也可能具有多种知识产权角色。

13.3.1 知识产权风险

侵权行为主要集中在版权、商标、专利及电子商务交易平台规则几个方面，其中知识产权侵权表现在版权侵权、专利侵权和商标权侵权等3个方面。

1. 版权侵权

版权又称为著作权，是指文学、艺术、科学作品的作者对其作品享有的权利（包括财产权、人身权）。版权是知识产权的一种类型，它是由自然科学、社会科学以及文学、音乐、戏剧、绘画、雕塑、摄影、图片和电影摄影等方面的作品组成的。版权保护的核心是保护版权所有者控制作品传播和使用的权利。

在传统技术条件下，版权所有人对作品的复制权、发布权、播放权等权利比较容易把控。随着数字网络时代的到来，作品的复制与传播成本日益低廉，复制质量完美无缺，无所不在的复制严重损害了版权人的利益，跨境电子商务的发展得益于信息网络技术的进步。目前，在电子商务平台上，主要存在以下几方面的版权侵权行为。

① 未经版权人的同意或授权，直接传播使用他人的著作权，如在图片的使用中存在复制后使用、进行抠图后使用、拼图后使用及使用他人的细节图等形为都构成版权侵权行为。

② 在电子商务平台店铺和产品宣传中，盗用、复制他人的音像制品、图书、软件等作品。

③ 乱用他人创作、发表或登记的著作权对店铺及商品进行宣传，包括使用卡通人物、影视作品、摄影作品和登记的美术作品都有可能构成不当使用他人的著作权。

2. 专利侵权

专利权是知识产权的重要组成部分。通俗地讲，专利权是一种财产权，是专利权的拥有者运用法律保护手段"跑马圈地"，独占现有市场、抢占潜在市场的有力武器。一般而言，专利权分为以下 3 种类型：发明专利权、实用新型专利权、外观设计专利权。专利侵权也是跨境电子商务知识产权侵权的主要类型之一。专利侵权行为是指在专利权有效期限内，行为人未经专利权人许可又无法律依据，以营利为目的实施他人专利的行为。根据专利侵权行为的表现形式，专利侵权行为分为直接侵权行为和间接侵权行为两类。

由于在跨境电子商务中无法直接看到实物，很难判断使用者是否对该项专利权拥有使用权。在跨境电子商务中，专利侵权问题主要集中在侵犯许诺销售、进口专利产品或使用其专利方法、假冒专利产品等方面。

3. 商标侵权

商标权是指商标所有人对其商标所享有的独占的、排他的权利。在我国，由于商标权的取得实行注册原则，所以商标权实际上是因商标所有人申请、经国家商标局确认的专有权利，即因商标注册而产生的专有权。在跨境电子商务业务中，容易在店铺名、产品本身、标题、商品信息详情页、图片及商标 Logo 等信息中出现商标权侵权纠纷。例如，对品牌商品的名称进行细微改动，或进行拆分与添加、对商品的商标及 Logo 打上马赛克等行为都构成商标权的侵权行为。

当前，跨境电子商务常见的商标权侵权行为主要有：未经注册商标所有人的许可，在同种商品或者类似商品上使用与其注册商标相近或者近似的商标；销售明知是假冒注册商标的商品；伪造、擅自制造他人注册商标标识或者销售伪造、擅自制造的注册商标标识；故意为侵犯注册商标专用权的行为提供便利条件。

13.3.2 知识产权风险防范

各电子商务平台日益重视知识产权问题，如何更好地保护自己的店铺不被封店？如何应对突然陷入知识产权纠纷？产品在海关被扣留时应怎样处理才能减少损失呢？

1. 国家加强立法工作，加大对侵权行为的惩处力度

尽管我国知识产权保护制度的制定借鉴了发达国家的知识产权法律体系，且发展迅速，但是与美国知识产权法律保护相比仍有较大差距。当前，跨境电子商务的知识产权更注重数据库共享和保护、知识产权私权保护、技术措施、商业秘密等内容。当前，涉及跨境电子商务领域的知识产权执法部门较多，执法权较为分散，不利于对跨境电子商务知识产权侵权行为进行严格查处。因此，加大对跨境电子商务企业的知识产权执法力度，规范知识产权行政管理、行政执法机关的执法权，严格执法程序，对涉嫌知识产权的犯罪进行及时、有效的查处，有助于跨境电子商务行业的健康发展。

在跨境电子商务交易中，海关的监管不仅要肩负促进贸易便利化、强化商品或服务的便捷性、促进合法商业交易的责任，还需要发挥海关对知识产权保护的最后防线这一功能。随着社会的发展，现代海关已经从原有的税收征管功能中走出，而被当代社会赋予了更多功能，如查验、扣押假货和扣押盗版产品等。另外，海关还可以对出口货物中涉嫌侵犯知识产权的产品进行依法执法。

今后，我国政府需要加强海关对跨境电子商务知识产权的监管，加大对跨境电子商务渠道进出口商品的例行检查，及时查获知识产权侵权商品，避免和减少知识产权侵权案件的发生，维护中国良好的对外交往形象。

2. 强化跨境电子商务平台的审查工作

跨境电子商务的发展有赖于安全、快捷的电子商务平台，但是跨境电子商务平台的准公共性放大了知识产权自治不足或过度对市场秩序的破坏力。强化第三方交易平台的监督管理义务，明确界定审查的范围，第三方交易平台应负责验证商家提交的文件的真实性，确保商户经营主体的合法性与所售商品的合法性。

目前，各大跨境电子商务平台中，美国亚马逊发展最早、最为成熟，较其他跨境电子商务平台，平台规则更复杂和完善，对网店违反平台规则的惩罚力度最为严格。我国跨境电子商务经历了几年快速而又相对无序的发展后，国内的各大跨境电子商务也在逐渐完善其平台规则，如阿里巴巴联合境内、境外各利益相关者和监管机构，逐步出台了较为成熟的知识产权自治规则体系和不断完善的知识产权执法措施，所适用的法律也慢慢超出了跨境电子商务平台所在国（或地区）法律，逐步融入对商业操作惯例和各国（或地区）不同知识产权权利人影响力的考虑。阿里巴巴集团的全球速卖通是当前国内最具代表性的跨境电子商务 B2C 模式的跨境电子商务平台，近年来不断地提高店铺入驻平台的标准，加大对入驻店铺日常的监督和管理工作。如 2018 年1 月发布的《全球速卖通知识产权规则》中，非常明确地提出了店铺侵犯不同类型知识产权的处罚情况，如表 13-1 所示。但是在目前的实践中，我国跨境电子商务平台在确认侵权后大多只有下架、冻结账户或关闭店铺等惩罚措施，在处理模式和方法等方面创新不足。

表 13-1　2018 年全球速卖通知识产权规则

侵权类型	定义	处罚规则
商标侵权	严重违规：未经注册商标权人许可，在同一种商品上使用与其注册商标相同或相似的商标	3 次违规者关闭账号
	一般违规：其他未经权利人许可使用他人商标的情况	（1）首次违规扣 0 分 （2）其后每次重复违规扣 6 分 （3）累计达 48 分者关闭账号

侵权类型	定义	处罚规则
著作权侵权	严重违规：未经著作权人许可复制其作品并进行发布或者销售，包括图书、电子书、音像作品或软件等	3次违规者关闭账号
	一般违规：其他未经权利人许可使用他人著作权的情况	（1）首次违规扣0分 （2）其后每次重复违规扣6分 （3）累计达48分者关闭账号
专利侵权	外观专利、实用新型专利、发明专利的侵权情况 （一般违规或严重违规的判定视个案而定）	（1）首次违规扣0分 （2）其后每次重复违规扣6分 （3）累计达48分者关闭账号 （严重违规情况，3次违规者关闭账号）

3. 提高企业知识产权意识，提升风险防范能力

目前，我国跨境电子商务企业主要是中小外贸企业，知识产权意识薄弱，知识产权管理水平尚需进一步提升。我国跨境电子商务企业在销售商品时，要保证供货渠道的正规性，一定要知识产权先行，做好产品的专利、商标及版权的调查工作，杜绝仿品、假货，以降低侵权风险。在设置店铺名时，也需要注意是否有涉及他人注册的商标，不能复制其他知名品牌的名称，也不能使用容易误导买家的品牌名称。

目前，各大跨境电子商务平台，如亚马逊和全球速卖通平台都提供了相应的知识产权查询网址，具体参见这两个平台的相应页面。

当然，跨境电子商务企业防止被侵权最直接、有效的方式是拥有自己的专利，比如通过注册自有商标来避免侵权。不同于外观专利及发明专利，商标的使用时间越长，其价值与显著性越强，因为商标使用时间越久，品牌的消费群越大，辨识度也越高。而在很多国家，外观设计专利公开6～12个月后就会因为缺乏新颖性而不能再申请专利了。

4. 企业应当善用法律程序，争取维护最大权益

我国部分跨境企业对法律法规和跨境电子商务平台规则的重视程度不够，也缺少诉讼的经验，一旦店铺接到投诉或账号被封，往往应对失措。

当前，跨境电子商务平台的知识产权政策都有类似的规定，如不允许出售假货、盗版和未授权产品等。一旦侵犯知识产权，会导致卖家账号被封，资金被冻结。跨境电子商务企业在收到律师函或投诉后应积极应对，可以从以下几方面来准备应对措施。

① 尽快找到侵犯知识产权的产品，积极与知识产权所有人沟通，争取寻求产权人的谅解和撤诉。

② 如果投诉未撤销，给平台提供供应商名单及与其合同条款，证明投诉的不合理性。

③ 下架或清理导致电商平台账号被停的所有库存产品及禁止在平台销售的产品。

④ 向电商平台提起上诉。

而跨境电子商务卖家如何防止其他卖家跟卖自己辛苦打拼出来的热销产品呢？首先，要提前做好知识产权布局，在产品未上市前，提前申请产品的外观专利和版权，注册好自有商标；其次，一旦发现侵权，及时记录对方店铺的名称、公司名称及对方商品详情页网址，并保留好截图，这样一旦被侵权，能提供有力的证据。

【思考与练习】

1. 请简述跨境电子商务 B2B 模式和 B2C 模式的支付风险及防范措施。

2. 请简述跨境电子商务交易中存在的主要跨境物流风险及原因。

3. 分析下面跨境电子商务中知识产权纠纷的案例，利用本章内容加以分析，并提出应对方案。

osram（欧司朗）以其出色的光源产品而闻名于世。今天，osram 已成为世界两大光源制造商之一。osram 总部设在德国慕尼黑，曾经是西门子全资子公司，于 2013 年 7 月离开西门子系统独立发展，其产品广泛使用在公共场所、办公室、工厂、家庭以及汽车照明各领域。图 13-1 中，某产品的标题、属性、描述中出现该商标的情况，属侵权行为。

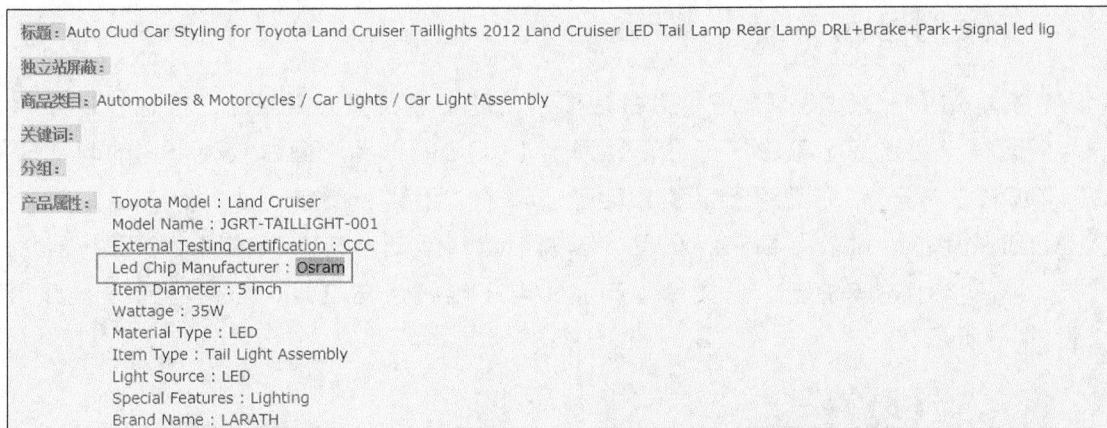

```
标题: Auto Clud Car Styling for Toyota Land Cruiser Taillights 2012 Land Cruiser LED Tail Lamp Rear Lamp DRL+Brake+Park+Signal led lig
独立站屏蔽:
商品类目: Automobiles & Motorcycles / Car Lights / Car Light Assembly
关键词:
分组:
产品属性:    Toyota Model : Land Cruiser
             Model Name : JGRT-TAILLIGHT-001
             External Testing Certification : CCC
             Led Chip Manufacturer : Osram
             Item Diameter : 5 inch
             Wattage : 35W
             Material Type : LED
             Item Type : Tail Light Assembly
             Light Source : LED
             Special Features : Lighting
             Brand Name : LARATH
```

图 13-1 侵权案例

第14章
跨境电子商务纠纷处理

学习目标

了解跨境电子商务活动B2B和B2C模式中常见的纠纷类型；了解传统国际贸易和跨境电子商务活动中纠纷的不同之处及处理方式的不同。

案例导入

魔术贴（HOOK&LOOP）又名粘扣带，是一种衣服上常用的连接辅料，分为两面，一面是细小柔软的纤维，为圆毛（LOOP)，另一面是较硬带钩的刺毛（HOOK)。该产品广泛用于服装、鞋子、帽子、手套、皮包、沙发、车船、座垫、航空用品、雨披、窗帘、玩具、睡袋、体育运动器材、音响器材、医疗器械、帐篷、小轮车护套、各类军工产品、电子电线、充电器、陈列用具等，如图14-1所示。

图 14-1　魔术贴

很多卖家用velcro tape来表示魔术贴，但"velcro"最初是由美国罗克牢公司注册的商标，后来逐步在行业内广泛使用。最近速卖通平台收到越来越多velcro权利人的商标侵权投诉，velcro权利人称大量卖家使用"velcro"商标词做推广，是对其商标权的侵权。

14.1 跨境电子商务常见的纠纷类型

14.1.1 B2B 模式的纠纷类型

当前，跨境电子商务的主要交易模式为 B2B 和 B2C 两种。B2B 模式下，交易是企业间的行为，交易双方处于相对平等的地位。此模式下的跨境电子商务与传统国际贸易在形式和内容上基本相似，其产生的争议也与传统涉外商事纠纷无异。B2B 模式的纠纷大致可归纳为以下几种情况。

1. 合同纠纷

这类纠纷主要涉及合同是否成立，原因是双方法律和对国际贸易惯例的解释不一致。

2. 合同条款的纠纷

由于合同条款对买卖双方的权利和义务规定不够明确，双方对条款的解释不同，习惯上也无统一的解释所导致的纠纷。

3. 不可抗力产生的纠纷

在合同履约中产生了双方不能控制的因素，致使合同无法履行或无法按期履行，而双方对是否可以解除合同或延期履行合同看法不一致。

4. 信用证的纠纷

在合同的履约过程中，买方不按时开出信用证，不按时付款赎单，无理由拒收货物等。

5. 交货过程中的纠纷

如卖方不按时交货或不按合同规定的品质、数量、包装交货，不提供合同和信用证规定的合适单据或在买方负责运输的情况下，买方不按时派船或签订运输合同、指定交货地点收货等。

14.1.2 B2C 模式的纠纷类型

跨境电子商务 B2C 模式中，跨境电子商务企业所面对的最终客户为个人消费者，以零售为主，交易双方当事人往往处于不对等的地位。目前，B2C 跨境电子商务纠纷类型主要有知识产权纠纷与消费者纠纷两大类，其中以跨境消费者纠纷为主要类型，呈现争议数额较小、争议数量较大的特点。随着跨境电子商务的快速发展，跨境电子商务企业之间的竞争也愈演愈烈，其中不乏恶性的价格竞争。因此，跨境电子商务纠纷还涉及不正当竞争纠纷。

1. 知识产权纠纷

跨境电子商务交易面临的知识产权纠纷主要集中在版权、商标和专利及电子商务交易平台几个方面，其中典型表现在著作权侵权纠纷、商标权侵权纠纷和专利侵权纠纷等几个方面。

著作权侵权纠纷主要有在电子商务平台上传播盗版视频、音乐、动画等；网店发布侵权产品的信息，线下完成交易；网店使用盗版的图片、视频、文字等方式对店铺及商品进行宣传。专利侵权问题主要集中在侵犯许诺销售、进口专利产品或者使用其专利方法、假冒专利产品等方面。

在跨境电子商务的销售中，常见的商标权侵权行为有：未经注册商标所有人的许可，在同种商品或者类似商品上使用与他人注册商标相近或者近似的商标；销售明知是假冒注册商标的商品；伪造、擅自制造他人注册商标标识或者销售伪造、擅自制造的注册商标标识；故意为侵犯注册商标专用权的行为提供便利条件。

2. 消费者纠纷

消费者纠纷是当前跨境电子商务最主要的纠纷形式之一。消费者纠纷可分为运输纠纷、退换货纠纷及购买评价纠纷等方面，其中，运输纠纷在消费者纠纷中大量存在，甚至占到所有纠纷总量的 5～6 成。此外，由于互联网时代的网络评价已成为影响跨境电子商务平台和网店业绩的重要因素，购买评价纠纷呈现出快速增长的趋势。

（1）运输纠纷

当前跨境电子商务中的 B2C 交易，主要以快递小包的形式来实现物流配送，国际邮政小包为最主要的形式。据不完全统计，中国跨境电子商务出口业务 70%的包裹都通过邮政系统投递。

跨境电子商务虽然缩短了买卖双方的空间距离，简化了交易流程，加快了交易周期，但货物需要从一个关税区运输到另一个关税区，仍然需要一个比较漫长的清关和运输时间。例如，中国邮政小包的运输时间为：到亚洲邻国 5～10 天；到欧美主要国家 7～15 天；到其他国家和地区 7～30 天。这类纠纷被消费者投诉的主要原因是买家未收到货或认为发货太慢。

（2）退换货纠纷

不同于实体商店，也不同于传统大宗贸易，跨境电子商务的买家只能通过文字和图片了解商品。为保障消费者权利，一般跨境电子商务平台和卖家都会允许买家在收到商品后的一段时间内进行退换货。这类纠纷产生的原因主要是买家收到货物后，认为实际收到的货物与网店描述的货物不符；货物质量问题，包括产品本身的缺陷和因介绍不足而引发客户对使用功能引起的质疑；以及物流过程中货物损坏所导致的退换货纠纷。

（3）购买评价纠纷

购买评价是电子商务平台为了让买卖双方更加了解对方，并让潜在买家能够通过另一种途径更加了解商品与描述是否相符、商品质量的一种新型机制。买家评价方式在传统国际货物买卖中很难体现，但借助网络技术，购买评价成为其他买家决定是否购买网上商品的重要因素。此外，购买评价还能影响网店的等级及电子商务平台给予的权益。

例如，在速卖通平台中，每家店铺服务等级分为优秀、良好、及格和不及格，如表 14-1 所示。当月服务等级根据上月的每日服务分均值计算得来，用以给予每日服务分持续较好的卖家更多的奖励；不同等级的卖家将在橱窗数量、平台活动、店铺活动等方面享有不同的资源。等级越高的卖家，享受的资源奖励越多，指标表现较差的卖家将无法报名平台活动，且搜索排序上会受到不同程度的影响。

每日服务分（满分 100）=成交不卖率得分（单项满分 10）+未收到货物纠纷提起率得分（单项满分 15）+货不对版提起率得分（单项满分 15）+DSR 商品描述得分（单项满分 30）+DSR 卖家服务得分（单项满分 15）+DSR 物流服务得分（单项满分 15）+48 小时发货率（暂不考核)

表 14-1　速卖通卖家服务等级

	不及格	及格	良好	优秀
定义描述	上月每日服务分均值小于 60 分	上月每日服务分均值大于等于 60 分且小于 80 分	上月每日服务分均值大于等于 80 分且小于 90 分	上月每日服务分均值大于等于 90 分
橱窗推荐数	无	无	1 个	3 个
平台活动权利	不允许参加	正常参加	正常参加	优先参加
直通车权益	无特权	无特权	开户金额返利 15%，充值金额返利 5%（需至直通车后台报名）	开户金额返利 20%，充值金额返利 10%（需至直通车后台报名）
营销邮件数据量	0	500	1 000	2 000

由于购买评价在店铺营销、推广和享受平台所给予的权益方面的重要作用，卖家往往非常重视购买评价，此类纠纷也随着增多。例如，卖家认为买家的购买评价存在诽谤、互打差评或恶性竞争等形为。

14.2　跨境电子商务纠纷处理

14.2.1　B2B 模式的纠纷处理

B2B 模式下，纠纷发生在企业与企业间，由于参与交易的企业双方不在同一国家

（或地区），使纠纷的解决面临着一方对适用的他国（或地区）法律和司法程序不熟悉的问题。由于许多国家和地区的司法程序复杂，需要耗费大量的时间、精力，导致许多企业放弃索赔或诉讼，蒙受较大损失。因此，在 B2B 模式的纠纷中，企业更愿意选择友好协商或调解的方式来解决争议。此外，仲裁相对于诉讼来说，程序更简单，具有同等的法律效力，因此也被广泛用于处理纠纷。接下来，本小节将介绍以下 4 种解决纠纷的方式。

1. 友好协商

友好协商是指民事纠纷中双方在法院判决前，可以自行协商就某项争议达成和解的协议，经法院同意后，案件撤诉。

2. 调解

调解指争议双方在自愿的基础上，由第三者出面从中调解，是解决争议的好办法，是处理民事案件和轻微刑事案件的重要方式之一。调解的优点在于能够及时、彻底地解决民事权益争议，提高办案效率，减少诉讼成本。调解的局限性在于，如果不是通过法院或者仲裁庭的主持下进行的，调解不具有司法强制力。

3. 仲裁

仲裁是指仲裁机构根据当事人在争议发生前或在争议发生后，将争议提交仲裁机构审理，并由其做出判断或裁决。我国仲裁机构采取调解与仲裁相结合的办法，具体做法是先调解，如调解失败，仲裁庭再按仲裁规则进行仲裁，直到做出终局裁决。仲裁的优点在于程序简便，只需要一次裁决就生效；证据要求不那么刻板，最明显的优势还在于在涉外仲裁中，仲裁裁决在所有参加国际公约的国家中普遍适用。仲裁的缺点是程序性不强，费用较高。

4. 诉讼

诉讼是指民事纠纷案件（包括国际贸易纠纷案件）中，对于不属于仲裁机构仲裁的案件，以及不服行政机关复审裁决的案件，当事人可以依法向法院提起诉讼。诉讼的缺点是判决书效力有区域性，如果涉外，判决书在其他国家或地区可能无效，在这点上不如仲裁。

14.2.2　B2C 模式的纠纷处理

跨境电子商务作为传统国际贸易新的发展模式，有别于传统贸易，导致了传统国际贸易法的规则不能完全引导和规制跨境电子商务中的国际贸易行为。订单金额小、数量多、客户分散，导致跨境电子商务商家有可能会随时面临来自世界各地的诉讼，通过司法机制解决跨境电子商务纠纷的高成本令人望而生畏，且存在着诸多规则障碍。目前，各国（或地区）都偏向于将协商、谈判、调解和仲裁、模拟法庭等替代性纠纷解决方式作为解决跨境电子商务争议的主要方式。当然，有效地防范和规避贸易中的风险更为重要，可以尝试从下几方面来入手。

1. 电子商务平台强化对商家的审核，提高售后服务监督能力

随着大量中小型商家入驻各大跨境电子商务平台，各大垂直细分领域商品供应日益完善，跨境电子商务平台应保证对入驻商家的资质进行仔细核查，并建立商家售后服务水平等级评价体系，落实对商家售后服务的监督，强化商家解决售后问题的意识。

2. 做好物流配送及跟踪工作

国际物流面临很多不确定因素，在整个运输过程中，这些复杂的情况很难得到控制，经常产生包裹清关延误、派送超时甚至包裹丢失等状况。对于买家来说，长时间没收到货物或者长时间不能查询到物流更新信息将会直接提起纠纷。

对于运输引起的纠纷，卖家首先要合理设置物流配送时间及物流方式，实时跟进物流信息，对于不是人为原因造成的物流延误，提前告知买家，寻求买家谅解。在选择快递方式时，可以结合不同地区、不同快递公司的清关能力及包裹的运输期限，选择邮政特快专递服务（EMS）、敦豪（DHL）、联邦快递（FedEx）、联合包裹（UPS）、天地快运（TNT）、顺丰速运（SF）等物流信息更新较准确、运输时效性更佳的快递公司。这些快递方式相比航空大小包来说，风险值会低很多。

3. 规范对商品的描述，严格把控发货环节

卖家对产品的颜色、尺寸、型号、材质，即产品属性及详细描述应准确、真实，注意产品图片、视频的选用，注意防范知识产权的纠纷。目前，各跨境电子商务平台对知识产权的侵犯处罚都比较严重。例如，速卖通2018年店铺招商规则中指出，"发布、销售涉嫌侵犯第三方知识产权的商品，有可能被知识产权所有人或者买家投诉，平台也会随机对商品（包含下架商品）信息、产品组名进行抽查，若涉嫌侵权，则信息会被退回或删除，且平台将根据侵权类型执行处罚。"

卖家应对出库的产品进行逐个甄别挑选，及时筛除不符合发货要求的产品，合理包装避免破损，核对发货数量，避免少发或多发或错发，把失误降到最低。

4. 做好售后服务，提升企业形象

售后服务人员对外服务水平的高低，会在一定程度上影响商家形象，如何保证售前、售中、售后服务的专业性，提高问题解决能力和水准，是企业需要思考的问题。

遇到纠纷的时候，售后服务人员一定要耐心地和买家保持沟通，积极地调和矛盾，适当地安抚买家的情绪。如果买家故意采取欺诈行为，则提交平台，进行申诉和维权。顾客永远是"上帝"，所以卖家注重售后服务的细节，不仅能保证店铺免遭投诉纠纷和恶意评价，保证店铺的服务等级不降级，还可能给店铺带来返单。

【思考与练习】

1. 速卖通某卖家收到提示说所售商品侵权某品牌，但是该卖家根本就不知道它是个品牌，这种问题怎么预防呢？哪里可以查品牌信息？

2. 请分析图 14-2 中的商品可能引起的纠纷。

图 14-2　纠纷案例

参考文献

[1] 速卖通大学. 跨境电子商务数据化管理阿里巴巴速卖通宝典[M]. 北京：电子工业出版社，2016.

[2] 潘兴华，张鹏军，崔慧勇. 新手学跨境电子商务从入门到精通[M]. 北京：中国铁道出版社，2016.

[3] 恒盛杰电子商务资讯. 出口跨境电子商务速卖通 SEO 精准引流与数据化运营[M]. 北京：机械工业出版社，2017.

[4] 丁欣，李尧，李烨. 决胜 SNS：产品设计 运营与开放平台 社会化营销[M]. 北京：人民邮电出版社，2009.

[5] 阿里巴巴商学院. 新电子商务精英系列教程网店美工[M]. 北京：电子工业出版社，2016.

[6] 朱秋城. 跨境电子商务 3.0 时代：把握外贸转型时代风口[M]. 北京：中国海关出版社，2016.

[7] 李鹏博. 揭秘跨境电子商务[M]. 北京：电子工业出版社，2015.

[8] 张国文，王晓明. 移动电子商务：商业分析+模式案例+应用实战[M]. 北京：人民邮电出版社，2016.

[9] 徐帆. 跨境电子商务基础[M]. 北京：中国铁道出版社，2016.

[10] 常广庶. 跨境电子商务理论与实践[M]. 北京：机械工业出版社，2016.

[11] 马梅. 支付革命：互联网时代的第三方支付[M]. 北京：中信出版社，2014.

[12] 李洪心，马刚. 电子商务支付与结算（第 3 版）[M]. 北京：东北财经大学出版社，2016.

[13] 井然哲. 跨境电子商务运营与案例[M]. 北京：电子工业出版社，2016.

[14] 丁晖等. 跨境电子商务多平台运营[M]. 北京：电子工业出版社，2015.

[15] 刘敏，高田歌. 跨境电子商务沟通与客服[M]. 北京：电子工业出版社，2017.

[16] 冯晓宁，梁永创，齐建伟. 跨境电子商务速卖通实操全攻略[M]. 北京：人民邮电出版社，2015.

[17] 柯丽敏，洪方仁，郑锴. 跨境电子商务案例解析[M]. 北京：中国海关出版社，2016.

[18] 邓志超，崔慧勇，莫川川. 跨境电子商务基础与实务[M]. 北京：人民邮电出版社，2017.

[19] 李士代，袁野. 速卖通运营手册[M]. 北京：中国财富出版社，2017.

[20] 速卖通大学. 跨境电子商务阿里巴巴速卖通宝典[M]. 北京：电子工业出版社，2015.